belle vue

人生風景・全球視野・獨到觀點・深度探索

belle vue 41

德國憑什麼

一個英國記者對成熟國家的觀察報告

作　　者　約翰・坎夫納（John Kampfner）
譯　　者　潘昱均
執 行 長　陳蕙慧
總 編 輯　曹　慧
主　　編　曹　慧
封面設計　Bianco Tsai
內頁排版　思　思
行銷企畫　陳雅雯、林芳如
社　　長　郭重興
發 行 人　曾大福
編輯出版　奇光出版／遠足文化事業股份有限公司
E-mail: lumieres@bookrep.com.tw
粉絲團：https://www.facebook.com/lumierespublishing
發　　行　遠足文化事業股份有限公司
http://www.bookrep.com.tw
23141新北市新店區民權路108-4號8樓
電話：（02）22181417
客服專線：0800-221029 傳真：（02）86671065
郵撥帳號：19504465 戶名：遠足文化事業股份有限公司
法律顧問　華洋法律事務所 蘇文生律師
印　　製　成陽印刷股份有限公司
初版一刷　2023年5月
定　　價　450元
I S B N　978-626-7221-22-8
978-626-7221235（EPUB）
978-626-7221242（PDF）

歡迎團體訂購，另有優惠，請洽業務部（02）22181417分機1124、1135

國家圖書館出版品預行編目資料

德國憑什麼：一個英國記者對成熟國家的觀察報告 / 約翰・坎夫納（John Kampfner）著；潘昱均譯. -- 初版. -- 新北市：奇光出版, 遠足文化事業股份有限公司, 2023.05
面；　公分

譯自：Why the Germans do it better : notes from a grown-up country

ISBN　978-626-7221-22-8（平裝）

1. CST: 民族性　2. CST: 政治　3. CST: 德國

743　　112003130

線上讀者回函

德國憑什麼

一個英國記者對成熟國家的觀察報告

英國資深外交事務評論員
約翰・坎夫納（John Kampfner）著

潘昱均 譯

Why the Germans Do it Better

Notes from a Grown-Up Country

Contents

獻給我已故的父母貝蒂與弗列德，
他們與我角度不同，
看到德國在戰時最糟的一面。

Hamburg 漢堡
Wittenberge 威登堡
POLAND
波蘭
Berlin 柏林
NETHERLANDS
荷蘭
GERMANY
德國
Duisburg 杜伊斯堡
Düsseldorf 杜塞朵夫
Mönchengladbach 門興格拉巴赫
Cologne 科隆
Bonn 波昂
Leipzig 萊比錫
Weimar 威瑪
Dresden 德勒斯登
BELGIUM
比利時
Frankfurt 法蘭克福
CZECH REPUBLIC
捷克共和國
Stuttgart 斯圖加特
FRANCE
法國
Munich 慕尼黑
AUSTRIA
奧地利
瑞士
SWITZERLAND

寫給讀者的一封信

當這本書在二〇二〇年八月剛出版時，我希望它能在英國、甚至更遠的地方引發一場對德國的新討論；我也希望它能讓德國人以不同、也更自信的眼光看待自己。那時的我並不敢想這部作品會引起這麼多人的共鳴，但機緣巧合，有件事讓我的論述得到更大迴響，我想這件事應該是COVID-19。

全球疫情大流行多少說出各國社會體制和國家能力（state capacity）①的狀況，就如德國前首相梅克爾就常被人提出來當成榜樣，還有紐西蘭總理阿爾登、台灣和芬蘭等地的領導人。她們都是女性的事實或許也在此議題上扮演一定角色，而人們對此各有定見。但以梅克爾的情形來說，人們更看重的是她的科學背景和人格特質。她相信事實真相，而不是誇大不實的言論。

二〇二〇年，英國面對疫情的反應可說是一本失敗大全。每一項對策都是首相強生口中的「世界最先進」，只是全搞砸了。反觀防疫相當成功的德國，一比之下，就讓向

① 譯註：國家能力（state capacity），國家政府執行與實踐某政策的能力。

來害怕擦亮眼鏡、看清自己的英國人更加痛苦。說這些話可是要冒風險的，一不小心就會被人指控是在唱衰英國。但我不這麼認為，只有以冷酷與嚴厲的眼睛審視自己，人民才能為未來做好準備。

然而，與現實相反的是，身為島民——德國人總以「那座島」（die insel）稱呼我們——我們這些英倫島民多半沉溺於自欺欺人，倚賴過去的榮光作為慰藉。每次讀到賀弗（Simon Heffer）在我的老東家《每日電訊報》上寫的專欄，這位立場保守的政治評論員只要聽到有人建議大不列顛應該稍稍做點輕微改變，便會看到他在文章中怒不可遏地大力抨擊，我就更相信我寫這本書有更廣大的目的。

我的論述公開後，也收到許多私人訊息。給我回饋的有老有少，有德國人，也有英國人，有些想起很久以前的事，有些提起近期發生的事，他們熱心地補充那些在英國少被報導，卻是他們從德國那裡真實接收到的觀點。我希望這本書受到的關注是一個跡象，暗示事情正在起變化。

此時的英國正以極苛刻的脫歐條件進入一個不確定的未來，貿易受阻，商品變少變貴；歐盟工人離開英國，醫療服務必受影響，而強生和他的部會大臣盡是躲在聚旗效應（rally around the flag）②的保護後。儘管大臣們談到將與歐盟建立新的「特殊關係」，但第一反應卻是與這些所謂的新朋友吵架。在一場採訪中官員被問及為什麼英國人能這麼早拿到COVID-19的疫苗（甚至比法國、比利時、美國和其他國家都還要早幾週）？教育大臣威廉森（Gavin Williamson）福至心靈金句連發；他沒有說疫苗很快通過是因為監管機構加緊趕工審核得更快的緣故，而是發下狂語：「這一點都沒什麼好驚訝的，因為我們國家比其他國家都厲害太多了，你說是嗎？」對英國，德國人已經沒有什麼好驚訝的了，只是感到失望。在英國脫歐後，德國人沒花多少時間就拋諸腦後繼續往前了，至於英國在脫歐後發生的連串騷亂，首相隨之鬧出的滑稽醜態，他們也不再感興趣；淡定以對變成他們的**善後手段**。

面對所有譴責抨擊和惡意嘲笑，兩國的外交部門正共同努力再次發掘德國和英國的共同點——數量還真不少。這是崇高的努力，值得支持。然而，必須承認，現在對德國來說更重要的是歐盟的未來，尤其是與法國的雙邊關係；以及如何對應中國和俄羅斯設下的眾多威脅，但當務之急是思考她與美國，這個德國自戰後一直依賴的國家，應該維持怎樣的關係？

就在總統大選前不久，德國電視一台（ARD）在黃金時段播出一部名為《狂暴，美國大災難》（Frenzy. An American Catastrophe）的紀錄片。片子一開場就是極具戲劇化的畫面；美國街頭激戰；警察毆打上街抗議的有色族裔民眾；還有「驕傲男孩」，組織

---

② 聚旗效應（rally around the flag）是指當國家蒙受危難或有警急事件時，人民會暫時放下成見轉而支持領導人，使領導人的支持度短時間快速上升。

成員指天起誓要讓美國再次偉大。影片旁白問，在這片自由之地上到底發生了什麼？雖然影片的目的就在讓觀眾感到震撼，卻預示了兩個月後發生的事件。

二〇二一年一月，美國國會山莊發生暴動，這座美國人和歐洲人眼中的民主堡壘遭暴民闖入。事後看來，演變至此並不奇怪，這是川普時代的邏輯終點，操弄不滿情緒和真相後的必然結果，只是仍讓人深深震撼。兩週後，新總統拜登的就職典禮在遵守社交距離的禁令下登場，這讓人們鬆了一口氣，但德國人不會讓自己陷入虛假的安全感。除了川普氣急敗壞拒絕承認失敗外，選舉中最令人不安的地方是決定勝負的驚險程度。是的，拜登贏得創紀錄的選票——投票率遠超過之前的任一次選舉，但川普得到的票數也不遑多讓——儘管一切皆是：惡毒攻擊、撕裂對立和糟糕抗疫。德國人自問：試想一下，如果美國自二〇二四年開始，領導人都是像川普這樣極端、卻比他更聰明的人，世界會變成什麼樣子？他們從未像現在這樣意識到民主的脆弱性。

鎖國封城，德國人就像歐洲大多數人一樣被限制，大家心裡懷著忐忑進入二〇二一年。對應疫情只有相對共識，且彼此共識容易摩擦生隙。否認新冠者和反對疫苗者發起抗議，即使規模很小，但聲音很大。比起疫情剛開始時，政府反應不再那麼嚴實。一些地區開始任性妄為，人們並沒有嚴格遵守防疫規定。

在這篇序言完成前不久，歐盟才與疫苗廠商發生激烈爭吵，委員會抱怨廠商把疫苗送去歐盟各成員國的速度比送到英國去的慢很多，歐盟委員會企圖把自己沒有訂下足夠疫苗的責任歸咎給疫苗廠商。在這件事上，似乎英國與以色列，甚至美國做得就更快更聰明了，這是強生政府在疫情爆發期間首次做了正確的事。

許多德國人對歐盟委員會及其身為德國人的歐盟主席烏蘇拉・馮德萊恩（Ursula von der Leyen）感到憤怒。畢竟，去年十一月首例測試成功的疫苗是輝瑞BNT（Pfizer/BioNTech），輝瑞的成功被譽為是德國人的成功，但如今事態轉變，德國人不禁感到困惑。許多英國媒體立即進入「就說吧」模式，把德國疫苗遲到的事作為脫歐的理由：當你可以靈活自主，誰需要綁在一起？有些人想知道，強生可能會成為「勝利者」嗎？他是否可以在公眾檢討疫情的時候「甩開」公眾對他的任何批評。畢竟，他的隊伍不是在比賽的最後一分鐘投進了絕殺致勝球嗎？

把政治簡化為某種運動或比賽；這是一種非常英式的看待事情的方法。

二〇二〇年冬季和二〇二一年春季，英國人以驚人速度接種疫苗，這是一項了不起的成就。然而各國抗疫的成敗在幾年後才會寫好判決結果，疫苗對所有變種病毒都有效嗎？一旦解封，世界會恢復得多快？就在排隊打疫苗快輪到我打的三天前，我看到首相強生宣布英國死亡人數已達到十萬的嚴峻里程碑。他說：「很難算出那個嚴峻統計數據中包含的悲傷。」他低著頭，無法回答為什麼英國的染疫死亡率遠高於其他同型國家，甚至是德國的兩倍。

無法置信強生會出現如此罕見的謙遜態度，但沒有持續多久。即使在疫情全球大流行後，我懷疑，英國是否能長大，長成一個夠強大、懂得向其他國家學習的國家？就像德國人努力做的那樣。

約翰・坎夫納
二〇二一年二月

前言：他們與我們

二〇二一年一月，德國迎來一百五十歲生日，但德國人民對紀念這一里程碑卻沒什麼多大興趣。從俾斯麥到希特勒這段時期的德國是軍國主義、戰爭、大屠殺和國土分裂的代名詞，沒有哪個國家會在這麼短的時間內造成如此大的傷害。

然而距今最近的兩個德國週年紀念日卻講述不同的歷史。二〇一九年十一月，數百萬人慶祝柏林圍牆倒塌三十週年；到了二〇二〇年十月，兩德統一已過三十年。現代德國的建國史一半是關於恐怖、戰爭和獨裁的故事，另一半則是關於贖罪、站穩和成熟的故事。沒有哪個國家能在這麼短的時間內取得如此大的成就。

當今世代，當大部分人都屈服於威權主義，民主從中心敗壞，有失控的美國總統、強大的中國和復仇心切的俄羅斯，但有一個國家，德國，是正直和穩定的堡壘。

這是另一個德國，我想說的是這個德國的故事。

有些人記性較好，很難接受德國作為道德和政治燈塔的概念，所以我想將德國社會與其他，特別是我自己的國家，英國，做全方位的比較，這會讓那些仍然痴迷邱吉爾和大轟炸精神（Blitz spirit）的人感到不安。德國憲法強大；政治辯論更成熟；經濟表現是戰後大多數國家比不上的。

有哪個國家能在接受一個窮困堂弟時，把傷害控制到最小？有哪個國家會允許超過一百萬難民進入自己的國土？

德國也有很多問題要面對：難民湧入加深文化鴻溝；對執政黨的信心正在減弱；許多人轉向極端主義的簡單口號，特別是德東。基於過度注重出口，特別是對中國的出口，再加上人口老化和基礎設施惡化，德國的經濟成長正在趨緩，負擔越漸沉重。在歐洲和民主世界迫切需要領導力之際，德國一直不願履行外交政策的責任。

然後，這個國家又遭受另個危機。二〇二〇年初，COVID-19到了歐洲，這場疫情導致全球數百萬人死亡，動搖了經濟，傷害數百萬人的生命生計。迫使所有人，無論身處何國，無論家在何地，無一倖免皆被封鎖，也因此讓人重新評估人生大事的優先順序，重新審視國家和社會的功用。生活終究會恢復正常，但心裡有個聲音大聲問著：什麼是新常態？

為何有信心？信念從何來？衡量一個國家、機構、個人的標準，不是他們面臨什麼困難，而是他們如何克服這些困難。在此試驗中，當代德國是令人羨慕的國家，她已發展出其他各國無法比擬的成熟度。它會成功，不是因為天生注定，而是從一路艱難中學到的。

新冠疫情讓領袖的領導能力受到終極考驗。梅克爾在任職十五年之後，迎接了挑戰，以同理卻堅定的態度，詳細告訴德國人必須做的犧牲，她的政府必須實施「國家緊急狀態法」——基於歷史，這非常敏感。但她老老實實地告訴人民，什麼是她與內閣官員和科學家們知道的，什麼是他們還不了解的。她不唬人，也不誇大。她迫於時勢做出了決定，而這些決定多與現代德國堅持的理念背道而馳：邊境封鎖了，這告訴我們自由旅行的偉大夢想在一瞬間就可能輕易結束；向來害怕把私人資訊提供給國家的人不得不提供資訊以備鎖定和追蹤，但梅克爾知道她別無選擇。

反之，英國提供一個無能應對危機的相反案例。新當選首相說大話的能力與他的行政能力成反比，強生遲遲沒有意識到問題的嚴重性。儘管英國在二〇一五年由政府公布的《國家安全策略暨戰略防禦與安全報告》中，就已經將疫情大流行列為英國最可能的優先危險之一，但政府幾乎沒有做任何準備。就憑著自由主義加上英國例外的理論（English exceptionalism），首相以一股英式硬漢的老派作風宣布：英國會度過難關的。就算目睹了病毒在義大利肆虐的慘劇，英國社會對於防疫相關措施落實的步調相當緩慢；在提供病毒檢測和防護衣等設備上也有問題。總而言之，當眼前情況需要切實執行、關注細節時，英國卻託付給一個無能應對的領袖。強生之所以能攀上權力高位，不過是靠著操弄事實和譁眾取寵。

死了這麼多人，雖讓人非常難過但一點也不意外。養老院是死亡窟。到了二〇二〇年五月，英國的染疫死亡人數已登上歐洲最高、全球排名數一數二的可恥位置，在疫情流行的數月中，這些令人遺憾的數據始終沒變，但經濟緊縮的速度卻在同時高於其他各國。

這場英國悲劇並不是單一原因造成的，有些原因與醫療保健的決策錯誤有關，但更多問題深植於政府結構中。德國人驚恐地看著這個他們過去欽佩的國家，這個國家向來以實用主義和**沉著冷靜**著稱，如今卻陷入偽邱吉爾式的自欺欺人。我和德國朋友聊起來，他們多把英國當成蒙難並寄予同情的對象。許多交談都是從這同樣的問題開始的：「你們怎麼了，我的英國朋友？」他們希望有一天，英國人的理智會回來。

戰後的德意志聯邦共和國有八位總理，他們多有建樹。艾德諾（Konrad Adenauer）讓民主生根，將西德定錨在「跨大西洋民主聯盟」中；布蘭特（Willy Brandt）有助促成冷戰高峰期後的關係和緩；柯爾（Helmut Kohl）決心推動統一，靈活運作達成此目的；施洛德（Gerhard Schröder）主導積極的經濟改革，但也讓他的政黨付出巨大代價。二〇〇五年，梅克爾取代他的位置，當代德國大部分的政策都與她有關。以任期而言，目前她已超過艾德諾，如果她能活到二〇二一年十二月，她將超過柯爾，成為德國任期最長的總理。我第一次見到梅克爾的時候她還是德邁齊爾（Lothar de Maizière）的謙卑小顧問，而德邁齊爾後來成為東德第一位、也是唯一一位民選總理。梅克爾和我約在當時東柏林的議會大樓共和國宮的交誼廳坐下喝咖啡，那裡是熱門聚會地點，周圍一片亂糟糟，我震撼於她表現出的鎮定、克制和平靜，要是我早知道就好了……

自大戰以來，有四個關鍵年份可以定義德國，分別是：一九四九年、一九六八年、一九八九年和二〇一五年。我不按照時序，而是依照主題事件來審視這些偉大時刻對各個生活領域的影響。每段議題都在社會上留下深刻的印記，每個事件都使德國成為今天的樣子。

一九四五年到一九四九年，德國當務之急是重建破敗國土。幾乎所有城鎮不是受損就是全毀了，數百萬人流離失所。徹底失敗的創傷支配了民族意識，盟軍，尤其是美國人，使這個國家重新站起來。德國公眾生活的核心是基於一九四九年頒布的《基本法》（Grundgesetz）。這部為非常時期而設的卓越法案，是德國之所以能在戰後重建與復興的最大成就之一。在適當管理下，這部法案成為既強大又能與時俱進的法案。它已經修改了六十多次，更動條件必須達到兩院三分之二的多數才能通過，但每次修改並沒有違背它的立意原則。與其他各地的類似方案相比，它可說是神妙的傑作。美國憲法受制於過去訂下的條款，而那些法條也許只適合十八世紀（例如第二修正案，授予人民攜帶武器的權利）；幾乎和德國同期建立的法國第四共和僅持續了十二年；一九七八年，西班牙在後佛朗哥時代頒布的憲法在中央政府與加泰隆尼亞之間的爭端中搖搖欲墜；戰後義大利和比利時難以產生有效運作的政府。英國在前進的路上一直補強憲法這一塊，並堅信自己一定會過關。

西德戰後建立的政治架構是自由民主的偉大勝利之一，英國人在此也扮演幫助的角色，制定出一部如此成功的憲法，甚至好到讓德國人引以自豪。

為什麼我們英國不考慮在國內建置類似的東西，不要再用那套令人難堪、看來畸形退化的政治結構來束縛自己？

戰後不久的德國在重建經濟上達到驚人成功，但此時並沒有出現贖罪或為歷史清算的氛圍。直到一九六八年發生抗議運動，這是第二個關鍵事件，德國的年輕一代站出來與他們的父母對質，詢問過去發生的事。他們不想再沉默，不想再接受半真半假的謊言。他們想要知道答案，想知道那件老人多半參與但視而不見的恐怖事件。幾年後，一九六八年的時代精神因為德國左翼組織「紅軍派」（Rote Armee Fraktion）的恐怖主義染上暴力和醜陋的色彩。國家再次陷入危機。德國已看到深淵但挺過來了，民主體制也被強化。

第三個時刻當然是柏林圍牆的倒塌和東西德統一。在柏林舉辦隆重典禮前不久，柯爾以全套軍禮歡迎東德領導人何內克（Erich Honecker）來到波昂，德意志民主共和國（GDR，簡稱東德或民主德國）終於得到了它渴望的認可，但他的軍事化國家開始瓦解。作為《每日電訊報》駐東德的通訊員，我親身經歷了一九八九年和一九九〇年那段戲劇性的歲月。我記得在萊比錫和東柏林，夾在抗議者和教會聚會人群中，他們呼籲改革，他們知道警察和軍隊就在外面，隨時準備向他們開火。萊比錫示威發生在六四天安門事件後不久，接下來發生的事情並非注定，和平結束並不必然，兩德統一也不是預先設定的。

自此，德國成為立國以來第一次有明確邊界的穩定國家。之後的幾年裡，許多人都在思索所犯的錯誤。東德大部分的經濟制度可以保留下來嗎？是不是做得太急了？那些Wessis，所謂的「西德佬」，就一定是傲慢和麻木不仁嗎？為什麼東德生活中那些好的面向，就算只有一兩項，也沒有被新國家吸收？特別是東德女性的角色，她們不是更解放？這些都是合理的問題。但我不覺得有誰可以說出還有哪個國家可以做到像德國做到的這樣，讓附帶傷害降到這麼低。

第四次動盪，也是最後一次動盪，是二〇一五年的難民危機。人道救援團體、國安部門和軍方情報全都表示，難民潮從中東和北非湧入歐盟最南端的港口，狀況已到了無法承受的地步。梅克爾當時正全力緊盯希臘的債務危機，對正發生的難民潮反應慢半拍。然而，她最終的對應卻如此了不起。令鄰國震驚的是，德國向這股自二戰結束以來、歐洲未曾再見的難民潮敞開大門。也因此舉，她在政治上付出巨大代價，社會創傷被重啟。反移民的極右翼政黨「德國另類選擇黨」（AfD）成員激增。德國仍對梅克爾的決定感到不安，但這是正確且有好處的。還能做什麼嗎？當批評越來越多，總理只能說：你們覺得德國人還能做什麼？難道建集中營嗎？

隨著梅克爾時代的結束，德國面臨的考驗比其他國家更大。為什麼？正如德國現任總統史坦麥爾（Frank-Walter Steinmeier）的外交顧問巴格（Thomas Bagger）所指出的：國家的認同、穩定和自我價值完全取決於戰後自由民主的解決方案和法治運行。一九四五年是德國的「Stunde Null」，所謂的「零時」①。從零時起，德國再生了。她與俄羅斯和法國不同，他們各有軍事符號；也與美國不同，美國有開國元勳的故事可說；更與英國不同，英國有軍歌《大不列顛萬萬歲》做歷史教學，有情境喜劇《老爸上戰場》傳承戰爭迷戀，而德國背後什麼東西都沒有。這就是為什麼德國會對「進程」如此癡迷在意的原因，要把事情做對做好，無法耽樂隨便。德國在歷史上幾乎沒有正面的參考點，這就是她拒絕回頭的原因，這就是為什麼她將對民主的每一次挑戰都視為生存威脅。這也正是我欽佩她的原因，我就像許多和這個國家有複雜關係的人一樣，非常佩服德國以認真嚴肅的態度面對她自一九四五年來的每一步進程。最重要的是，這些事最後會成為記憶的力量。

我的故事可以追溯到一九三〇年代，當時希特勒的軍隊繞道斯洛伐克進軍捷克，我的父親弗雷德，身為猶太人，只能逃離他的家鄉布拉迪斯拉瓦（Bratislava）。祖父母帶著他，一家三口一路偷渡上火車，再搭貨車，從敵後穿越德國逃出來。他們幾次差點被逮，但千鈞一髮逃過，或有好心人的幫忙才能脫險。家族裡其他親人多半死在集中營，只剩我父親在英國自立求生。他在新加坡工作了十五年，後來在新加坡英國陸軍醫院的病房遇到我母親，出身英國肯特郡勞動階級、有著堅定基督信仰的護士。

我的童年在倫敦度過，那是一九六〇年代和七〇年代，那時的我學到的軍歌、聽到的笑話、看的電視節目最常見的賣點都在出賣那群Krauts，德國酸菜，也就是那群德國大兵。唱的歌謠是「骯髒的德國人渡過萊茵河，parlez vous……」。「希特勒只有一個卵蛋，另一個在亞伯特大廳。」玩耍的地方是防空洞，而且還是我祖母在北牛津自家院子建的防空洞；我會讀勒卡雷（John le Carré）和福賽斯（Frederick Forsyth）；我看電視劇《柯迪茲堡大逃亡》，看電影《轟炸魯爾水壩》。幾年後，我看著《非常大酒店》播的「別提戰爭」那幕橋段，笑到崩潰②。有時候，窠臼被打破了。電視連續劇《寵物》描寫幾個英格蘭東北部的建築工人去德國北部想找臨時工作的故事，這齣劇把這群英國人放在德國的社會互動中，表現出人性化和複雜的一面。但多半狀況是，流行文化僅限於小報的侮辱和關於用海灘浴巾占躺椅的笑話③。

① 譯註：「零時」特指一九四五年五月八日午夜凌晨，也就是第二次世界大戰結束的那一天，從「零時」起德國開始重生。

② 譯註：《非常大酒店》的某集情境是招待德國客人，但某個餐廳人員因為腦傷而說話無遮攔一直對德國客人提到戰爭，每次提及，周圍的員工就一起大聲說「別提戰爭」，然後這個有腦病的員工就像得到指令一樣機械化地開始學希特勒走路退場。

③ 譯註：歐洲每到度假就會上演英德兩國人在海攤搶躺椅的戲碼，德國小報《畫報》甚至發起一年一度英德海灘浴巾搶椅子大戰，或特別調查當年英國人必去海灘，指導德國人避開不要去。

一九六六年世界盃決賽的早晨，《每日郵報》刊出馬克羅內（Vincent Mulchrone）的一篇評論，那時的我年齡太小還不能理解：「今天西德可能會在我們的國球運動中擊敗我們，但這是公平的。因為我們在他們的主場上擊敗過他們兩次。」[1]最後大家都知道，英格蘭以四比二獲勝，基於一個爭議進球。然後一個新口號誕生了：兩次世界大戰和一次世界盃。即便來到一九九六年，在經歷三十年的傷痛後，我們真的希望足球能夠回家了④，一個新詞「酷不列顛尼亞」（Cool Britannia）在布萊爾時代的前夕出現⑤。我們就是克制不了，當天《鏡報》的頭版用德文大大寫著「Achtung Surrender！」（立定，投降），「對你們來說，歐洲冠軍聯賽結束了。」[2]這些笑話對某些人來說很好笑。《明鏡週報》在二〇〇二年寫道：「對於許多英國人來說，二次大戰永遠不會結束。因為嘲諷德國人實在太有趣了。」[3]

到了我十五歲時，我改變了。我開始學習德文並愛上它。我接觸作家歌德、劇作家布萊希特、建築師弗里施（Max Frisch）和歌手尼娜・哈根（Nina Hagen）。到了二十出頭歲，我抓住去德國工作的機會，變成在波昂聯邦市（一般稱波昂）駐點的菜鳥記者。一九八六年四月，父親來看我，在他逃亡近五十年後重回舊地。自從他穿越全國走上追尋自由之路後，就再也沒有回來過。在臨行前的電話裡，他有些忐忑。抵達時，漢莎航空還把他的行李弄丟了，就算一番折騰，他的緊張情緒並無改善。他開玩笑說，也許德國人並沒有那麼有效率。他腦海中最深刻的印象，是帶著他踏上過境高速公路的那一段路程，那條路最後會通到西柏林，卻是一條安全的路，那裡也是讓人由緊張轉為自在的國度，對一個到了德國幾乎德語立刻復活的男人，人們竟毫不費力地多禮起來，儘管這個外鄉人說的話還是停留在一九三〇年代的維也納方言。

在波昂平靜的歲月，除了父親來訪外，我很少需要想到戰爭這件事。我在辦公室認識朋友，在大學遇到各色學生，而我覺得他們和我同齡的這一代人並沒有什麼不同。困擾我的不是過去，而是現在，是德國對規矩的痴迷。我記得某個陽光明媚的星期天，正是吃午餐的時候，我坐在公寓的陽台上，打開收音機聽著當地的搖滾音樂台。定點一到，開始播放新聞，我那時的德國女友卻關掉收音機。我叫她重新打開，她拒絕了。難道你不知道現在是「星期天靜音時間」⑥嗎？在靜音時間，你必須考慮你年邁的鄰居。這讓我很火大。我說，這種事情不需要規矩。哦，是喔，你又知道了，她反駁道。我陷

④ 譯註：自從英格蘭贏得歐洲盃之後，英國足球隊再未拿過世界賽冠軍，到了一九九六年輪到英格蘭舉辦歐洲盃，英國歌手寫下《Three Lion》（又名：Football's coming home）訴說對英格蘭不振的心傷，歌詞「Thirty years of hurt never stopped me dreaming.」成為鼓舞英國的金句。

⑤ 譯註：「酷不列顛尼亞」（Cool Britannia）是出現在一九九〇年代的流行詞彙，概念源自愛國歌曲《Rule, Britannia》，描述英國壯大時該有的樣子。背景是標榜「新工黨」的布萊爾上台，向英國人民許願在第三條路下，英國會再次偉大成為「酷不列顛尼亞」。

⑥ 譯註：德國人尊重基督教的傳統將星期日作為安息日，要求一切靜默無聲，除了教堂的鐘聲。

入了從眾心理的刻板印象，這種從眾心態可以走向好的那一面，但也可能變成惡的。她指責我是只關心自己的自私的柴契爾主義信徒。我經常想到那次談話到底是誰對誰錯。

在德國生活總是三天兩頭遇到些麻煩事，反正就是那些老套，但再煩也不過就是這樣了。有一次，我穿越馬路被警察抓到開罰單，但那時候是凌晨四點，警世意味的小紅人才剛亮起來的時候。我和警察爭辯說，這條安靜的巷子再過幾小時也不會有其他車子開進來，但我只是把事情越弄越糟，規矩就是規矩。官僚必須得到尊重，即使邏輯表明並非如此。有一次，我從車子的擋風玻璃上取下一張精美的壓花信封，上面寫著：「親愛的鄰居，請你清潔一下你的車，因為這會損害這條街的聲譽。」在這幾年裡，有些規定已經放寬了，舊的會被新的取代。擠上自行車道的行人要倒楣了；守時要到多準時才不嫌過分？不久前的週日我去柏林郊區某位人士家中吃午餐，有位朋友願意送我一程，當我們到達目的地時，時間離一點還差七分。「現在我們可以放鬆一下來聊個天了。」她興致高昂地說。一到整點，她馬上宣布：「我們現在可以進去了。」

許多德國人理解這種挫敗感，他們試圖找了幾種解釋或藉口。第一個是「每個國家都有她的怪癖」。第二個是厭戰者的心態，「我們需要規則來控制自己。」第三個則最有趣：德國社會建立在相互責任感、共同努力，以及對規矩的信念上，我們相信遵守規則出現的秩序才是好的。我在萊比錫認識一位上了年紀的前龐克，這位仁兄可是會與龐克老祖宗馬康・麥拉林（Malcom McLaren）和知名樂團「性手槍」在倫敦一起玩的人。

他解釋說，大家最害怕的是Rechtsfreier Raum——「律法真空」，一個無法可管、沒有規矩制度的地方，在那裡強者可以剝削弱者。他指著窗外，不應該允許人們搭起違建阻擋鄰居的光；不該在一定時間後發出聲音，因為會吵到老人睡覺。這是從一位前龐克樂手得到的答案。他不改初衷，堅定地認為，在民主社會，國家的作用應該是幫助弱者戰勝強者：必須在富人與窮人間取得平衡。

德國歷經過去五年的文化戰爭，又看到川普和英國脫歐的雙重衝擊，這些事讓德國人打心底震撼。雖然經常看到法國發生的**黃背心**暴力示威，但最糟的是，德國人目睹英國脫歐四年來受的折磨，驚嚇到無可置信。無法了解英國，這個議會之母，一個具有穩定性和可預測性的國家，怎麼會陷入如此混亂的境地。公投結果出人意料——他們意識到英國人對歐洲計畫持懷疑態度（甚至某些德國人也是如此），但他們無法想像隨著懷疑而來的是集體失心瘋。幼稚和任性妄為是這段時期對英國政治最常見的兩種描述。

他們對英國這種無規則的混亂感到困惑。哪一個具有優先權？一次性公投還是代議制民主？我喃喃地說：這個很模糊的。你們怎麼能讓你的議長和總理一路過關弄一個系統出來？我聳聳肩，我以聳肩回應是因為必須解釋自己國家的失敗，但我知道沒有能說服人的解釋。這種沮喪被非常德國式的幽默抵銷了，尤其是模仿下議院議長貝爾考（John Bercow）大喊「秩序！秩序！」一位柏林人嚴肅地告訴我，她已經取消訂閱

Netflix了，因為她只要看英國議會直播頻道就可以得到所有的娛樂內容。

二〇一八年十二月，當時的英國首相梅伊（Theresa May）提出的脫歐草案遭遇第一次挫敗，德國「今日秀」（Heute Show，德國時事脫口秀節目，相當於美國的每日秀）將其年度「金笨蛋」獎授予英國。得獎的還有美國的川普和沙烏地阿拉伯的王儲沙爾曼（Mohammed bin Salman）。影片上看到梅克爾站在總理府外尷尬地等著梅伊下車，但是英國首相的豪華轎車後座車門怎樣都打不開，主持人韋爾克（Oliver Welke）開始描述梅伊是如何「無法離開歐盟，也無法離開她那該死的車！」。然後秀出一幅漫畫，上面畫了一位戴著圓頂禮帽、穿著細條紋西裝的英國紳士反反覆覆在熱爐上燙自己的手，然後用叉子刺自己的眼睛，全場觀眾笑到翻過去。「硬脫歐、軟脫歐、流動脫歐，一切都完了。」韋爾克喊道。我看著節目實在很痛苦。英國：全世界的笑柄。然而，正如布蘭登堡的首長沃德克（Dietmar Woidke）在議員聚會上說的：「英國脫歐不是一齣喜劇，而是一部有很多幕的真人實境秀」4。

強生在二〇一九年十二月英國大選中獲得勝利，卻進一步加深了分歧。或許，德國這才鬆了一口氣，因為不需再應對英國脫歐的不確定性，只要導航就可以了，德國不得不在自己家門口幫一種新發現的民粹主義指路，這種民粹主義是強生從他「朋友」川普那裡借來且延續發展的。英國人怎麼會選出一個在布魯塞爾當記者時就以編造假新聞、抹黑歐盟執委會出名的人？怎麼會選出喜歡扮演小丑的人？對許多德國人來說，政治家就該有政治家的樣子，但強生表現出的卻完全是相反的形象。

脫歐不是英國心理劇的起因而是症狀，我們被垂死的政治制度和泱泱大國的妄想所困。當美國國務卿艾奇遜（Dean Acheson）早在一九六二年指出，英國已失去一個帝國，仍沒有找到一個角色時，他不會想到六十年後的我們仍然徬徨掙扎。我們從來沒有放下戰爭贏家的心態，我們結夥去看電影《敦克爾克大行動》和《最黑暗的時刻》；我們繼續圍繞著七十五年前的陳年往事設定我們的文化和歷史參數。幾十年來，大多數英國媒體都將歐洲一體化描述成德法兩國為了破壞英國價值觀所生的陰謀，對應此概念的話語是「勝利之於投降」，「合作者之於叛徒」。

戰後不久，英國並沒有美國人的經濟與軍事實力，策畫馬歇爾計畫的不是我們。然而在維護柏林仍屬自由之地上，我們的確扮演重要角色：感謝萊茵河畔的英軍，他們在保護德國安全方面功不可沒；我們還幫忙發展自由媒體和受人尊敬的政治機構，德國人對此仍然非常感激。

英國對歐盟從不放心。一九七五年英國第一次公投，那些反對留在歐洲經濟共同體（EEC）的人將加入條約比作張伯倫的慕尼黑協議和姑息主義。一九七四年，當時的德國總理施密特即將在英國工黨會議上發表演說，準備講稿內容時，施密特問他的內閣，他要在演講中說些什麼才能說服英國人留在歐洲經濟共同體，其中有位閣員前不久才接待了她的英國同行卡索（Barbara Castle），她跳出來回答：「唯一讓英國留在歐洲共同體的方法是不要提醒英國人她已經加入了。」5

這份備忘錄是展覽內容的一部分，出現在德國波昂歷史博物館在二〇一九年舉辦的「非常英國：德國觀點」（Very British: A German Point of View）的展覽中。正如策展人霍夫曼（Peter Hoffmann）向我說明的，這主題原是博物館最受歡迎的展覽項目之一，然後在英國公投前把內容改良，變成針對英國脫歐的專門展覽室。霍夫曼承認，德國人對英國苦難的執念讓參觀人數不斷增加。這個展覽很有趣，內容豐富——且痛苦，展出內容其實是關於一場單戀。

德國人大口吞下英國的次文化、流行音樂、電視節目（他們也從自嘲的角度發現《非常大酒店》很有趣），他們看著電視，領略美女間諜艾瑪．皮爾和《復仇者》影集的魅力，就這樣一直到今天。許多德國人可以在他們的露營車上回憶他們前往康沃爾、蘇格蘭和湖區的假期，他們迷上英超聯賽，對皇室著迷（總會說，他們也算德國裔，祖先來自漢諾威）。他們喜歡英式傳統，即使是他們創造出來的。每到除夕，整個德國，無論老少，都會觀看《一個人的晚餐》，這是一部英國黑白老片，以英語原音播出⑦，片長僅二十分鐘，從一九六三年開始德國每年跨年必播，是歷史上重播次數最多的電視節目。劇情描寫嬌貴的英國貴族小姐蘇菲要辦九十高壽的生日晚宴，照例每一年她都會邀請四位紳士共進晚餐，但問題是他們早就都死了。但管家使命必達，照樣擺好桌子，進行同樣的儀式：上了一頓四道菜的晚餐，菜色包括咖哩肉湯，搭配乾型雪利酒、葡萄酒和香檳。德國人知道每一個橋段，讓他們笑得崩潰的台詞是管家問蘇菲小姐：「和去年一樣的程序嗎？」

柏林圍牆的倒塌原本應該是英國的重要時刻，讚頌英國在民主德國重生中扮演的角色。一個被壓迫的共產主義制度瓦解得如此成功徹底，柴契爾與雷根和戈巴契夫可以在其中扮演重要角色。然而，柴契爾看到的只是危險。在柏林發生令人難以置信的場景後一個月，她在史特拉斯堡的一場晚宴上告訴歐盟領導人：「我們擊敗了德國人兩次，現在他們又來了。」她從手提包裡拿出西里西亞、波美拉尼亞和東普魯士的地圖，對法國總統密特朗念經般喃喃地說：「他們會拿走所有這些，還加上捷克斯洛伐克。」[6]

幾週後，柴契爾的布魯日智庫⑧從她最喜歡的經濟學家米洛（Kenneth Minogue）那裡聽到以下內容：「歐洲組織正試圖按照中世紀教皇查理曼大帝、拿破崙、凱撒和希特勒的傳統建立一個歐盟。」她最信任的內閣部長里德利（Nicholas Ridley）對《旁觀者》（*Spectator*）雜誌說了極有名的一段話：歐洲匯率機制（歐元的前身）「完全是德國人

---

⑦ 譯註：德國所有電視台播放的外國電影都會配上德語發音，只有這部已經播四十年的英國喜劇不配音，以原始英語播送。

⑧ 譯註：一九八八年柴契爾夫人在布魯日演講，反對歐洲成立強調聯邦極權的歐體架構，之後布魯日智庫以柴契爾夫人為榮譽主席成立，成為「疑歐主義」（Euroscepticism）的主力學術研究單位。

的詭計，目的在接管整個歐洲〔⋯〕我原則上不反對放棄主權，但絕對不是給這一咖，要放棄不妨乾脆把它交給希特勒。」7之後他被迫辭職，但他只是說出了很多英國人、或說某些英國人的想法。

柴契爾認為阻止計畫是她的使命，直到她意識到沒有人和她站在同一邊。她試圖私下遊說戈巴契夫。這位蘇聯領導人沒有一刻懷疑過他的政治改革會導致整個共產集團解體，他最關鍵的角色是他不僅同意東西德統一，還同意讓一個向西方傾斜的德國存在在北約，並且讓蘇聯從前線撤軍。柴契爾的請求，他置若罔聞。密特朗也對德國新計畫持保留態度，法國人有許多歷史原因害怕強大和統一的德國，一個被削弱和分裂的德國正好對他們有利，正如抗議被迫害的法國作家莫里亞克（François Mauriac）在一九五二年諷刺的那樣：「我太愛德國了，所以很高興有兩個德國。」9然而，密特朗知道他擋不住歷史的走向。

「二加四條約」⑨讓記者對當前態勢有了側面的了解——柯爾、柴契爾、密特朗、戈巴契夫和老布希（他在一九八九年初接替雷根的位子）正商談一個合約，意欲創建單一的德國和新的歐洲架構。東德名義上的領導人德邁齊爾扮演跑龍套的角色，柴契爾從不掩飾她對柯爾的敵意，這種反應根植於戰爭心理，無關政治。柯爾在總理府辦公室還放著邱吉爾的半身像，他是公開的親英派，認為英國對歐洲的影響是件好事。然而，無論他如何努力，他都無法贏得柴契爾的芳心。一九九〇年三月，兩人同意參加在劍橋舉行的第四十屆英德會議，主辦者認為將他們倆人安排在一起太冒險了。那天晚上，柴契爾讓她的晚餐夥伴，一位資深的德國外交官知道了沉思的好處。她說：「至少還要再過四十年，英國人才能再次信任德國人」。[10]

值得稱讚的是，僅在三年後，她就在回憶錄中承認她錯了：「如果我所奉行的外交政策有任何一件被認為明確的失敗，那就是我對德國統一的政策。」[11]

即使到現在，英國似乎也不太清楚自己到底想讓德國幹什麼。在八〇年代中和九〇年代中期，德國的經濟陷入困境，那時的德國被嘲笑為「歐洲病夫」，被認為過度管控且迂腐守舊。當德國公司壟斷全球市場，她又成了過度放縱和貪得無厭。現在德國的經濟成長再次放緩，英國又開始幸災樂禍了。英國人不希望德國成為全世界舉足輕重的角色，但他們確實希望德國盡力做好自己的工作。

千禧年和二〇〇〇年代，布萊爾和施洛德就在談論成立共同歐洲家園的可能，這無疑是短暫的插曲，一切都隨著英國脫歐而破局。二〇一六年強生當上外交大臣，開啟了對德國粗魯無禮的新紀元，他的官員對他的語言感到絕望。強生在慕尼黑安全會議上說，脫歐是一種**解放**，還用法語發音liberation這個字，台下的聽眾無不驚呆。這位以邱

⑨ 譯註：一九九〇年簽訂的「二加四條約」（Zwei-plus-vier-Vertrag）是由東西兩德與英美蘇法四個同盟國共同簽署的條約，德國承諾不對他國提領土要求，承認波蘭與德國的邊界，不再製造擁有核武．不發動戰爭；而四同盟國放棄他們對德國的否決權，德國自此擁有主權。

吉爾為榜樣的狂熱歷史學家及現任首相從柴契爾的語彙中借了很多東西。這種言論在保守黨核心一直很受歡迎，現在仍是如此。一位曾在梅伊手下當過部長的官員回憶起不久前的選區晚會，會中一位堅定的黨派成員大聲疾呼：「我們贏得大戰勝利不是為了讓德國人告訴我們該做什麼。」他受到熱烈歡呼。

英國可能過分迷戀她在戰時身為全球領導者的地位，但她並不孤單，德國也覺得自己做的事情都不對。在歐債危機時，德國對希臘進行控管（後面章節將討論這件事的對與錯），梅克爾的海報在雅典出現，上面被人畫上希特勒的小鬍子。

但總有良善的一面，另一個關於德國的故事出現了。基於在商業、科技和藝術方面的生活經驗，新一代英國人對德國不再感到神祕。「貧窮但性感」，二〇〇三年德國首都市長只用了一句廣告標語就讓柏林成為吸引遊客的吸金石。愛泡夜店酒吧的十幾二十多歲的年輕人在週末休假時湧向柏林、漢堡和萊比錫。德國是歐洲第四大英國人移居地，僅次於西班牙、法國和愛爾蘭，根據柏林的牛津大學機構和WZB柏林社會科學中心共同參與的一項研究，**12**在英國公投後的三年內，取得德國公民身分的英國人數量增加了十倍，預計後續幾年數字還會增加，在許多英國年輕人心中，德國是希望和機會的來源。

在過去的一二十年裡，德國人不再那麼討厭談論自己的國家。一些人將此歸因於德國盛大舉辦了二〇〇六年世界盃，也有人堅稱這種轉變沒有轉折點，只不過是時間流逝的必然。但猶豫難免，二〇一九年是《基本法》成立七十週年，大街小巷舉辦展覽，播放電視紀錄片，舉辦一連串紀念活動。大約在同一時間，開放社會基金會（Open Society Foundation）針對「愛國主義」做了一番詳細調查，這主題向來是讓德國人煩惱的議題。調查報告得到的結果是，幾十年來，德國民族自豪感的最重要來源一直是《基本法》，德國人擁護的愛國主義形式稱為「憲法愛國主義」。他們對自己國家的自豪感不是基於島國情懷，也不是揮舞旗幟的那種。相反地，他們希望通過一套明確的民主規則為世界樹立一個好榜樣。

對此，我很樂意明察暗訪探究真相，就算只為我自己，但有什麼結果也只是個人意見。二〇一九年的夏天我帶了一組攝影機到東柏林的普倫茨勞貝格（Prenzlauer Berg）做採訪，這一區現在是時髦熱區，卻是三十年前我目睹教會人士上街抗議共產政權的地方。我來這裡採訪我的朋友卡莉和雅努什，他們在這裡開了一家德語進修班，名字是「好說德文」。我設定向每個人提出的問題是：「德國人在哪些方面做得不錯？」路人被問到時多半有些驚訝，一下想不起答案。他們的態度有的嚴肅，有的像在反諷似的，但多半提起以下幾點：德國人很準時，強調對就是對，錯就是錯，做事縝密。有人甚至說：「我們很強，但誠實又直接。我們信守承諾。」許多人在「麵包」或「啤酒」中尋求安慰。

然而，這不禁讓我思考，德國人**到底**在哪些方面做得很棒？他們到底有哪些地方足以教人？或說他們學到了什麼？在提出這些問題時，我希望引發一場對德國不同類型的討論，不是為了表現優越感，但必須平衡近代歷史對德國的論述。不管你在哪一國，看看你當地的書店，裡面有多少寫德國的書**不是**關於兩次世界大戰的？當然也有寫近代事務寫得很令人佩服的書，但它們很少且數量與前者相距甚遠。

為什麼現在才寫這本書？德國正從一段經濟成長期走出來，進入高度不確定性的時期。我長年的公路旅行和系列採訪並沒有讓我對這個國家犯下的錯誤過度美化或視而不見，好的壞的我都寫在書裡。我為了這本書採訪了很多德國人，有著名的政治家和跨國公司的首席執行長，有藝術家，也有幫助難民的志工，更有老朋友和普通民眾，他們都對這個主題和書名感到畏縮。沒有一個例外，「你不能這樣說！」他們驚呼或尷尬地笑著，然後開始列出這個國家一長串的麻煩和做錯的事。德國人眼望四周，無一處不讓他們焦慮，他們看到他們珍惜的一切都受到威脅，他們看到的世界是民主被民粹主義者和強人公開嘲笑的世界——從川普到普丁，從土耳其總統艾爾段（Recep Tayyip Erdoğan）到巴西總統波索納洛（Jair Bolsonaro）。在德國國內，他們看到德國另類選擇黨的支持者無處不在，主流政客們窮於應對。他們和所有人一樣，親眼目睹氣候變遷的危機。

要考驗德國這個國家的韌性，還有什麼比現在更適合？大多數德國人只看到他們國家的黑暗面，更不用說外國人了。但我滿懷憤慨地並不同意，當然，德國人面前還有很多問題，但我對他們抱持希望的理由是他們幾乎病態地重新喚起記憶。德國人無法允許自己讚美自己的國家，對他們來說，拒絕看到自己美好的一面已是根深蒂固的習性。然而，若要與歐洲或其他地區提供的替代品相比，他們有很多值得驕傲的地方。正如美國評論員威爾（George Will）在二〇一九年初所寫的：「今日的德國是有史以來最好的德國。」13 像我國這樣傲慢的國家若聰明就該向她學習。

1

重建與記憶

戰後的痛

Rebuilding and Remembering

The pain of the post-war years

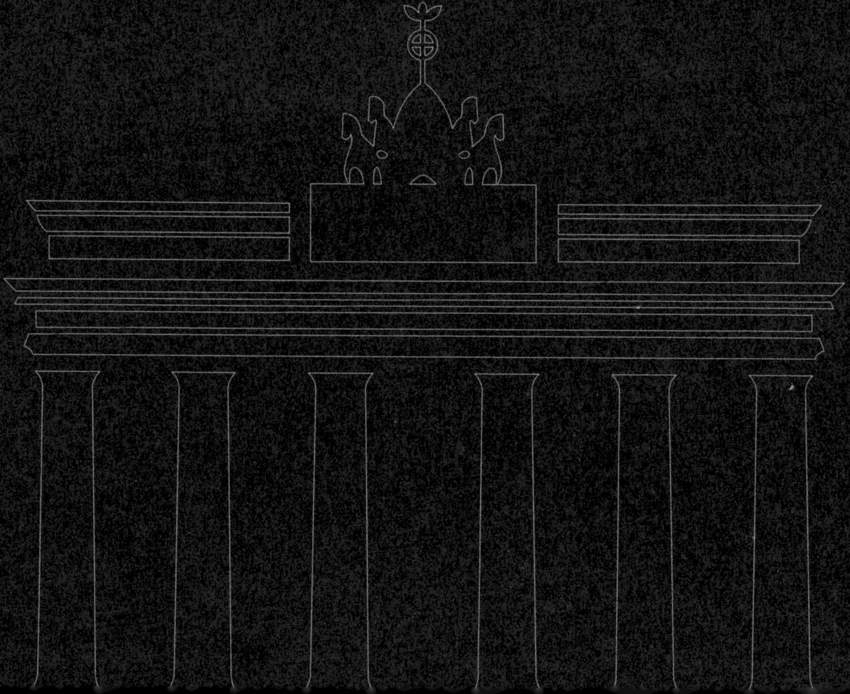

威瑪這座城市是作家歌德和席勒的故鄉，是音樂家巴哈和李斯特事業發跡之地，是文藝復興時期畫家老克拉納赫長住之處，是文學沙龍皇后德斯塔爾夫人愛上德國文化的地方，也是頂尖藝術學校包浩斯藝術學院創校之地。

旅館外面就有六號公車可以把你從歌德廣場一路送到布痕瓦爾德集中營，來往兩地不過短程距離。你在德國不用走了大老遠就能直接面對德國的可怕歷史。如果你在慕尼黑，只要在中央車站搭地鐵S2線坐到最後一站，就是達浩，路程只花半小時多。若在柏林，想搭大眾運輸去薩克森豪森集中營就會複雜些，但從城市北部出發也只要一個多小時就到了。

在過去半個世紀裡，德國一直在贖罪，以贖罪為名的活動主宰了生活各層面，一切都可以追溯到納粹時代。即使經過這麼多年，德國人的高度道德警覺仍然左右他們大部分的行為。歷史學家史登（Fritz Stern）就曾談到，「德國人希望相信」希特勒，「他們自願選擇納粹主義」。[1]史登在他漫長的研究生涯一直嘗試回答以下問題：「人類的邪惡潛能普遍存在，但為什麼、又如何在德國成為一種現實？」[2]或者，正如英國歷史學家泰勒（A. J. P Taylor）對戰爭最後幾個月的描述，泰勒堅決主張：「德國人的歷史是一部極端的歷史，它包含溫和之外的所有一切，在千年的發展過程中，德國人可說經歷了一切，除了正常之外。」[3]

圍繞著那些不能忘的事情，德國人建立了一套完整的語彙：

「Vergangenheitsbewältigung」：「反思歷史」。「Vergangenheitsaufarbeitung」：「釐清歷史真相」。「Erinnerungskultur」：「紀念文化」，也就是養成悼念過去的文化。其中最受爭議的是「Kollektivschuld」：集體內疚。

德國歷史，甚至是二十世紀以前的歷史，都可以套用這些概念做觀察。就如德國沒有盛大的國慶慶典，這與英法或世上許多國家都不同。儘管近年來的德國統一日（十月三日）也有舉辦典禮，但那也是到了現在才低調進行。為國捐軀的陣亡將士不會受到公開悼念，唯一的遊行活動是當地的民俗繞街或文化展示，幾乎沒有什麼皇室排場這種事——這可以解釋為什麼德國人對其他地方的王室和名人如此痴迷。

有哪個國家會建造一座紀念碑紀念自己的恥辱，而且位置就設在兩個最著名的地標旁邊？「歐洲被害猶太人紀念碑」設立在柏林市中心的地標布蘭登堡門和德國國會大廈附近。現場布滿兩千七百一十一塊長方形水泥板，就像一口口棺材。它於二〇〇五年落成，各地學校組團來參觀，過程要求孩子全程保持安靜。等到要離開時，光看著他們的臉就知道他們有所體悟。一些歷史學家和建築師批評它過於抽象，甚至冷酷。而我認為它讓人心頭一陣淒涼，這就是它要表達的感覺。盡數現代德國和過去第三帝國境內，就屬這裡是最著名的大屠殺紀念地，但它只是眾多紀念地之一。

一九九二年，藝術家德姆尼希（Gunter Demnig）提出一個想法：Stolperstein——「絆腳石計畫」。三十年過去，在歐洲二十四個國家、一百二十個城鎮出現了以二十種語言紀錄的七萬多塊「絆腳石」。德文Stolperstein的意思是絆腳石，就是大小約十公分乘十公分的正方形小石頭，一面鑲著黃銅貼面，上面刻著那些受到國家社會主義荼毒、在集中營慘死者的名字。它們設置在那人已知最後的住所外，名字主人主要是猶太人，但不限於猶太人；有些是羅姆人，也有同性戀者或殘疾人士。每塊石頭上的銘文都以「他住在這裡」開頭，然後是受害者的姓名、出生年月日和命定終局：監禁、自殺、流放，絕大多數情況是遭驅離和殺害。而這些石頭多設置在德國。4

這些紀念行動來之不易也來得不快。事實上，在戰後二十年的大部分時間裡，德國人才開始真正面對大屠殺和其他恐怖的赤裸真相。從一九四〇年代中期開始，普遍的社會情緒是震驚屈辱。盟軍打擊民心士氣的方法是把城市炸得面目全非，這也許讓戰爭提前結束，卻也讓一股受害感扎根；且多半無聲無息地深植人心。在有些人眼中，納粹罪行和盟軍的過激行為是相同的道德標準。

一開始，重建的進程完全依賴體格，出現了Trümmerfrauen——「瓦礫婦女」。瓦礫婦女的形象在德國人的心靈深處占有重要地位。納粹投降後，盟軍立即召集年齡在十五歲至五十歲身體健全的婦女，她們揮舞大榔頭、鏟著鐵鍬一磚一瓦地清理建築物，直到街上的瓦礫都清乾淨。這些婦女大多也因戰爭受到創傷，但被認定有能力從事體力勞動，每天工作九小時，只要付幾枚硬幣和一張配給卡就夠了。許多男人不是殘疾就是在戰俘營中，八百萬人被殺或失蹤，這些人占德國人口的百分之十以上。大約有一百五十個城鎮淪為廢墟，近一半的公路、鐵路、天然氣、電力、供水都被摧毀。作家喬治・奧威爾（George Orwell）描述了他一九四五年三月在科隆的見聞：「大師賽就在你身邊上場，人們騎著自行車穿梭在瓦礫堆間，或者拿著水壺和水桶衝向水車。」[5]他的刻薄憤怒是那個時代的典型代表。

正如藝術史學家麥格雷戈（Neil MacGregor）所寫，「手推車的悲哀是強大而真實的。」[6]蘇聯策動，把一千兩百萬人民從德國前東區驅離①，讓一個已經赤貧的國家為這群人提供房子食物，人口幾乎一次增長五分之一，而此時糧食早已不足餬口。這可能是歷史上最大的人口被迫遷移，這群人無處可去，無處棲身，只能隨身帶著幾件破爛家當放在手推車上推著走。一九四六到四七年的冬天特別嚴酷，錢不值錢，以物易物是交易首選，最受歡迎的商品是香菸和巧克力。政府規定每個人每天僅能得到一千到一千五百卡路里的食物配給，六分之一的糧食靠美國援助，有美國糧食才使數萬人免於餓死。

直到今天，德國人家裡一定有人，或知道某人因為戰敗崩潰而受到傷害。長期以來，這一直是德國歷史上被低估也未充分研究的面向。麥格雷戈不禁質疑：「難道德國

① 譯註：東區（Ostgebiete des Deutschen Reiches）指奧得河與尼斯河東，原德意志帝國的東部領土。德國戰敗後，國土重劃，東區被劃給波蘭，原本住在東區的七百萬德國人，與捷克及東歐等四百八十萬德裔被趕到西德，他們同樣遭受各國殘酷對待，被人趕出家園，到了一個名為德國卻不是自己家鄉的地方。

人就把這些痛苦當成作惡的報應？當國家做了這麼多錯事，拖累百姓因此受苦，我們又該如何應對人民受的苦難？如果我們主張這個罪惡是共業，個人受苦時，我們還能替個人求得寬恕嗎？」[7]

歷史學家科塞特（Andreas Kossert）在二〇〇八年出版《冷漠的故鄉》（*Kalte Heimat*）一書，他研究東區德國人回到西德之後的待遇，他們的同胞並沒有張開雙臂歡迎他們——這裡一直存在需要敏感處理的尷尬議題。「戰爭結束七十年後，德國幾乎每個家庭都受到這件事的影響，」科塞特寫道：「但它只是逐漸成為德國集體記憶的一個議題，因為直到最近這個問題還與右派、修正主義的立場有關。〔…〕許多家庭對這一段連一個字都不敢提，對逝者、父母或祖父母的哀悼全部沉默以對。」[8]

占領軍推動去納粹化、非軍事化和國家重構，如此德國才能重置時鐘。之後這個詞開始進入日常話語，一九四七年義大利導演羅塞里尼（Roberto Rossellini）的電影《德國零年》（Year Zero）在德國實景拍攝，隔年以德語和英語雙語放映，或許也推動了這個術語的傳播。因為「零」，所有東西都被抹去了，何其方便。那時期大多數的德國人選擇將自己歸為受害者或不知情的參與者，何謂共犯、何謂內疚？對於兩者本質，若要來一場真正的誠實辯論需要二十年才能實現。正如戰地記者蓋爾霍恩（Martha Gellhorn）在戰敗區遊歷時諷刺地寫道：「沒有人是納粹份子，從沒有人是。隔壁村裡可能有一些納粹份子……這附近沒有多少猶太人……我們沒有反對猶太人；我們總是和他們相處得很好。」她補充：「這些話應該可以配上音樂。」9

對於盟軍來說，形勢需要務實以對。蘇聯的威脅越來越大，他們迫切需要德國重新站起來，他們需要德國穩定。擺脫懲罰的第一個跡象出現在一九四六年九月美國國務卿伯恩斯（James Byrnes）來訪時。他造訪斷壁殘垣的城市，在斯圖加特發表了題為〈對德政策重述〉的演講，內容泛泛但開啟了兩個行動：經濟援助和一個決定，決定現在更該關注的是共產主義的危險，而不是法西斯主義的罪行。他表示：「美國政府向來支持也會持續支持那些使德國去納粹化和非軍事化的必要措施，但這並不表示要安排大批外國士兵或外國官僚，無論他們多麼積極、紀律多麼嚴明且長遠來看都是另一個國家民主的最可靠守護者。」伯恩斯說：「美國無法讓德國擺脫苦難，那是德國領導人發動戰爭帶給國家的。但美國無意增加這些苦難，也不想剝奪德國人民擺脫苦難的機會，只要德國人民尊重人類自由並堅持和平道路。」10

杜魯門總統得出結論，如果沒有大規模資助，歐洲將無法重新站起來。正如他的國務卿（也是伯恩斯的繼任者）馬歇爾（George Marshall）所說：「合理的情況是，美國應該盡其所能幫助世界回復正常健康的經濟，不如此，就無法政治穩定，也無法保證和平。」11 這就是「歐洲復興計畫」（European Recovery Program）或稱「馬歇爾計畫」（Marshall Plan），美國向歐洲十八個國家提供一百二十億美元（相當於今天一千多億美元）。英法兩國獲得最多，其次是德國，而蘇聯拒絕，也不准旗下東歐各國接受金援。

許多中階、甚至一些高階納粹份子重回原來崗位。戲稱為「洗潔證」（Persilscheine）的「去納粹證明書」很容易獲得（德文寫作Persilscheine，翻成英文為Persil notes，意思是用洗衣精洗白的證明），對納粹共犯的指責可以用歷史共業這種洗潔劑洗白，納粹共犯只要提出自己有良好聲譽就可以免責。人們談論著那些洗白的人，來時穿著泥巴色的襯衫，出去時穿著白色襯衫。幾年後，新聯邦議院通過第一百三十一條法案，正式確定了這一方案，讓包括政客、法官、軍官、教師、醫生在內的各種公務員，只要通過去納粹化測試，就可以自動恢復工作和退休福利，商界領袖也能回鍋原本都是一夥人的公司擔任重要職位。

戰爭內疚的記憶並沒有隨著時間而消退。我很驚訝很德國人會不經意地提到這點，尤其是年輕人和中年人。他們這樣做不是為了糾纏過去，儘管過去很重要，而是為了確定是否記取教訓。在各地威權主義日益猖獗的時代，在民族主義和不文明行為盛行歐洲與世界的時代，他們談到第三帝國的罪行比以往任何時候都多。在慕尼黑，我認識了慕尼黑最重要的博物館、倫巴赫市立美術館的館長穆林（Matthias Mühling）。我們從博物館望向國王廣場新古典主義的輝煌，這個廣場曾是納粹權力的中心，他指著中央藝術史研究所告訴我，戰後不久美國人在那裡成立了一個小組，調查數千件被掠奪的藝術品。後來這個故事改編成二〇一四年由喬治・克魯尼主演的好萊塢大片《大尋寶家》（The Monuments Men）。當穆林在講這個故事時，神態越來越激動。許多前納粹份子輕而易舉地重返文化界和社會各領域的重要職位，這讓他很生氣。他談到「每個人的祖父、說不定連爸爸都是納粹份子，而且仍然逍遙法外」。他指出，倫巴赫與其他競爭對手不同，並沒有成為希特勒的啦啦隊。那些曾經熱情地遵照指示、把「墮落猶太」藝術品除掉的博物館館長現在都被美軍召募去幫忙尋找失蹤作品去了。「我想這很明顯，」穆林說，「他們知道作品去了哪裡。」但更重要的是什麼？是許多高層逍遙法外的事實？還是現實生活中還有很多人對他們的所作作為仍然感到憤怒？

一九四〇年代中期到後期，人們關注的是最惡質的戰犯，對追捕蝦兵蟹將沒什麼興趣。只有二十四名高階納粹在紐倫堡的司法宮受審，十二人遭判處死刑，其中十人在同一天，也就是同在一九四六年十月十六日於大樓體育館被絞死。此事像在公開宣告仍有天理，但也同時宣告了戰爭故事已進行到最後一章。機關團體被迫公開認錯，第一個站出來的是德國新教教會，它在一九四五年十月公布了《斯圖加特悔罪書》，文中承認它與納粹合作。它是這樣寫的：「透過我們給民族和國家帶來了無限的錯誤。」「就如我們經常在教會做見證，我們現在以整個教會之名公開表示：我們確實藉著耶穌基督之名以可怕的心態進行多年的鬥爭，也就是存在於國家社會主義暴政中的可怕心態；如今我們指責自己沒有更勇敢地堅持我們的信仰，沒有更忠實地祈禱，沒有更快樂地相信，沒有更熱切地愛。」[12] 即使是這種半調子認錯也被當時很多人認為做多了。

鐵幕已經降下，蘇聯正堅定地加強對其占領區的管控。美英兩國決定合併他們手上的占領區，至少在經濟上要統一。雖然一開始多有困難，但「雙區」（Bizone，英美兩區合併後的占領區）證明是成功的。之後法國花了兩年時間才加入，雙區短暫地變成「三區」（Trizone），這就是未來西德版圖的核心。一九四八年二月到六月間，同盟國三國與荷蘭、比利時、盧森堡一起在倫敦召開會議，討論如何讓戰敗國恢復自治。因為各國需要重建自己的國家，也須應付迅速崛起的共產主義威脅，因為這項雙重需求，他們迫切希望擺脫管理德國土地的任務。

德國首屆政府的所有注意力都集中在手邊亟需處理的經濟事務。西德戰後首任總統赫斯（Theodor Heuss）宣稱：「我們實際上只有一次機會——那就是工作。」有兩位政治家在德國快速復甦中發揮了重要作用，奠定了史稱Wirtschaftswunder——「德國經濟奇蹟」的基礎。一九四八年，身為英美雙區經濟事務負責人的艾哈德（Ludwig Erhard）一夕之間廢除了現有貨幣。十個德國舊馬克才能兌換一個德國新馬克，如此，大約百分之九十的公債立即被抹去，但對私人持有的德國舊馬克也是如此。更大膽的是，一週內，他廢除了納粹時代就開始實行的配給制和價格控制，更一併取消盟軍對德國設下的生產限制。艾哈德身為原創的思想家和樂觀主義者，可說是他那時代的稀有產物。在戰前，他曾寫過一篇有關德國財政改革的論文。在戰爭快結束時，這篇論文傳到美國情報部門，之後占領軍找到了他。等到德國投降，他立即被任命為巴伐利亞區的財政首長，讓他負責整個德國西半部占領區的經濟政策。但原則上他仍需要對盟軍負責，可是他做這些改革並沒有得到占領區司令的首肯，無疑冒了巨大的風險。他被傳喚到美國占領區司令克萊（Lucius Clay）的辦公室，克萊向他大聲斥喝，對著艾哈德說，他的顧問告訴他，新政策是個可怕的錯誤。這時艾哈德說出那句有名的回答：「將軍先生，別理他們。我的顧問告訴我同樣的事情。」13最後，盟軍沒有擋住他的路，他們已為恢復主權做準備，很高興能看到德國官員和政客接下責任。而制定新憲法的工作正順利進行中。

然而，柏林局勢越來越不穩。一九四八年六月二十四日，蘇聯軍隊切斷所有與柏林連接的公路和鐵路。幾天之內，施普雷河和哈維爾河的航運就停止了，向來由蘇聯占領區電廠向西柏林供輸的電力也被切斷；一下子柏林周圍鄉村的新鮮食物無法送進來。當初盟軍勝利者同意柏林由四強控制的局勢，卻沒有設下任何約制來規定蘇聯區進出柏林的陸上交通。然而，蘇聯封鎖後，就讓外面西占區到柏林的交通只剩下三條空中走廊。西占區三國迅速行動：組織了一場規模空前的空運，為西柏林的兩百五十萬居民提供生活必備物資。美國大約派了兩百三十架飛機，英國派了約一百五十架飛機。每天運送多達一萬噸的物資，包括煤炭和其他冬季取暖燃料。總共約有二十七萬五千架次班機，成功讓西柏林人存活了快一年。

蘇聯對柏林的封鎖使盟軍凝聚想法。他們有兩個主要關注點，一是確保德國（或至少是他們占領三個區域內的德國）永遠不會再落入獨裁政權手中；二是站在戰略性的角度，必須在德國植入西方勢力。一九四八年七月，盟軍向西占區的九位首相和兩位市長遞交一系列文件，提出一系列建議，後稱為「法蘭克福文件」（Frankfurt Documents）。

政府所在地最後選定萊茵河畔的波昂，是貝多芬的出生地，在首都選拔賽中領先法蘭克福。新領導層選擇這個相對較小的城市作為首都，是為了強調這安排具有臨時性質，彰顯權力下放的重要。柏林仍然是名義上的首都，但隨著時間過去，議員和相關行政人員已經習慣了波昂提供的寧靜、有序和高品質的生活。波昂共和國藉著這座城市形象樹立了自己的風格。

「臨時」基本法於一九四九年五月八日批准，兩週後生效。這是新德國誕生的時刻。與世上其他國家相比，基本法都可說是最偉大的憲法成就。英美兩國的律師在起草法案上扮演重要角色。這部法案借鑒其他憲法的內容，甚至包括威瑪共和國的憲法，每條律法都經過壓力測試以確保能通過時間考驗。前十九條規定了人權，第二十條明確規定德意志聯邦共和國「是一個民主和社會的聯邦國家。國家所有權力都來自人民。」其他部分闡述了聯邦政府與各地區、或說各邦（Länder）間的關係，議會兩院間的關係，還有立法機關和行政機關間的關係。各領域的紛爭都將由憲法法院進行仲裁，法院設立在名不見經傳的小城卡爾斯魯厄市。法官為德高望重的賢達，不會像他們在英國的同行受到打壓，或被譴責為「人民的敵人」——現在，攻訐法官的現象像是潮流般正被匈牙利、波蘭等強硬派當政的國家肆無忌憚地複製。

戰後的德國憲法規範了政治參與的準則，新政黨成立必須承擔法定責任。基本法第二十一條規定：政黨必須「共同努力發展政治意識，加強民主」。基本法建立了一個框架防止政黨從事反憲法活動，政黨必須在議會和政府事務中進行合作。確定了三個政治派別——基督教民主主義領導的中右派團體（現演變為「德國基督教民主聯盟」（Christlich Demokratische Union Deutschlands，CDU，簡稱基民盟）；屬於左派的「社會民主黨」（Sozialdemokratische Partei Deutschlands，SPD，簡稱社民黨）和代表自由傳統的「自由民主黨」（Freie Demokratische Partei，FDP，簡稱自民黨）。這些政黨被認定為Volksparteien，也就是「人民政黨」，表示它們涵蓋範圍廣，可以包括最多的民眾。政黨得票率需要達到百分之五才能在聯邦議院和邦議院中獲得代表席次，如此，極端勢力則會淹沒而無法出頭。選舉是一種混合制度，為聯立制，代表席次由選區直接選出和政黨票依比例分配。所以政黨聯盟將成為常態，但各個政黨也容易持續下去。

二戰之後，基督教民主主義很快席捲整個歐洲。過去七十五年來，基民盟一直是德國最大黨，只有十年不是；多年來他們一直掌握政權，只有二十年沒有執政。在人民支持或默許多次的威權主義和法西斯運動後，歐洲的中產階級轉而聚集在這些中間右派新勢力旗下，他們擁護法治也接受議會架構。基民盟和它出身巴伐利亞的姊妹組織「基督教社會聯盟」（Christian Social Union，CSU，簡稱基社盟）有共同理念，他們都深耕社區和傳統家庭觀念，也有共同的信仰核心。基民盟的創建者認為，天主教徒和新教徒之間的分歧是希特勒崛起的部分原因，兩個教派應該平等尋求合作。除了這些基礎信念外，他們對資本主義也抱持特定觀點，認為市場終究要在社會需求下進行調節。基民盟的創黨人之一施蘭格－蕭寧根（Hans Schlange-Schöningen，後來成為德國駐倫敦大使）在一九四六年表示：「〔今日〕身為基督徒的我們了解到的是，目前正進行反對唯物主義的偉大宣戰。」14

唯一有戰前淵源的政黨是社會民主黨，它是歐洲大陸同類政治團體中最古老的政黨。社民黨成立於一八六三年，活得比凱撒和納粹的國家社會主義（National Socialism）更長壽。社會民主黨人艾伯特（Friedrich Ebert）是德國第一位民選的國家元首。在一九五〇年代末，社民黨放棄了受馬克思主義影響的社會主義，轉而擁抱市場經濟。

若要德國人排名他們從戰爭以來最重要的領導人，艾德諾（Konrad Adenauer）總是排在首位，他在第三帝國時期當官的資歷與戰後擔任公職的資歷是一樣的。艾德諾出身萊茵河畔的天主教保守派，對巴伐利亞人和普魯士人的澎風深表懷疑。在希特勒奪權時，他是科隆市長。他拒絕與希特勒會面，也拒絕讓國家社會主義者在他的城市懸掛標語。納粹接管後，他迅速逃離，接下來的十年多在躲藏。戰爭結束後，他雖復職，但被英國人解雇。年輕的英國軍官掌控著這座外國城市，他並不欣賞這位七十多歲卻腦袋清楚的德國人對他的態度。艾德諾像是打不倒的，他轉而著手將基民盟變成一支主要的政治力量。對於盟軍來說，選擇他當德國戰後的首位總理是很可靠的。然而，這位希特勒的堅定反對者卻下定決心暫時放下，不想深入調查國家不久前才發生的一切。

哲學家呂貝（Hermann Lübbe）深思後道：如果沒有艾德諾所謂的「交流上的沉默」（communicative silence），滿目瘡痍的德國是否能夠重建？15社會普遍的情緒不是捍衛第三帝國的遺產，而是試圖掩埋它。在法國猶太裔歷史學家弗里德蘭德（Saul Friedländer）描述這種情緒是「在記憶和遺忘之間不斷拉鋸」。16追逼逃亡者就是一個很好的例子。瑪琳．黛德麗（Marlene Dietrich）②在拒絕納粹的誘人召募後，於一九三九年放棄德國公民身分。她是盟軍戰士的甜心，當戰爭債券發行時，她是第一批站出來幫忙販售戰爭債卷的公眾人物。她到處勞軍，在盟軍前演出五百多次。到了一九六〇年，她重回德國演出，那天禮堂擠得人山人海，但也遭受噓聲、騷擾，甚至有人向她投擲臭氣彈、吐口水。「瑪琳，回家吧！」的招牌標語到處可見，新聞界的反應惡毒且拳拳到

② 譯註：瑪琳．黛德麗（Marlene Dietrich，1901-1992），傳奇藝人，德國柏林人，十九歲崛起於德國默片時代，之後進軍好萊塢，以《藍天使》一片奠定影壇「異國豔姬」的地位。而她形象強悍，在保守的四〇年代就以愛穿男裝的雙性戀形象在藝壇特立獨行。而此形象深受希特勒青睞，派宣傳部長戈培爾以誘人條件召募她回國效力。她斷然拒絕，入籍美國，公開反納粹，出錢出力救猶太人及流亡者。後美國參戰需要錢發行戰爭公債，她不但宣傳募款還認購，是個人認購排行榜上的前茅。戰時她中斷事業到處勞軍，唱的歌是「我也許永遠不會回家了」（I may never go home anymore）。年紀大後隱居法國，死後歸葬德國。

肉。一篇文章指責她「叛國似地穿上敵人的制服」。之後她再也沒有回去德國，但仍有著複雜情感。有一次她說：「當我死後，我想葬在巴黎。我會把我的心留給英國，什麼也不留給德國。」[17]另一次她承認：「當我不再擁有名副其實的祖國時，美國把我抱在懷裡，但在我心中，我是德國人——我的靈魂是德國人。」黛德麗於一九九二年去世，死後安葬在柏林舍嫩貝格區老家附近一個不起眼的地方。二〇〇一年，在她百歲忌辰時，柏林市正式向她道歉。

盟軍實施的禁令很快被納入德國法律：禁止佩戴納粹標誌或傳播相關文學作品，「大屠殺否認論」（Holocaust denial）納入《刑法》。像這樣約制越設越多，之後必會與保障言論自由的法令相牴觸；正是為了裁決此類爭議，憲法法院才有效力。戰後盟軍將《我的奮鬥》（*Mein Kampf*）這本書的版權交給巴伐利亞邦，出版這本書是違法的，研究用的拷貝副本受到極其嚴格的管控。法律要求這個禁令持續七十年，直到二〇一六年一月才解禁。隨著時間的倒數計時，政界人士、學者與其他人等都在討論該怎麼做。主流的看法是不干涉，德國已可以接受這本書。最後由慕尼黑當代歷史研究所（IfZ）印了三千本新版上市，而大家興趣不減，還再刷六次，第一年就賣出八萬五千本。「事實證明，擔心這本書會宣傳希特勒的意識形態，甚至被社會接受，為新納粹提供新的宣傳平台，是完全沒有根據的。」慕尼黑當代歷史研究所所長魏爾辛（Andreas Wirsching）如此表示：「相反地，大家可以辯論希特勒的世界觀和他的宣傳手法，像這樣的公開討論提供了機會來審視極權主義的意識形態；也讓我們得以在威權主義政治觀點和右翼口號正在興起的時代，探討這些意識形態產生的原因和後果。」18

即使到了一九六〇年代，德國對戰爭罪的學術研究仍在初步嘗試階段。此時才出現第一份納粹種族滅絕的全面性研究報告：《歐洲猶太人的毀滅》（*The Destruction of the European Jews*），這本鉅著是由出身奧地利的猶太裔歷史學家希爾伯格（Raul Hilberg）所著。希爾伯格於一九三九年逃離維也納，最後來到布魯克林。他參加美國陸軍，一九四四年隨軍駐紮在德國南部，看到當時對死亡集中營的報導感到非常震驚，以致他在戰後希望分配去一處負責文件保管的單位。他在一九六一年完成了這本書。但出版之路卻遭遇一連串碰壁，花了兩年才找到一家芝加哥小出版商替他出書。想在德國出書，面對的推拒不願卻更嚴重。直到一九八二年，這部鉅著才由柏林一家小公司Olle & Wolter出版。從那時起，希爾伯格成為學術界研究德國的大家，並於二〇〇六年授予「騎士指揮官十字勳章」，這是德國授予非本國公民的最高榮譽。

許多納粹份子戰後立即逃過審判，艾希曼（Adolf Eichmann）是其中最出名的，他是「最終解決方案」（Final Solution）的設計者和監督者。他首先被美國拘捕但被他逃了，十五年後才被以色列情報部門在阿根廷逮到。艾希曼的逃亡被捕是納粹的戰爭罪行終有一天得以昭彰的圖騰，幾位大屠殺的倖存者費盡苦心一定要找到他，其中包括猶太裔的納粹獵人維森塔爾（Simon Wiesenthal）。在審判期間，艾希曼沒有否認大屠殺，也沒有否認他在系統化屠殺這件事情上的角色，只是用Führerprinzip的策略替自己辯護，這是大家耳熟能詳的「領袖原則」；他和其他人一樣，只是在垂直軍事結構中服從上面交派的命令而已。一九六二年六月一日，他被判有罪並被處以絞刑。

艾希曼審判（史稱耶路撒冷大審判）是首次全球性的大型電視轉播節目，審判過程的報導和分析傳至三十八個國家播放。一九六一年的以色列還沒有電視播送系統，所以由政府委託美國一家獨立公司提供影像。全世界的觀眾瞪大眼睛看著審判的畫面和新聞報導，結果爆出爭議，紛紛擾擾都繞著歷史學家漢娜・鄂蘭（Hannah Arendt）的說法。鄂蘭作為她那個時代的名人，受到《紐約客》雜誌的委託報導耶路撒冷大審判。她在一九六三年發表的文章中表示：「艾希曼的問題是，很多人正好都和他一樣，他們既不是變態也不是虐待狂，而是正常的令人害怕，不但過去很正常，現在仍然非常正常。」[19]她表示：艾希曼的行為只是為了拚事業求晉升，由於與受害者有認知上的距離，他沒有意識到自己在做什麼。「平庸的邪惡」（the banality of evil）成為辯論中常用的詞。鄂蘭被她的許多同行攻擊，因為她將清楚的道德選擇變成「心理學上的研究」。

幾十年後，艾希曼案還有後續。二〇〇六年有一批文件解密，內容在美國和德國引起震驚和尷尬。資料顯示，在艾希曼被以色列人逮捕之前，美國和西德情報部門至少在兩年前就知道他的下落。但他們一直保密，不想在與莫斯科關係緊張之際動搖重要合作夥伴的穩定。那時正是柏林牆倒塌和古巴豬玀灣危機的時代，這些文件描述了總理艾德諾擔心艾希曼的證據會連累他的政府高級官員也一併出事。他有個特別擔心的人物：就是當了他辦公室主任十年的格洛布克（Hans Globke），就是這個人讓總理辦公室大展身手的。但格洛布克替希特勒制定法律，惡名昭彰的《紐倫堡種族法》就是他寫的，其中包括〈保護德國血統和德國榮譽法〉，該法條禁止猶太人和德國人間有婚姻關係和婚外情，並禁止猶太家庭雇用四十五歲以下的德國女性。格洛布克還負責起草《帝國公民法》，該法宣布只有具德國血統的人才有資格獲得德國公民身分。儘管如此，他還是進入了戰後新政府的核心。

西德政府非常擔心，委託德國聯邦情報局（BND）掌握情報，提前攔截有關艾希曼審判中對己不利的相關證據。當時的西德國防部長施特勞斯（Franz Josef Strauss）曾親自與以色列總理本古里昂（David Ben-Gurion）就一系列坦克和潛艇的銷售進行談判，他警告以色列人，如果他們不能保護德國的利益，武器交易也有危險。據說施特勞斯是這樣說的：「我已經告訴我的聯絡人，理所當然，如果聯邦共和國支持以色列的安全，它就不會被艾希曼一案相關的上代罪行連累去承擔集體責任，不管在道德上、政治上或新聞上都是如此」。[20] 這次審判並沒有牽扯上格洛布克，幾個月後，艾德諾批准了一批新的軍事援助。

那個時代的西德仍然是保守陰暗的，但她正在復甦。城市重建，家家戶戶又開始能享有物質上的安逸。德國馬克成為可靠的貨幣，汽車產業蓬勃發展。第一次可以去外國度假了，去義大利和西班牙度假正風行。德國人在國外時，若不是聚在一起，就是假裝自己是斯堪地那維亞人——不管怎樣只要能避開敵意目光就好。

隨著戰爭世代步入老年，他們的孩子開始向父母和廣大社會提出問題。六〇年代，整個西方世界普遍受到音樂、性解放和政治激進主義的影響。其中一些特徵是各大洲普遍共通的，例如對美國和越戰的反感。大學校園的焦點活動經常是反資本主義、反消費主義和反帝國主義的示威。在巴黎，學生發起的示威，甚至讓法國總理戴高樂短暫逃離愛麗榭宮③。在德國，抗議受到類似政治熱情的引導，但多是個人的。它充滿對菁英份子的憤怒，對於許多成年人來說，他們甚至還沒有開始面對，更不用說為過去贖罪了。基辛格（Kurt Georg Kiesinger）的當選總理，被視為是一種挑釁。基辛格曾負責戈培爾宣傳部的廣播部門（但戰後他被除罪）。放眼望去，身居高位的人都曾涉嫌。

抗議活動持續兩年。爆發點在一九六八年四月，當時學生運動的實際領袖杜契克（Rudi Dutschke）頭部中槍身受重傷，動手的是一名反共產的年輕畫家兼裝潢師。杜契克的夥伴指責阿克賽爾．斯普林格集團（Axel Springer）鼓勵這次的暗殺企圖，因為旗下主要小報《畫報》（*Bild*）刊登了一系列反對杜契克的專欄報導，更曾一度鼓動讀者「去除麻煩製造者」。杜契克遭暗殺，引發數千名學生從自由大學遊行到當時還算新的柏林圍牆旁，人群在附近的斯普林格總部聚集，試圖洗劫這棟建築。在槍擊事件身受重傷的杜契克接受劍橋大學邀請赴英完成學業並療養，但在一九七一年，被希思（Edward Heath）的保守黨政府驅逐出境，原因是擔心他會惹麻煩。之後他搬到丹麥，然後又回到德國，但他從未從傷病中完全復原，最後於一九七九年去世，享年三十九歲。

送走了學生運動的立即挑戰，政府搬出緊急立法，加強安全。但是各地「六八世代」（Achtundsechziger）的影響力至今仍然很強，在德國尤其強。幾乎立刻地，一個懷有更多質疑、不再乖順的社會誕生了。這個世代的挑戰有兩方面：一個是積極的、非暴力面的；一個是更黑暗的、恐怖主義方面的。他們分享了對德國社會狀況的共同面向，但採用截然不同的方法。

從一九七〇年到一九七七年，德國飽受恐怖主義暴力之苦。紅軍派（Rote Armee Fraktion，簡稱ＲＡＦ）④發動了一系列爆炸、綁架、暗殺和搶劫。一九七二年慕尼黑奧運會上發生大屠殺，十一名以色列運動員被巴勒斯坦組織「黑色九月」（Black September

③譯註：史稱「五月風暴」（Mai 68），一九六八年，因法國學生不滿資本主義、美帝主義進行罷課，法國警察進行強力鎮壓，反倒激起當時勞工團體的同情，同時進行罷工。造成遊行、罷課、罷工、占領十面烽火的局面，法國經濟停擺，政府甚至懷疑有內戰爆發可能，總理戴高樂逃到有法軍駐守的德國。

④譯註：紅軍派的成立背景可上溯德國六八學運，當時學生彌漫對社會政府不滿的情緒，他們受不了壓抑欺瞞與美帝資本主義，逐漸倒向極左。組織發展長達三個世代，成員多時約有三百人，基於第一代的領導人的名字，紅軍派又名「巴德爾與邁因霍夫集團」（Baader-Meinhof Gang），從一九七〇年開始三十年間從事反政府反資本的恐怖行動，直到一九九八年自行解散。

Organization）劫持殺害，這對德國復興的努力造成毀滅性的打擊。慕尼黑奧運應該是一九三六年納粹柏林奧運的解毒劑，用來解開德國只把運動當成納粹宣傳工具的惡名。相反地，這屆奧運卻成為悲劇的代名詞，暴露了劣質的安全防衛，並引發無數的陰謀論。德國《明鏡周刊》在二〇一二年發表一篇文章指控當年奧運事實被官方掩蓋。報導表示，約有四千多份文件被歷屆政府隱藏，文件內容多是官員如何搞砸人質危機的細節。雜誌還寫道，德國當局在大屠殺三週前就接獲情報，知道巴勒斯坦人計畫在奧運「生事」，但他們並沒有採取必要的安全措施。文章表示，這些事實已經從官方文件中消失了。

在紅軍派的三波襲擊中共有三十四人喪生，包括幾位社會知名人士。一九七七年秋天是恐怖事件的高峰，人稱「德意志之秋」（German Autumn）。恐怖事件包括一架漢莎航空公司的飛機遭劫持到索馬利亞的摩加迪休，恐怖份子在那裡遭到德國特種部隊強攻捉拿。同一天，施萊爾（Hanns Martin Schleyer）被謀殺，他是典型的「當權派」，代表激進份子所鄙視的一切。施萊爾與當時很多商界領袖一樣，也背著過去包袱。一九三〇年代中期他在海德堡大學念書的時候，就曾指責同學缺乏國家社會主義精神。他是狂熱的納粹份子，之後做到德國波希米亞占領區（在捷克斯洛伐克）納粹政府的經濟顧問。戰後在戰俘營蹲了三年，靠著隱瞞自己在武裝黨衛軍（Waffen-SS）的官階走過來。到了一九四八年，施萊爾拿到「洗潔證」門票，洗白出戶，一年後負責巴登－巴登商會，又成為德國工業聯合會（BDI）的主席。對於紅軍派及其支持者來說，這個經濟奇蹟先生和戰爭辯護者無疑是上好獵物。一九七七年九月，他們在科隆伏擊他的座車，殺死他的四名隨扈。德國政府拒絕就他的釋放進行談判，綁架者最後把他殺了，把他的屍體丟在法國東部一輛汽車裡。基於公共輿論也是戰爭的一部分，紅軍派綁匪曾把施萊爾送進「人民監獄」受審，但他們不知道該怎麼問，對於戰爭惡行他們一點線索也沒有，就像他們其他的學生朋友，紅軍派成員也沒有學過戰爭的細節。

到了一九七七年底，所有主要的紅軍派成員都被圍剿或殺害。斯圖加特的斯坦海姆監獄蓋起了一座新翼樓，具有高安全性，由德國反恐特種部隊GSG 9守衛。自此，那個時代出現的暴力引發一場激烈爭論和深入研究。《明鏡周刊》的編輯奧斯特（Stefan Aust）撰寫的書或許是其中最具權威性的，《巴德爾與邁因霍夫集團》（*Baader-Meinhof Gang*）於一九八五年出版，後來改編拍成電影⑤，書中引述某位成員的話：「我們是戰後的第一代人，我們一直有好多問題問父母。由於納粹的過去，一切不好的東西都拿來和第三帝國相比。如果聽到警察暴行，就會說他們像黨衛軍一樣。當把自己的國家視為法西斯國家的延續時，你就允許自己做任何反對她的事，你會將你的行為看成是父母沒

---

⑤譯註：這本描寫紅軍派的興衰史於二〇〇八年由導演烏利・艾德（Uli Edei）拍成同名電影，是德國當年最大製作，代表德國入選二〇〇九年奧斯卡最佳外語片競賽。

有做到的反抗。」[21]

如果你問那一代的德國人，就是六十多歲那個世代的人，是什麼改變了他們對戰爭的理解，他們可能會提供以下三個例子：第一個是Kniefall——「華沙之跪」；威利·布蘭特在華沙隔離區起義紀念碑前跪下的那一刻。戰後首位社會民主黨總理於一九七〇年十二月到波蘭進行正式訪問，開啟兩國關係的新紀元。那一年，德國宣布她與波蘭在奧得河－尼斯河線上的邊界是最終定奪、不可談判的，放棄了對它未來的任何主張。一九四五年，德國喪失了波美拉尼亞和西里西亞的大片領土，大小約占威瑪時代領土的四分之一。一九五〇年，在蘇聯的壓力下，東德要確定邊界，艾德諾拒絕了，堅持認為這些土地仍暫時由波蘭和蘇聯管理，但甚至有些地圖到了一九六〇年代仍將這片土地視為德國領土。

布蘭特戲劇性的贖罪行為使得輿論炸成兩邊，保守派厭恨這件事，而布蘭特堅稱他是臨時起意，只是在那裡忽然覺得只獻花圈是不夠的。他說：「在數百萬被謀殺者的沉重壓力下，我做了人類在言語無法表達時能做的事。」[22]但值得觀察的是布蘭特的人生片段，他是反戰逃亡者、反希特勒份子，他做了許多德國人在此之前從未想過的事情：跪下乞求寬恕。

第二個時刻和梅莉·史翠普有關，她主演了NBC的迷你影集《大屠殺》（Holocaust），這部影集全劇四集，於一九七八年四月在美國NBC聯播網首播。劇情聚焦在柏林的兩個虛構家庭，一家猶太人，另一家是基督徒，這部劇把猶太大屠殺（Shoah）的情境帶入全球各地數百萬人家中。一年後它配上德語在西德廣播公司（WDR）頻道播出，儘管極右派試圖阻止它，還為它炸了兩座電台發射塔，但還是讓近半數有電視的家庭、超過兩千萬德國人看了這部影集。這部影集的劇情或許煽情，也可能被消毒了，但經過廣泛傳播，造成社會轟動，效果非凡，它把罪責的問題從納粹領導階層擴展到每個家庭。當演到納粹在萬湖會議（Wannsee Conference）上計畫最終解決方案時，它以冷酷的畫面細節戲劇化了會議過程，一面讓你看到猶太人被遭驅離和在集中營被滅絕，這部劇導致了家庭內部的破裂。爸爸，你在戰爭中做了什麼？數以萬計的觀眾致電西德廣播公司表達他們的震驚和羞愧。

一九七〇年代，德國學校的歷史課程對納粹時代已經變得比較坦率，但教學方式仍然很枯燥，多用統計數字顯示。但因為這部電視劇，教學產生變革性的效果，學校要求電視公司提供影集拷貝；替教室買了投影儀。針對大屠殺開始研究撰寫一部新的貿易和學術典籍。聯邦議院經過謹慎考慮，延長了追溯懲罰的時間，立即廢除訴訟時效，為進一步起訴鋪路。

社會從「夠了就是夠了」變成「永遠都不夠」，二〇一九年年初，為了紀念《大屠殺》放映四十週年，這部影集再次在電視黃金時段播出。收視率很好，但不是那麼好。德國在那段時間已有長足的進步。

第三個時刻是最莊嚴的。一九八五年，在納粹投降四十週年紀念會上，上任僅一年的總統馮魏茨澤克（Richard von Weizsäcker）到議會演講，這場演講後來被某位德國政治家認為是對罪責的明確分析。一般而言，總統職位是一種儀式性角色，但現任總統被認為是德國道德指南針的監護人。他談到戰爭結束的那一天時表示：「五月八日是解放的日子。」這句話令人震驚，德國沒有被打敗，她被解放了。「她把我們所有人從國家社會主義政權的不人道和暴虐中解放出來了。」然後他談到內疚的本質。他告訴國會議員，年輕一代「不能為自己沒有犯下的罪行認罪」。「任何帶有異樣眼光的人都不能僅僅因為對方是德國人就期望他們穿上懺悔長袍，但是他們的祖先給他們留下了沉重的遺產。我們所有人，無論有罪無罪，無論年輕年老，都必須接受過去。我們都受到後果的影響並承擔責任。年輕一代和老一代人必須互相幫助了解為什麼讓記憶保持活力至關重要。」然後他停頓了一下，造成戲劇性的效果。「這不是與過去和解的案例，這是不可能的。它不能在之後修改或撤消。然而，任何對過去閉上眼睛的人都會對現在視而不見。只要有誰拒絕記住這種不人道行為，他們就容易有新的感染風險。」[23]

以色列駐德國大使將馮魏茨澤克的演講描述為「光榮時刻」，[24] 一百萬份演講稿中有四分之一發給德國各地的學校。重要的不僅是內容說什麼，而且是誰說的。總統的家人涉入第三帝國甚深，馮魏茨澤克的父親恩斯特是職業外交官，後來成為納粹政府外交部的國務卿；一九四六年，他在紐倫堡大審中被指控參與行動，將法國猶太人驅逐到奧許維茲集中營，因此被判有罪並被判處七年徒刑，服刑兩年後死於中風。而馮魏茨澤克在英國牛津和法國格勒諾勃念書一段時間後，受徵召入伍進入德意志國防軍，之後於一九三八年返回德國。他所屬軍團曾入侵波蘭，他的兄弟海因里希也在其中。他的哥哥，著名的核物理學家卡爾．弗德里（Carl Friedrich von Weizsäcker）正為納粹製造原子武器。戰後，馮魏茨澤克重返學校，在哥廷根大學攻讀法律，成為他父親辯護團的一份子。他於一九五四年加入基民盟，在聯邦議院工作了十二年才成為國家元首。

馮魏茨澤克故意踏入敏感領域。這個紀念日來的正是時候，此時正是德國開始思考過去影響的時候；時間已經過去那麼久了，德國是否已克服歷史創痛。到了柯爾擔任西德總理，這個國家才有了第一位沒有參加戰爭的領導人。即使對他來說，記憶也是原始的。衝突開始他才九歲，到了十三歲，他還在萊茵蘭、路德維希港的老家廢墟中挖掘鄰居燒焦的屍體，路德維希港經常成為盟軍轟炸的目標，他的哥哥死在諾曼地的一場空襲中。

柯爾被媒體嘲笑為鄉巴佬，口音怪異，對灌豬肚腸（Saumagan）有著特別的喜好。德式灌豬肚就是塞著菜肉餡料的豬胃，柯爾最喜歡用這道菜宴請葉爾欽和柴契爾這些令人反胃的世界級領導人吃了。即使如此，他仍是戰後德國最重要的人物之一，他曾經說：「因為被低估，我才能過上三十多年的好日子。」[25]。他可能說話修辭不夠好，但面對外界，他很能代表他那個時代的德國——受到懲罰但堅定不移。一九八四年，他前往以色列進行國是訪問，參觀官方成立的猶太大屠殺紀念館，出來之後，柯爾一點都不顧忌地告訴議會成員，他是這一代德國人中很幸運不需要負責任的。就憑著他接地氣可依靠的天主教血統，他宣稱：「我以一個在納粹時代都不會犯罪的人發言，因為我享有晚生的恩典和來自特定家庭背景的好運。」26

但與接下來發生的事情相比，這些爭議簡直微不足道。柯爾決定，作為他對終戰四十週年貢獻的一部分，他將邀請美國總統雷根和他一起參觀一座戰爭墓地。他選擇的是位於盧森堡邊境比特堡的墓地，那裡躺了數百名一般的德國士兵，但問題是旁邊還躺著五十名武裝黨衛軍成員的遺體。當時西德與美國的關係特別牢固，雷根同意去。因為他想對柯爾和他的前任施密特表示感謝，感謝他們就算面對持續的抗議，仍在一九七九年同意部署潘興二型核導飛彈（Pershing II）。但家鄉的驚愕從四面八方湧來，五十名參議員聯名寫信呼籲他三思，大屠殺倖存者魏瑟（Elie Wiesel）公開敦促他改變主意，就連雷蒙斯合唱團（Ramones）和法蘭克．札帕（Frank Zappa）都寫歌譴責他，一個美國猶太團體稱此次行動為「無情冒犯」。最後，雷根在墓地度過了整整八分鐘，將這段旅程變成對卑爾根－貝爾森集中營（Bergen-Belsen）致敬的一部分，但他確實獻了一個花圈。這樣做，也讓某些德國人得出結論，他們的歷史已經「正常化」。

柯爾也許舉止粗鄙，就像他的生活習慣一樣，但他的城府比表面深，動作都經過算計。那個時代最具標誌性的照片之一是：為了紀念第一次世界大戰爆發七十週年，德國總理在凡爾登戰役紀念遺址與法國總統密特朗牽手的照片，那個精心設計的和解時刻出現在他前往以色列和比特堡爭議不斷的旅行期間。柯爾正在做他那個時代的許多德國人正在做的事情——他們費盡千辛萬苦想主導歷史詮釋，拒絕把它掃到地毯下，試圖定義記憶，而不是由記憶定義德國。此時我才剛以記者身分來到波昂。戰爭結束四十年了，卻感覺某些報紙除了這件事之外好像沒有其他事情可談論了。這就是Historikerstreit的時代，史稱「歷史學家大爭論」。它是由一小群知識份子在專欄打筆仗開始的，他們在《法蘭克福匯報》和《時代周報》等精選的評論版上發表對歷史定位的論述，而這段時期正標誌著現代德國靈魂之戰的開始。

在某種程度上，這是一場左派右派的直接鬥爭。鬥爭開始於三位保守派的歷史學家提出的論述，他們認為德國不應該為最終解決方案承擔特殊罪責。他們受到自由左派的譴責，左派認為他們的論點是危險的、是修正主義的，更是強詞奪理。雙方敵對陣營於一九八六年六月開打，一開始，柏林自由大學（六七〇年代末激進抗議者的總部）的現代史名譽教授諾特（Ernst Nolte）發表了一篇評論，呼籲要和德國過去劃清界線，呼籲大家記住納粹時代就像「一把劊子手的劍懸在現在這個時代上。」[27]他表示，這篇題為〈不會過去的過去：可以寫但不能發表的演講〉的文章是他堅持希望在全球知識份子年度聚會前發表的演講，但他的邀請函被撤回。但是學者聚會的主辦者之一、英國歷史學家伊文斯（Richard Evans）抨擊諾特最是不遺餘力，反駁道，諾特並沒有被禁止演講，只是因為出來演講也是丟人現眼又何必現身。諾特把自己看成是一個知識份子挑釁者，只要有什麼事能激怒歐洲學界的「傳統主流派」（bien pensants），他就會做。次年，諾特出版了一本書，開始和「大屠殺否定論」眉來眼去，暗示一些猶太人因為同情共產主義，本就應該為自己的不幸負責。他經常成為威脅的目標，因此也把他和可接受的主流越推越遠。到了二〇〇〇年，在大眾的強烈抗議聲中，他拿到「康拉德．艾德諾獎」（Konrad Adenauer Prize），這是頒給中間右派人士的重要獎項。基民盟的新領導人梅克爾拒絕去頒獎典禮演講的邀請，明確表示她對諾特有「個人的不同意」。

同組的還有另外兩位歷史學家：斯圖默（Michael Stürmer）和希爾古伯（Andreas Hillgruber）。一九八六年四月，身為柯爾非官方顧問的斯圖默為《法蘭克福匯報》寫了一篇文章〈沒有歷史的土地〉。他拿美國和其他西方國家的愛國主義對照德國的低自豪感，呼籲政府、媒體和歷史學家共同發起一場運動，創造對德國歷史的「正面看法」，減少關注第三帝國的十二年，而是更加注重其他更廣泛的層面。他寫道，這種「迷失方向」正在阻止西德堅定自我立場，這會讓這個國家「再次成為蘇聯反民主全球內戰的焦點」。[28]在隨後的一次國際研討會上，他更延伸他的觀點，認為德國人「不能靠創造我們的過去活著……成為無盡內疚感的永久源頭。」[29]然後，一個貶義詞彙被創造出來：Schuldkult，罪惡崇拜。

這輛三駕馬車上的第三位成員希爾古伯也許是最讓人起疑的。在此之前，這位來自科隆的歷史學家因為他對納粹時代的研究享譽全球。然而在他一九八六年的著作《兩種毀滅：德意志帝國的崩潰和歐洲猶太人的終結》中表示，大屠殺雖然可怕，但並不是單一的事件。它是史達林恐怖統治和其他暴行的回應，且與其他暴行共同作為歷史連續體的一部分。他還堅稱種族滅絕和盟軍地毯式轟炸在道德上沒有區別。

因此出現了一條分界線，那些將猶太大屠殺視為歷史上獨一無二、且是德國獨有事件的人與那些不認為大屠殺有獨特性的人至此一分為二，劃定了哲學、也是政治上的分界線。自從希特勒戰敗以來，德國史學中「特殊道路」（Sonderweg）的理論一直很流行，它強調德國建國至此走的是一條特殊之路，尤其在國外。這個理論最著名的支持者是美國記者夏伊勒（William L. Shirer），他寫的《第三帝國興衰史》（*Rise and Fall of the Third Reich*）於一九六〇年初版，開闢了一條從馬丁路德一路通到希特勒的道路；認為德國人傾向盲目服從和奴性，夏伊勒的作品被很多批評者抨擊為粗製濫造。到了一九八〇年代，對戰爭罪惡的議題出現了更有層次的趨近方法；但同樣熱情洋溢。

在眾多批評諾特和斯圖默等人的學者中，最著名的應該是現代哲學巨擘哈伯瑪斯（Jürgen Habermas）了。哈伯馬斯登上《時代周報》的版面，譴責學者把國防軍在東線對抗紅軍的最後一搏美化了。事實上，國防軍堅持的時間越長，大屠殺持續的時間就越長。他寫下〈一種損害控制：論德國歷史書寫中的道歉傾向〉一文，文中抨擊右派的新國族主義。他將奧許維茲集中營描述成德國歷史的重大分界線，未來必須建立在新基礎上。《明鏡周刊》的出版商奧格斯坦（Rudolf Augstein）抨擊希爾古伯是「憲法納粹」，要求開除他的學術職務。歷史學家蒙森（Hans Mommsen）也加入戰局，將冷戰描述為讓德國菁英逃脫懲罰的方便手段。德國的討論傳遍全球，甚至讓耶路撒冷的猶太大屠殺紀念館將它某期期刊的版面全獻給了「歷史學家大爭論」。針對此議題的研討會在倫敦召開，參加者全是堂堂大學者，無一不是重要歷史學家和公共知識份子，包括達倫多夫（Ralf Dahrendorf）、柏林（Isaiah Berlin）、魏登菲爾德（George Weidenfeld）和史登（Fritz Stern）等。

對於那些參與德國公共生活的大人物來說（他們多半是男人，當時這樣的女性很少），通常很難將政治與個人分開，其中關於記憶與遺忘最痛苦的例子應該是作家葛拉斯（Günter Grass）。葛拉斯作為社會民主黨的左派喉舌，他將自己的文學書寫與政治和知識生活的重要地位結合起來。他強烈反對兩德統一，認為集中營構成統一的道德障礙，而歐洲的和平取決於德國的永久分裂。葛拉斯在一九九九年獲得諾貝爾文學獎時，引文稱他的小說《錫鼓》（*The Tin Drum*）能在德國出版是「德國文學在經歷了數十年語言和道德毀滅後彷彿獲得新的開端」。29 七年後，葛拉斯才承認，他是武裝黨衛軍成員，但他是批評柯爾－雷根比特堡訪問最激烈的人之一。頓時批評湧現，曾寫過希特勒傳記的作者費斯特（Joachim Fest）曾被父母阻止加入希特勒的菁英部隊，不禁說：「六十年後才說，這個坦白來得太晚了。我無法理解一個幾十年來自詡為有最高的道德標準、不斷自鳴得意的人，怎麼能做到這一點。」31

隨著時間過去，距離並沒有減輕困境，每個人都在掩蓋自己家在戰爭中扮演的角色，這讓歷史學家要如何研究？要藝術家如何討論德國人作為戰爭受害者的議題而不會被指責為相對主義？

一九四五年剛開始的六個月間，柏林一地就有超過十萬名婦女，德國其他地方則有超過一百五十萬名婦女被蘇聯士兵強暴，他們年齡在十歲到八十歲間，許多案例是被多人多次強暴和不斷被強暴。32 但人們沒有談論它，沒有療傷止痛，她們只是背著這段歷史盡可能走下去，只能拍拍自己身上的灰塵，繼續重建國家。無論如何，沒有人會想大聲張揚。只要打仗，女人就是戰利品；德國人得到了他們應得的，不是嗎？

一九五四年，美國出版了一本以英文書寫描述暴行的書：《柏林的女人》（*A Woman in Berlin*），內容闡述令人痛心的苟活細節。作者是一位匿名女士，書中稱自己是三十二歲的出版人，她用兩個月時間寫下自己的求生紀錄。因為有幸會說俄語，她決定「依靠」一名比較有教育水準的俄國軍官，成為他的情婦，希望他能保護她免受輪姦和身邊隨處不在的暴力。這本書翻譯成多種語言，但最初並未翻譯成德語。最後，到了一九五九年才由一家德國出版社出版了這本《Eine Frau in Berlin》，收到的卻是滿滿敵意，指控作者冷血無情，最重要的是，她玷污了德國婦女的尊嚴。作者拒絕在德國再版這本書。

近半個世紀後的二〇〇三年，一位文學經紀人透露，作者是名叫希勒斯（Marta Hillers）的記者，已在二〇〇一年過世。這本書立即重新發行，這次獲得一致好評。它在暢銷書排行榜上連續數月名列前茅，二〇〇五年又再版，請了英國歷史學家比弗（Antony Beevor）寫再版序言，比弗將這本書描述為「二戰以來最強大的個人傳記」。

33

二〇〇二年，又一本引起廣大迴響的書問世：《烈火》（*Der Brand*），這是盟軍地毯式轟炸德國城市的紀錄，內容特別聚焦在英國人對德勒斯登的破壞。作者弗德里希（Jörg Friedrich）對爭議並不陌生，他反越戰，反對布希／布萊爾聯盟大舉興兵投入的伊拉克戰爭。他試圖從右派民族主義者手中奪回德國何以受此苦難的議題話語權，而他卻把他的書放給《畫報》連載，《畫報》是暢銷的畫刊小報，對左派激進份子來說並不是明顯的位置。儘管如此，仍起了很大作用，這本書登上排行榜第一名。他因為之前對納粹暴行的研究在一定程度上使他面對攻訐百毒不侵，但他刻意使用像Vernichtung（滅絕）⑥之類的語詞來描述炸彈攻擊，也引發了道德對等的指責。

也許最能改變既定成規的書是席博德（W. G. Sebald）的《論毀滅的自然史》（*On the Natural History of Destruciton*），這本書在千禧年以德文和英文兩種版本同時出版。這位在巴伐利亞出生、定居英國的歷史學家及文學大家寫了一系列的文本，文中主角都是作家。借子之口借景敘情，討論「反思歷史」（Vergangenheitsbewältigung）這個令人頭疼的問題，後與歷史達成協議。他最直言不諱的章節是戰爭最後一年，盟軍炸毀數十個城市。想到幾年前伊莉莎白王太后還在倫敦市中心為哈里斯（Authur Harris）的雕像揭幕，哈里斯的外號就是「轟炸機哈里斯」，對德國城市的無差別轟炸就是他指揮的。席博德提醒讀者注意統計數據：多達七十萬德國平民被燒死或窒息而死，其中包括七萬五千多名兒童。光是炸藥就有百萬噸落在一百三十一個城鎮上，科隆當地的人均瓦礫量為三十一立方公尺，德勒斯登的黨衛隊在柴堆上燒了六千八百六十五具屍體，漢堡上空衝出兩千公尺高的烈焰。他重新詮釋艾德諾時代的健忘症，認為人們不是拒絕參與，而是受到延遲性的創傷。「在戰爭最後幾年，數百萬〔德國人〕感受到的國恥無可比擬，但他們從未真正找到語言表達，直接受到這種經歷影響的人既沒有相互分享，也沒有傳遞給下一代。」[34] 愛爾蘭作家班維爾（John Banville）評論這本書時，將其描述為「對我們這個時代的謊言和道德迴避的低聲但激烈的抗議」。[35]

德國現在可以公開談論自己的苦難，不把苦難當作開脫的手段。這是因為從一九八○年代，或是從統一、甚至更早時間走到現在，德國人已經能夠暢所欲言地談論自己的罪行。學校裡教授Zivilcourage——「公民勇氣」，要求學生要有為自己信念挺身而出的

---

⑥ 譯註：「Vernichtung」在納粹研究中特指「對沒有生命價值者的滅絕」，更是系統化種族屠殺的手段之一，如「Vernichtung durch Arbeit」指用「勞動使其滅絕」，或「以生殖篩選使其滅絕」，此處表示《烈火》作者在語言選擇上的別有用心。

勇氣。守法是一回事，但如果有人把國家帶往錯誤的方向時又該如何？鼓勵學生自己思考，若走到不得不的地步，必須說「不」，不服從。

仔細剖析德國對戰爭的看法是很有教育意義的。它展示每十年的變化，從學校、學術界、媒體和政界，從各層面看到對戰爭的詮釋變得更清楚細節，雖痛苦卻也更細膩。它展現一個國家正在接受自己的過去，以一種其他戰爭發動者沒有做過的方式；連日本人、奧地利人或義大利人都不曾這樣做。比較一下西班牙，西班牙政府把佛朗哥將軍的遺體移出烈士谷的想法幾十年來都因大眾阻擋未能成行，最後終於在二〇一九年做到了，但遭逢民眾強烈反對，反對的人不是少數極端份子，而是廣大選民都在阻擋，這些人仍歡喜熱烈地向所有人展現他們對法西斯獨裁者的崇拜。

紀念館和紀念碑到處林立，處處昭示德國受創的歷史。某些地方的館場已老舊黯淡，有些隱沒無人。萊比錫一條安靜的街道上，萊尼格（Doris Lehniger）正在等我，她志願帶我參觀。時間是星期六一大清早，她還特地帶我一個人參觀學校博物館。他們的訪客不多，會開放參觀，往往是預先安排好的教學課程。這裡以前就是學校，但在二〇〇三年因為附近河流氾濫，洪水損壞建築物，學校搬遷，一群熱心的歷史學家決定將教室變成紀念館，展示一系列從以前到現在的學校生活。萊尼格首先帶我到最高層，那裡的教室叫做凱薩房，學生們在那裡了解德意志帝國、戰爭和服從。下一層教室要學魏瑪共和國，這個房間特別強調威瑪時代的激進主義。與其讓學生死背硬記，被老師用尺或手板訓斥，在這個教室讓男生女生一組一組坐在一起，甚至加入互動去黑板寫字，讓我想起一九七〇年代。接下來我們去到東德房間，這個教室放著男孩女孩模型，每個都如真人大小，他們是自由德國的青年先驅。裡面還放著東德領導人烏布利希（Walter Ulbricht）和他的繼任者何內克的照片，旁邊放著和平與社會主義的標語。有個櫃子放著寄給坦尚尼亞和莫三比克等「兄弟之邦」筆友的信件。展示來自民防營的紀念品，孩子們每年必須下鄉參加一次民防營，參加「生產教學」（ＵＴＰ）學得蘇聯時代的工作經驗也是一種強制性的活動，孩子們每個月會被送到工廠實作一次，藉以了解社會主義的生產方式。

唯一一間不追求逼真重現的教室是納粹房，德國各地禁止有納粹紀念展物，以致這個空間更重視說教和文字陳述。展覽顯示，在一九四〇年有兩百多名殘障人士被帶到附近的「療養院」被系統性的毒死，時間歷時一個月。這個房間講述這個城市七千個猶太家庭的故事，向孩子解釋他們是如何依照血緣族譜被分類。猶太人先在學校被分開，讓他們去自己的學校上課，然後就消失了。這些記事以書面形式呈現。其他房間幾乎沒有顏色或個人風格。「這仍然是非常敏感的領域。」萊尼格這樣對我說。這個迷你博物館不是旅遊景點，它的存在不是為了引起轟動而設計的。我覺得這個博物館的存在更關乎公民義務，是一種必須記住並將此記憶傳遞給他人的個人責任。

兩德統一，一切重新開始，這種再世重來的感覺為德國提供了更好的時間空間來克服國家造成的創傷；也克服別人給她的創痛。他們不得不處理歷史兩次，兩種獨裁統治，兩個都很可怕，也無從比較。這項任務仍在進行中，也許傷痕永遠都在，但是沒有人試圖遺忘。

2

老媽的溫暖擁抱

梅克爾和東德遺產

Mutti's Warm Embrace

Angela Merkel and the Eastern legacy

世人總想妖魔化德國，但無論他們多努力都很難辦到，因為這十五年來，這個國家的領導人是位科學家，她雖來自名不見經傳的小鎮，卻堅毅堅定。

梅克爾（Angela Merkel）的崛起以及她在定義當代德國所扮演的角色是二十一世紀初最不可能發生的政治故事之一。若要找個最不適合這個工作的人，還有誰比她更不適合——一個女人、新教徒、受過訓練的物理學家，還是離婚婦人。在柏林圍牆倒塌的那天晚上，三十五歲的梅克爾同志並沒有和朋友一起慶祝，也沒在西邊陌生的街道上狂灌香檳。她聽到一些風聲，於是打電話給她的母親荷琳德。「媽媽當心，今天可能會出事。」[1]她說。那天是星期四，她在星期四總有一些固定行程：會去做桑拿，她在普倫茲勞貝格（Prenzlauer Berg）的兩房公寓附近就有一間公共浴室，所以她和朋友去那裡洗桑拿。「當時我並沒有真正理解我聽到的謠言。」[2]梅克爾後來回憶道：「我想如果圍牆已經打開了，就很難再合上，所以我決定再等等。」[3]

洗完桑拿後，看到街上好多人，她走到伯恩霍爾默大街的十字路口，決定加入他們一起走。「我永遠不會忘記，可能已經晚上十點三十分，或十一點了吧，甚至更晚一點。我一個人，但我跟著人群，突然發現自己竟然走到西柏林了。」[4]在那裡她巧遇好些陌生人，這些素昧平生的人邀請她進來。「我們打開幾罐啤酒，高興極了。」[5]然後就像許多東德人一樣，她又走了回去。第二天早上她還有工作要做。在最初那些興奮日子裡，所有東德人都拿到西德政府的「紅包」——一百元德國馬克。梅克爾沒有把錢花在奢華的食物飲料上，也沒買什麼紀念品送給親友或愛人，而是著重實用性。「你需要錢才能上廁所，或喝杯茶，那時是十一月，天氣很冷。」6

她很早就計畫要去nach drüben（那邊），但要等到她六十歲後才走得成，因為只有領了養老金的人才能離開東德去西方（也就是當他們的經濟效益超過年限時）。她已經為最後一天訂好計畫，她會去警察局，把她的東德護照換成西方護照，然後去美國，她夢想來趟公路旅行，開著車從海岸的這邊開到另一邊。她若有所思的說：「我想看看落磯山，開車兜風，聽著布魯斯．史普林斯汀的歌，那是我的夢想。」7路上，她會去西柏林的凱賓斯基酒店和媽媽一起吃牡蠣。（當她的母親以九十歲高齡在二〇一九年去世之前，她一直沒有時間這樣做。）

整整一代德國人只知道總理是Mutti，老媽。她體現了德國對穩定的深切渴望。在那段時間，她很少談論自己，即使《時代》雜誌將她選為二〇一五年的年度風雲人物，她也拒絕接受採訪，她不喜歡談論她的性別或背景，這種沉默已成為她的招牌。梅克爾的前助手告訴我，就算近距離觀察，梅克爾也很少表現出強烈情緒——這不是因為冷漠，他強調，這是因為她的成長經歷。「她的人生已經被東德體系社會化了，完全認知人會背叛朋友。她很少失望，因為她對人的期望不高。」其他與她共事過的人說，她對文化的興趣讓她腳踏實地。二〇〇五至二〇一〇年擔任梅克爾政府發言人的威廉（Ulrich Wilhelm）回憶說，在往返全球峰會的長途飛行旅程中，他們不僅會討論政治戰略，也會討論文學藝術。

一九九〇年是德國轉型之年，所謂Die Wende，也就是公布統一進程的轉折點。那年也是我第一次見到梅克爾的時候，她似乎橫空出世。當時已有根基的西德政黨正在尋找沒有被過去污染且能融入西德政治秩序的東德政治家。他們找到了這位行事一向穩健的從政人員。當年十二月正值聯邦議院擴編後的首次選舉，梅克爾代表執政黨基民盟參加東德區麥克倫堡－福爾波門邦的國會議員選舉。當選後，柯爾立即將她收編為羽翼之下，任命她為婦女兒少部部長。柯爾稱她為Das Mädchen，「小姑娘」。梅克爾並不喜歡這個外號，但也不反駁，她很能察言觀色。「她必須很小心，」威廉回憶道：「她別無選擇，人們一直懷疑她是否太沒分量了。她很聰明，玩了這個遊戲。」

柏林圍牆倒塌一年後，梅克爾就在這個對她完全陌生的政治體系中擔任部長。時至今日，她是為數不多登上西邊頂峰的東德政治家。柯爾信任她，當他想知道Ossis（東德佬）的心態時就會徵求她的意見，而她對Wessis（西德佬）也同樣好奇。

後來梅克爾回憶說，她曾以為西德人處事更靈活，所以她相應做了調整，每做決定都是步步為營。寫過梅克爾傳記的《時代周報》記者瑪麗安．勞（Mariam Lau）就說，梅克爾很快就發現選民很焦慮，討厭風險，而這個認知一直留在她心中。

一九九四年，柯爾將環境相關工作賞給這位門下弟子。梅克爾就任當時正是德國擔任歐盟輪值主席國期間，上任不久，她就必須主持與歐洲同行的聚會①。參與會議的包括英國環境大臣古默（John Gummer），他回憶道：「她對這個職務完全陌生，我是幫助她的三人之一，她很聰明。我記得那時還打電話給我妻子，告訴她這位新部長非常了不起。」古默邀請梅克爾訪問他在薩福克郡的選區。她帶著當時正在劍橋指導博士生的丈夫一同前往，他們住在古默家，大部分時間都在爐邊聊天。星期五晚上，古默帶她去當地的保守黨協會，她非常驚訝地認知到反歐情緒和想打仗的氛圍。「我現在知道推動環保這件事對你有多難了。」梅克爾事後告訴他。英國人給她上了一課，或說某類型英國人給她上的課，她一直銘記於心。

無論走到哪裡，梅克爾都表現得老練謹慎。柯爾做正式參訪時多會請她作陪，以她的內閣地位而言，這是拔擢。也因如此，她滿心歡喜地見到她心目中的冷戰英雄雷根，她喜歡他對蘇聯的強硬言論。她的歷練漸漸增長，雖然不是戲劇化的變化。到了九〇年代中期，德國經濟開始停滯，對統一的興奮也漸漸消退，德國正在經歷週期性的自我懷疑。以柯林頓（Bill Clinton）和布萊爾（Tony Blair）為首的年輕政治家正在西方世界崛起；而德國基民盟在地區選舉遭遇一連串挫敗，選民覺得柯爾已經過時了。在一九九八年的選舉中，他被充滿個人魅力的社會民主黨新領導人施洛德擊敗。

---

① 譯註：梅克爾於一九九四年底出任「德國聯邦環境、自然保育、核能安全及消費者保護部」（Bundesministerium für Umwelt, Naturschutz, nukleare Sicherheit und Verbraucherschutz，BMU）部長，隔年三月主持首屆「聯合國氣候變化綱約國會議」（COP-1），發表「柏林協議」。

而基民盟內多的是排隊想接替柯爾擔任黨魁的人，他們全都是從地區黨部一路往上爬，爬到接班梯隊時也已滿頭白髮。梅克爾忽然轉而突襲她的政治導師及其手下羽翼，這很冒險，但也經過計算。柯爾和他欽點的繼任者蕭伯勒（Wolfgang Schäuble）陷入政治獻金醜聞，基層黨員正尋求徹底改變。一九九九年十二月，梅克爾在《法蘭克福匯報》發表一篇評論，宣稱改朝換代的時候到了。政界震驚，這位被外界公認個性謹小慎微的女性表現出她也有冷酷無情的一面。這是弒父，她快速謀畫把自己推向黨內最高位，此舉驚呆了一群穿西裝的大男人。他們都覺得她撐不了多久，心裡再三推敲，梅克爾可沒一丁點「馬廄的味道」，這個詞語通常用來描繪：多年在政黨密室一邊抽雪茄一邊喬事情的經驗。他們用計謀贏得短暫勝利，任命巴伐利亞總理，也是基民盟姊妹黨、巴伐利亞保守派基社盟（CSU）的主席史托伊伯（Edmund Stoiber）擔任二〇〇二年的大選候選人。但此舉適得其反，史托伊伯的努力卻將民調的大幅領先變成落後，而對手施洛德的參選主軸在於反對伊拉克戰爭，他毫無懸念再次當選。

史托伊伯的失敗為梅克爾打開大門，柯爾遭到拋棄。梅克爾和負責基民盟的新團隊將柯爾視為尷尬的存在，突然取消為他舉辦的七十歲生日晚會。柯爾越感憤恨，他從未原諒梅克爾。二〇一四年，《明鏡周刊》公布了一段錄音帶，裡面是柯爾對幫他寫傳記的影子寫手講述他對梅克爾背叛的憤怒。「梅克爾夫人甚至連好好拿刀叉吃飯都沒辦法。她過去總是在國宴上坐立難安，搞得我經常不得不糾正她的禮儀。8 梅克爾安靜地忍受著柯爾的嘲諷，知道自己已經打敗他。然而，對一位政壇巨人（在所有方面）來說，這是極度悲傷的結局。

梅克爾時代始於二〇〇五年十一月。施洛德陣營在推出一系列有爭議的經濟改革後陷入困境。他宣布提前選舉，作為最後一搏。梅克爾參選，但競選活動似乎乏善可陳，且在競選過程中犯了很多錯誤。她暴露在外的形象是：她無視民意風向，在伊拉克問題上大力支持美國人。基民盟最後雖然獲勝，但僅以些許差距險勝。梅克爾成為總理，但被迫將十六個內閣席位中的八個交給社民黨。這是她連續四屆執政的第一屆，其中三屆需與社民黨組成所謂的大聯合政府（GroKo）。在很多國家，像這樣權力分享的事要不是做不到，就是不可能長久，但這個大聯合政府是穩定的典範，被許多人視為德國最成功的政府之一。梅克爾是會做交易的，無論在國內或國外。一兩年間，她就表現出歐洲老練政治家的模樣。她一點都不張揚，不管在國內國外，達成穩定目標並贏得認可。

梅克爾行事從不浮誇，一貫低調。她在家鄉滕普林附近保留了一間小屋，會去柏林大眾理髮店做頭髮，不時有人看到她去雜貨店購物。她非常喜歡藝術，有時會直接打電話給一兩個她很欣賞的美術館館長，問他們是否介意將開館時間延長一會，這樣她就可以安心參觀某個特定的展覽。

在國際舞台上，她尊重那些做好準備的與會者，而不是隨意愛放槍亂說話的對話者。她向來喜歡在美國度假，卻與美國近年選上的兩位總統不合。她與川普的關係極為糟糕，她鄙視他內心藏不住的粗鄙；而川普以在公共場合侮辱她作為回報。更令人驚訝的是，她與美國前總統歐巴馬也合不來，至少一開始是這樣的。她懷疑歐巴馬的演講內容。歐巴馬在二〇〇八年參選民主黨候選人時，他的競選團隊向德國當局詢問歐巴馬是否可在柏林發表演講，他們想借用布蘭登堡大門作演講背景。但想到甘迺迪演講時脫口說出「我是柏林人」（Ich bin ein Berliner）；雷根演講時也對著蘇聯總書記說：「戈巴契夫先生，推倒這堵牆吧！」，誰知道歐巴馬來此演講又會重演些什麼，梅克爾讓人們知道她反對這個行動。「你不能用個人魅力來解決（政府）事情。」9 她向一位傳記作者如此說道。

她在任的時間越長，就越相信自己應該萬事謹慎，凡事都要循序漸進，反覆確定所有可能發生的情況：「對我來說，把所有可能選項考慮清楚再做決定，是非常重要的。」10 她發訊給朋友與顧問的習慣是改不了的，即使是坐在議會廳裡也會即時諮詢他們的意見。這讓她贏得「手機大臣」（Handy-Kanzler）的綽號。藍根謝德辭典（Langenscheidt）還將merkeln（梅克爾的姓Merkel加上n）選為二〇一五年的年度詞彙，意思是觀望或猶豫。

在本世紀一開始的二十年，可靠與謹慎已成為當代德國生活的兩個主要特徵，就如梅克爾的個性。無論是好是壞，德國的政治文化都被設定為避震器。梅克爾接任時，正是德國呼喚穩定的時候。施洛德的自由改革啟動了經濟，但分裂了國家，伊拉克粉碎了德國外交政策的忠誠。柏林牆倒塌十五年後，興奮感消退了。

要想理解這種對穩定的渴望，就要先理解它的對立面。當我回想起一九八九年那段興奮的日子，我依然眼睛閃著光。那時候，什麼事都可能出錯。對那些涉入變局的要經過測試才能證明他們沒有錯。

一九八九年初夏，我在東柏林有了全職工作而安頓下來，我仍然保存著我的東德記者證，正面上還有個羅盤符號。我當時住在萊比錫大街上一棟單調呆板的水泥樓房裡；萊比錫大街是柏林最醜的街道，當時是，現在仍是。看過電影《竊聽風暴》（Lives of Others）的人都能描繪出這樣的場景：穿著暗灰色西裝和米色鞋子的男人搭乘電梯，低著頭，一路搭到頂樓——那裡是一般住戶和居民無法進入的樓層——他們去頂樓是為了聽別人談話。我是那棟樓裡為數不多的外國人之一，附近街道漆黑一片，幾乎完全安靜。這裡算是邊陲地帶，距離查理檢查站僅一步之遙。在圍牆的另一邊就是阿克賽爾·斯普林格集團的大樓，反共報社，堅決的保守派，矗立的大樓占據了視野。

作為前進占領地的盟軍，我可以隨意從東邊穿越到西邊。幾個月後，我的印戳格子蓋完了，我不得不更換護照（因為我必須認識一些在檢查哨當值的邊境官員）。對於那些我必須結交的東德人，我盡量不提起這件事。他們聽了會很痛苦。沒有人預料到幾個月後籠子會打開。即使大壩開始出現裂縫——匈牙利當局向奧地利開放邊境——沒有人，即使是最聰明的情報員，也不會預料到那年十一月會發生的事。儘管統一總是寫在法條上，而分裂國家的憲法應該是臨時的，但很少有人認為統一會真正發生。即使在一九八七年年底，也就是戈巴契夫改革的最盛時期，也只有不到十分之一的西德人相信到了本世紀末兩個德國會合併。

抗議活動的第一次串連行動始於五月東德大選後，執政的社會統一黨贏得九十八．八五%的支持。即使按照蘇聯集團的標準，這個支持度也是荒謬的。亞歷山大廣場早已建起巨大而醜陋的水泥怪獸，如今是東柏林中央廣場，這裡與大城萊比錫就是教會相關組織與環保團體開始示威的地方。他們聽說鄰近的波蘭正在舉行圓桌會談，參與的包括團結工會（Solidarity）和其他組織，那東德為什麼不可以呢？

一個月後，六月七日，由改革派主導的匈牙利政府在國際媒體面前開放了她與奧地利的邊界。那是鐵幕第一次實體突破。匈牙利是東德等「兄弟國」的人民很喜歡度假的地方，尤其是巴拉頓湖沿岸。對於需要走一段路才能去度假的東德人來說，只要開著他們油氣四濺的國民小汽車：衛星轎車（Trabant）或搭乘火車就能穿過捷克斯洛伐克。到了八月十九日，匈牙利肖普朗鎮的居民請求上級准許他們在邊境與奧地利人進行一場「友誼」野餐。儘管政府同意了，但東德的度假者還是花了一些時間才明白這個活動到底意味著什麼。第一天，只有九百人過去——然後就留下來了，就這樣，涓涓滴流漸成洪水。回到柏林後，許多參加抗議的人意識到他們的同胞正成群結隊地逃跑，這要他們如何不感到沮喪。雖然現在回想起來很怪，但這些理想主義者的目的是要改變東德，而不是廢了它。

有兩座教堂是和平革命的主要場所——萊比錫的尼古拉教堂和東柏林的客西馬尼教堂。諷刺的是，為了慶祝東德建立四十週年，蘇聯領導人戈巴契夫將於十月七日來訪，此行激怒了反對派。我記得站在東柏林的主幹道，也就是菩提樹下大街與人群一起迎接他，東德統一進步黨（SED）對蘇聯共產黨總書記受歡迎的程度給嚇傻了，他不應該是統一進步黨的保護者嗎！自由德國青年團召集了許多青年上街遊行，他們的火炬隊伍應該是整齊而沉重的。然而在大街上圍在我周遭的人全都在大喊「戈比，戈比」，這讓藏在人群中的祕密警察史塔西（Stasi）驚愕莫名。那次訪問產生了共產主義終結時代最著名的兩個句子，戈巴契夫在他的回憶錄談到他對何內克意有所指的說：「那些遲到的人，必受生活的懲罰。」何內克始終都在挑釁，回道：「那些已被宣布死亡的人通常會活很久。」他還說：「如果我們讓步，一切都會崩潰。」[11] 何內克第一句話說錯了，但第二句是對的。

人群再次聚集在亞歷山大廣場，隊伍沿著通往客西馬尼教堂的道路前行。幾天前，教堂那裡就開始進行守夜活動，在那裡我遇到一位終身好友：費希納（Uwe Fechner），他那時才二十多歲，是位工程師，在國營電台工作，就住在教堂隔壁。普倫茨勞貝格城的樣貌與今天截然不同，這個城市靠近圍牆，黑暗安靜，許多房子都是空的。費希納和他的幾個朋友一樣，窩在公寓裡。他並不認為自己特別有政治傾向，儘管他過去經常在環境圖書館附近閒逛，距離圖書館不遠處就有一處政治聚會場所。守夜活動開始時，費希納就問教堂的人他是否可以幫忙。首先他去了醫生那裡拿到診斷書，他跟醫生說他得了流感，拿到一個月的假，這時候不會有人找他麻煩。然後直接回到教堂，神父建議他擔任新聞發言人，費希納不知道這工作要做什麼，但總要嘗試一下。客西馬尼教堂擁有許多其他建築物沒有的東西，就如，有一部真正能用的電話，這就成為反對派主要的聯絡點，也讓西方記者開始了解守夜活動並開始報導此次事件。對他們來說，去亞歷山大廣場比去萊比錫更容易，因為外國人需要特別許可才能去首都以外的地方旅行。

那個週末是轉折點。在教堂內，人們手牽著手，唱著讚美詩，一起祈禱。到了週日，數百人在廣場紮營。當地管轄單位發通知說他們要清理這一區。在教堂守夜的人（到了這時候我也是其中之一）可以透過窗戶看到探照燈，聽到警犬吼叫。「我的上帝，終於要用中國人的解決方法對付我們了。」我身邊的一位女士喊道。就在幾週前，統一進步黨的高層代表團才剛剛結束訪問北京。那年六月中國鎮壓天安門廣場的學生運動，河內克的接班人克倫茲（Egon Krenz）還為此向中國政府致謝。克倫茲的談話被東德國家媒體大肆傳播，把它當成對國內示威者的警告。活動接近尾聲；一位無名英雄阿爾巴尼（Bernd Albani）牧師指示我們悄悄離開。我們不知道會發生什麼事，我數了數外面大約有五十輛軍用卡車。擴音器傳來聲音要我們把手放在頭上，那天晚上很多人都被打得很慘。上百人被帶走，他們一面高聲叫著「禁止暴力」，一面被警察抓著頭用警棍打，人被捆綁，丟進貨車。但最重要的是，沒有人被殺。想到過去曾發生的事，共產主義國家似乎在我們眼前失去了勇氣。

第二天晚上在萊比錫更加戲劇化，滿載鎮暴警察和民兵的卡車正等著抗議群眾，槍已上膛準備開火。然而，後來警察提供的證詞證實他們並沒有服從命令，他們沒有開火。現在，尼古拉教堂是一處受歡迎的旅遊景點，導遊會在那裡說起這個故事。「撒克遜人不會向撒克遜人開火。」他們這樣說。我雖不確定同鄉情誼與不開槍有多大關係，但當地人堅信就是如此。如果任一城市政府以實彈回應抗議，事情會演變成如何都說不準的。東德是地球上執行監控最有效的社會，也是軍事化程度最高的地區之一，值得注意的是，考慮當時政府已被逼到牆角了，面對抗議卻沒有升高成為暴力事件。到了十月中旬，生病的何內克被克倫茲取代，他任命來自德勒斯登的溫和派莫德羅（Hans Modrow）擔任總理，但克倫茲是最不可能的改革者。幾年後，他被判入獄，直到今天，他都對柏林圍牆的倒塌感到遺憾。

一個月後，倒霉的東德中央委員會發言人沙博夫斯基（Günter Schabowksi）宣布，對東德人的旅行限制將Sofort，unverzüglich，也就是立即取消。政府當局難道真的認為人們會乖乖地在檢查站排隊，在護照上蓋章，去西德買個東西，然後回到東德的家吃晚餐，然後像往常一般地在東德勞動工作嗎？

事後看來，那時候起人們就已經有結論，東德這個國家已經不復存在了。從一九四〇年代末到五〇年代有兩百萬人外逃，所以一九六一年才修建柏林圍牆，就像當初牆建起，如今這座牆倒下，這個制度就沒有機會了。有人可能會爭辯說，就牆本身而言，它是有作用的。這座「反法西斯保護城牆」（Anti-Fascist Protection Rampart）由兩堵牆構成，環繞城市延綿一百五十六公里，中間穿插一條死亡帶，裡面布有誘殺機關、警犬、戰壕、瞭望塔，還有機動巡邏部隊來回穿梭。兩德邊界共近一千四百公里，由五萬名武裝警衛戒備。在東德約半個世紀中，有七萬五千人在逃跑時被捕，一百四十人喪生，只有五千人費盡千辛萬苦成功逃出。

在德國，十一月九日稱為Schicksaltag，「命運之日」，因為這一天發生這個國家歷史上的許多大事——一八四八年革命失敗在這一天，一九一八年德國共產黨創始人李卜克內西（Karl Liebknecht）在這天宣布共產主義國家宣言，還有希特勒的慕尼黑啤酒館政變在一九二三年的這一天失敗了。也有比較令人欣慰的事，愛因斯坦於一九二二年的這一天得到諾貝爾獎。這一天是「水晶之夜」（Kristallnacht）的代名詞，當時納粹在一九三八年發動對猶太教堂和猶太人房屋財產的攻擊，而德國人多半自掃門前雪。因為十一月九日有暗黑歷史，德國統一日定在十月三日，現在成為國定假日。儘管如此，自一九八九年以來，柏林圍牆倒塌的重要日子也是大眾會紀念的日子。每一處場景片段都引發對民主、自由與統一本質的反思，二〇一九年是圍牆倒塌的三十週年，人們比以往更關注這個日子，反映出人們對德國社會現況的焦慮正在增加。

只要我在柏林，我的腦子總會暗暗描繪著這道牆，無論是搭地鐵（U-Bahn）或是快鐵（S-Bahn），步行還是乘車，我知道什麼時候會「越過圍牆」，柏林很多地點依然用這座牆來定位會比較知道位置。我的朋友費希納現在是社會工作者，為身障者服務。他的兒子和女兒都已經長成青少年了，孩子們說，他們試圖了解過去的生活樣貌，他們對東德的認識很少，且都是透過父親才間接了解。

最近一次的統一紀念日，我約了費希納在客西馬尼教堂外面會面。三十年來，他一直住在同一間公寓，房子已經整修過了；過去才有的統一中央供暖和供熱水制度，現在已經沒有了。現在這個街區是整個城市最受歡迎的好區之一，但他的房屋租金是穩定的，保障做照護服務的人就算薪水微薄也不會困頓無依。我懷疑世上還有其他地方會如此？

教堂的磚砌外牆上正播放重要節日的宣傳影片。進入教堂，我們看了一場關於#Mauer30（Berliner Mauer 30，柏林圍牆三十週年）的激烈辯論；一結束，祭壇立刻被老牌東德民謠樂團Engerling清空了。我們走過名牌服飾店、雞尾酒吧，走向博恩霍姆大街上的布賽布呂克橋，這裡是邊境最早開放的地方，也是當晚費希納和他的朋友趕到的地方。二〇一四年有部賣座電影《博恩霍姆大街》（Bornholmer Straße，又名《推倒柏林牆》）精采捕捉了這種混亂：一開始，邊境檢查站安靜得異常，一隻狗跑過，驚得守衛惶惶不安。他們看到人群開始聚集，不知道發生什麼事。雖然他們看過沙博夫斯基的記者發表會；但他們一點也不聰明，也沒有當權者願意承擔責任或給他們明確命令。晚上十一點三十分，政戰指揮官在辦公室灌了一瓶杜松子酒壓壓驚，不顧指揮官的想法，守門的軍官下令把柵欄升起。

第一批東德人爭先恐後地向前，法國邊防軍鎮守另一邊，他們從法國軍人的身邊穿過，但到了另一邊卻只是更多的黑暗和陰鬱，這不是西邊該有的樣子。這個區域，就像東邊所有靠近圍牆的地方一樣，沒有人，路上總是爛泥地，這些東德佬花了好長一段時間才找到一個加油站。此時西邊已經開始得到消息，某些戲劇化的事情正在發生。人們聚到西柏林的主要購物街、選帝侯大道通宵狂歡，人們在那裡受到款待，喝著香檳、啤酒，和民眾握手和擁抱，但這樣的影像還是花了一點時間才傳出來。至於費希納，當天和他的許多同胞一樣，慶祝了一整晚，然後就像梅克爾一樣，也在凌晨返回邊境繼續工作，他只是政見不同，回去上工時，在廠房一起工作的同志還都不知道發生了什麼事。我們站在博恩霍姆大街檢查站的確切位置，那時候，行人或汽車司機會被帶到那裡檢查證件，現在那個地方是Lidl超市。革命後，一切正常。

甚至在柏林牆倒塌前，局勢就已經開始轉變。隨著抗議活動越演越烈，參加者從激進份子和學生擴展到普通工人，反對共產主義的理念變成支持統一。一開始，口號喊的是為了自由：Wir sind das Volk，we are the people，我們是人民，喊著喊著變成要求統一的口號：Wir sind ein Volk，we are one people，我們是一族人。在一九八九年的最後幾個月，東德有一半以上的人過去西邊，親眼看到那裡的生活。許多人決定留在那裡，尤其是年輕人、有野心的人、工作就業力更強的人，還有女性，她們可以找到更有前途的工作。

柏林圍牆倒塌後的第二天，曾領導西德度過冷戰最動盪歲月的前總理布蘭特（Willy Brandt）對外宣布：「Jetzt wächst zusammen, was zusammen gehört.」[12]（原本就是一起的，如今要一起成長。）左翼溫和派的老人出面了，暗示西德人不再危險，且認為東德人是自己人。沒有人知道新常態會是什麼樣子。柯爾面對在舍 貝格市政廳外欣喜若狂的人群宣布，重要的是：「我們要仔細尋找通往未來的道路，要步步為營，因為在此緊要關頭，是我們共同的未來受到威脅。」[13] 兩週後，柯爾提出組成聯邦的十點趨同計畫，但認為這可能需要十年時間。

統一時程被更戲劇性的時刻打斷。一九九〇年三月東德舉行第一次民主選舉，到了七月廢除東德馬克進行貨幣統一，還有其他導致東德正式解體的決定。從一開始，在在清楚顯示，這不是兩個國家的結合，而是一個國家併入另一個國家。德意志聯邦共和國變得更大，東部五邦在重組後被西德吸納。東德沒有一件事物被保留。

東邊的政客津津樂道他們的新民主制度。正式議會只出生七個月，從三月選舉到兩德統一短短時間就開了三十八次會，國民議會費心通過了驚人的兩百六十一條法律——包括一條廢掉東德法律的法律。內閣由沒有被過去玷污的政客（只有一小群人）和公民運動領袖組成，他們發誓要以不同方式從事政治之事，不僅與舊政權不同，與西方主流也不同。艾波曼（Rainer Eppelman）被任命為新的裁軍國防部長（這是已經設定的頭銜），他是異議份子，也是牧師，曾因為良心道德而拒服兵役。

然而，大勢已去，風向已經變了。德邁齊爾接任東德的領袖，但策動他上位的卻是西邊的柯爾，許多東德人很高興柯爾能繼續做下去。德邁齊爾出身從法國出逃的胡格諾派名門家族，是留著鬍子、戴著眼鏡、為異議份子辯護的前律師，還是前中提琴職業演奏家。他和柯爾不管在體型上或舉止上截然相反，他們的合作並沒有繼續下去，柯爾對自己的悲觀情緒感到沮喪。歷史學家斯特恩是當代德國史的重要學者，他回憶起一九九〇年六月的一次談話：「我曾對德邁齊爾說，我認為統一帶來的經濟問題雖然巨大，但結果是可以解決的，但道德心理問題會更嚴重，解決它們需要更長時間。德邁齊爾同意了，他說：「我不想把一千七百萬心理有殘疾的人帶入新德國。」14到了十月，德國統一後，德邁齊爾成為柯爾內閣中的五名東德人之一，出任特別任務部部長。兩個月後，他因為被指控是祕密警察史塔西的線民因此下台，雖然最終被平反，但傷害已無法挽回。

東德的貨幣東德馬克於七月一日廢除，東西德在經濟上成為一體。柯爾和他的部長們選擇一比一的轉換率，但這個轉換率與實際價值無關。對東德儲蓄戶來說，這是福音，也是一種自信的心理陳述。然而，對於東德工業界來說，這個轉換率是一場大災難，它讓廠家估值過高，讓它們甚至比現在更缺乏競爭力。我去東德採訪這條新聞，但倒不如說是我去東德看朋友的另一個藉口，拜訪的氣氛既愉快又諷刺。我到了阿德列肖夫的某個倉庫參加聚會，這間倉庫過去是研究中心和史塔西軍團的舊總部，後來成為技術創業中心。我和朋友花掉最後一個東德馬克，喝著東德雞尾酒，吃著東德香腸，聽著東德音樂，對好些人來說，這就已經融入東德情懷（Ostalgie）②中了。

柯爾對兩個德國（或說即將成為一個國家的德國）發表電視講話，他承諾所有人都會過上更好的生活。「這是我們統一祖國道路關鍵的一步，這是德意志民族歷史上偉大的一天。」柯爾敦促東德人民要自信地展望未來，敦促西德人民需為共同利益做出犧牲，他宣稱，不帶任何警告氣氛：「透過共同努力，我們會很快成功改造梅克倫堡－前波莫瑞邦（Mecklenburg-Vorpommern）、薩克森－安哈爾特邦（Saxony-Anhalt）、布蘭登堡邦（Brandenburg）、薩克森邦（Saxony）和圖林根邦（Thuringia），它們將會變成繁榮風景，在這裡生活和工作都將是美好的。」[15]所謂的「繁榮風景」，之後被無情嘲

② 譯註：東德情懷（Ostalgie），或說東德懷念，由ost（東德）和nostalgie（懷舊）兩字組成，因為二〇〇三年的電影《再見列寧》的流行，人民開始懷念起舊東德時期的生活與美好。

笑。

柯爾決心把這項工作完成，一路甩開懷疑者。一九九〇年的《統一條約》允許新成立的東德五個聯邦，加上作為城邦的柏林（與西德的漢堡和不來梅享同一地位）可以使用《基本法》第二十三條直接加入聯邦共和國，這不是開國元勳所設想的。他們曾設想，如果東德回歸，《基本法》會被另一條法律廢除，用一套永久性的憲法代替。但目前明顯與設想不同，被視為暫時的竟讓它永久存在。《基本法》如此深入人心、如此強大，為什麼不直接適用於擴大的地區呢？

次年，聯邦議院以些許差異批准將政府所在地遷回柏林。想留在波昂有幾個原因。一是個人舒適度——柏林被認為很骯髒。其他的理由就沒有這麼浮面，波昂的位置靠近荷蘭和比利時邊界，標誌著西方的走向。它與柏林和德國或說普魯士的歷史毫無關聯。但支持柏林的人占了上風，德國已經夠成熟，可以正視她的過去。

政府批准了一項大規模建築計畫，要建造新政府大樓。建築物的大部分基地設在圍牆周圍地區，就是那塊無人區，就是那片兔子、狐狸和東德邊防隊養的看門狗的領地。英國建築師福斯特（Norman Foster）重新設計了德國國會大廈上方的玻璃穹頂，那是大師級傑作，將嶄新的德國精神賦予在實體形象上。人民可以四處走動，從高處俯視他們選出的代表。與大多數現代議會一樣，議會廳座位呈半圓形排列，這是為了達成共識，而不是為了對質辯論。因為議員建立聲譽的地方應該在委員會和選區服務，不是在國會殿堂逞口舌之快。想到希特勒曾在舊的帝國議會放言高論，以致讓舊議會帶有種種負面意涵，如今卻被英國人賦予驚人的現代風格。新的國會大樓自一九九九年重新開放以來，國會議員和人民對此建築好評不斷。

建築物有助定義行為，議會決定國家的聲譽。兩德統一被視為改善國家的機會，新的政治架構力求穩定透明。種種理念體現在梅克爾身上，這位來自東德的可靠女性在西德取得成功。二〇〇四年十一月，就在梅克爾成為德國總理前不久，她接受暢銷小報《畫報》的採訪，記者問她，想到德國，在她心中會想到怎樣的情緒？她回答：「我想到密封的窗戶，沒有其他國家可以建造如此密閉美麗的窗戶。」16 她說的不僅是建築物，這是建設國家社會的隱喻，可靠性是其中最寶貴的資產。

上面這個故事是《世界報》的英國記者伯爾岑（Stefanie Bolzen）告訴我的，伯爾岑嫁給英國人，是觀察英德兩國政治的敏銳觀察家。我們對這個軼事大笑。伯爾岑說她同意梅克爾的觀點，說她還想把倫敦家中的通風窗換成尺寸相合的德式雙推窗，這種窗戶既可以水平拉開或垂直推開，只看你如何轉動把手。但她找不到合適的英國工人施工，他們的施工品質無法達到她的要求，所以她從國外找了一些工人進來。從政和治家一樣，他們對英國這種敲敲打打、縫縫補補、湊合湊合就能用的業餘從政的紳士文化極度不解。他們把英國比作一個富麗堂皇的家，但花園雜草叢生，地板吱嘎作響，橫樑是歪的，推拉窗永遠關不緊，地方很漂亮，但毛病不斷。《時代周報》甚至用這個主題罕見地抨擊了一位他們似乎很喜歡的英國人：「即使女王陛下也可以用更便宜的能源結帳。」白金漢宮每年的供暖成本為三百六十萬歐元，成為倫敦效能最低的建築。在這方面，女王陛下與大多數的英國屋主沒什麼不同：他們沒有錢修理，房子狀況不佳，鍋爐幫浦打入的暖氣都從舊磚牆縫和簡陋的玻璃窗縫流掉了。[17]

英國國會大廈的水管漏水，廁所是維多利亞時代建造的，房子有火災隱憂，地板有老鼠出沒，這樣的國會讓人從靈魂處也陰暗起來。英國政府已經花了數十億英鎊試圖修整，但修了又修，卻還有更多要修。還有古怪規矩，所謂的王臣僕役要穿上荒謬服裝上工，這將議員從選民的生活經驗中摘除，並將食古不化的傳統提升到實用主義之上。可悲的是，它更像是在議會廳演默劇，只會對著固定擺設互動，假笑再假笑，這不是大多數國會議員希望的工作氛圍，看不出嚴肅，也無法更加互動合作。

反觀德國，政府對於主要政策會盡可能地尋求支持。任何有爭議的議案通常都會交給特別委員會，只要準備好大家都能接受的建議，爭議法案就會回歸正常議會。隨著主流政黨獲得的票數減少，廣泛結盟成為必須，如此各黨才能生存。有件事情很奇特，各黨結盟形成的聯合政府是跟著他國的國旗命名的：例如牙買加的國旗是黑色、黃色和綠色，所以基民盟（政黨色為黑）與自民黨（政黨色為黃）加上綠黨（政黨色為綠）合作的聯盟剛好就組成「牙買加聯盟」；基民盟（黑）、社民黨（紅）和綠黨（綠）會組成「肯亞聯盟」。現在在有些地方，人們還討論辛巴威聯盟（基民盟的黑色、社民黨的紅色、自民黨的黃色，加上綠黨的綠色），各種組合會先在地區政府中嘗試，作為合作原型，讓各黨在開始國家層級的合作前嘗試各種可能性，這種馬賽克式的政黨結盟會形成極強的力量，更是政治穩定的來源。

社民黨在被其他黨吸納，加入一系列大聯盟後，為梅克爾提供了所需的選票，讓她在中央執政，但這個黨對於行到此處該做什麼卻一無所知。社民黨可能面臨滅黨，會被邊緣化。正如《明鏡周刊》所說，上一次社民黨很酷的時候還是在大家都用諾基亞手機的時代。它的消亡與宏觀的歐洲大局是一致的，但社民黨是其中消亡得最明顯和最重要的。在布蘭特和施密特的鼎盛時期，它可以依賴廣大可靠的選民基礎活下來，但自此以後，它一直努力跟上人口變化的腳步。根據德國經濟研究所的數據表示，從二〇〇〇年到二〇一六年，工人階級的選民比例從三十七％下降到十九％。實在很想知道社民黨要如何代表那些害怕改變步伐的人？要如何代表社會上新近出現的數位階層，或要關注城市選民還是半農村選民？它的選區人口已經老了，且正在消亡。這樣的狀態，就是國家機構的現況，就是德國體制對戰後民主政黨內在結構的必然影響，作為總理的梅克爾在二〇一三年參加社民黨成立一百五十週年慶，儘管社民黨是她的政治競爭對手，這在其他地方幾乎是不可想像的。

第三個政黨，自由民主黨，它曾經獲得五％到十％的支持率，因此成為大多數戰後政黨組成聯盟時的槓桿。但現在一團亂，不知道代表什麼，也根本過不了代表的門檻。

德國的政治制度具有吸收異議份子的超能力，最顯著的轉變來自綠黨。綠黨從和平運動崛起，成立之初就因一九六八年黨內同志對抗議活動的路線不同而分裂。綠黨的基本教義派（Fundis）不甘與傳統政治體制有任何關係，現實主義派（Realos）則辯稱，他們只能藉由現有結構來發動變革。後者贏得目前勝利，一九八三年第一批綠黨候選人當選聯邦議院的議員。他們立即在議事廳內外掀起波瀾，包括與東柏林市中心的異議份子聯合抗議。他們的議會團隊不乏有政治影響力的人，就如家喻戶曉的凱利（Petra Kelly），她是反核運動的長期領袖；還有希利（Otto Schily），他是為紅軍恐怖組織辯護的律師。不久，希利退出綠黨加入社民黨，成為施洛德政府中以強硬派著稱的內政部長，之後改做企業遊說工作。

最著名的綠黨成員是費雪（Joschka Fischer）。他參加一九六八年學運，後來加入極端恐怖組織，成為「無產階級恐怖與破壞聯盟」（PUTZ）的領導人，這個組織在七〇年代到處突襲毆打警察。他在議會是陰陽莫測的人物，有一次對副議長說：「若要我說，議長先生，你根本是個混蛋。」[18] 一九八五年，他成為世上第一位有綠黨背景的部長，負責黑森邦地區等環境事務，他宣誓就職時穿的白色運動鞋保存在波昂的德國歷史博物館。一九九八年，綠黨首次與他黨結盟組成聯邦政府，同組結盟的還有社民黨，費雪成為副總理兼外交部長，這真是出人意外的轉變。到了二〇〇五年聯盟被擊敗時，他已是德國戰後執掌外交部時間第二長的部長。民意調查一直將他評為最受歡迎的內閣成員。

自從綠黨加入主流政治以來，一直扮演主要角色。到了二〇〇〇年代，綠黨與自民黨爭奪全國第三大黨的位置，同時在各邦地方政府發揮越來越大的作用。在過去幾年，綠黨地位進一步提升，部分是因為社民黨衰敗後彼消我長的因果關係，部分是因為大眾對氣候變遷更加緊張，部分也是對泛歐洲高漲的民族－民粹主義威脅的回應。按照最初的戰後建制派對政黨的設定，綠黨已成為憲法賦予的大教堂政黨（broad church）③。值得注意的是，他們已經將吸引力從嬉皮文青的城市調性擴大到德國各地的小鎮和村莊，現在在保守的巴伐利亞邦和巴登－符騰堡邦也可以看到穿著傳統的皮短褲（Lederhosen）和少女服（Dirndl）的綠黨候選人外出競選了。他們傳達對Heimat，「祖國」的訊息，強調保護鄉村與自然美景的必要，對祖國的懷念體現在兩個世紀前馮艾興多夫（Joseph von Eichendorff）所寫的〈藍色花朵〉感傷詩中。在某些方面，綠黨逐漸變得沉穩。在整個民主世界充滿疑慮的時刻，德國綠黨的成功帶來極大的希望，原本政黨面臨很多問題，而綠黨指出這些問題的深度。

一九七〇年代，德國的前兩大黨還能吸納九十％的選票，現在他們已經跌破

③ 譯註：「大教堂」是政治術語，如美國使用「大帳篷」，泛指組織內可接受不同觀點，但須結合在同一政治理念或利益之下，且有廣泛選民基礎的政黨。

五十%。現在德國三個人民黨都首次受到叛亂勢力的嚴重威脅。延斯．費雪（Jens Fischer）曾經是施密特的助手，舒爾特（Heinz Schulte）是長期觀察政治的權威評論家，根據這些老牌觀察家的說法，現在的德國選民分為三種；一是「城市菁英」，他們最有可能支持綠黨；還有一型是「憤怒的選民」，這些人會選擇德國另類選擇黨（AfD）或左翼黨（Die Linke，這是由東德共產黨的分支組成的政黨）；最後是「山谷中的浪漫主義者」，主要是住在城市的老年人和住在西邊的郊區選民，這些人仍然忠於老牌政黨。

現在是主流政客和獨行俠爭鬥的時代。二〇一九年五月，歐洲議會選戰打得最火熱的時候，YouTube（迄今是德國最受歡迎的在線平台）上出現一段爆紅影片。二十六歲的音樂網紅雷佐是亞琛城某個路德教會牧師的兒子，當年他在個人頻道發表了一段長達一小時的政治評論影片④。拍攝地點就在他做音樂的調音台前，整段影片咒罵聲不斷，卻交叉引用兩百五十條引文或數據，指責基民盟和社民黨「毀了我們的生活和未來」。他詳細陳述氣候變化、財富分配和外交各政策。他將歐盟政治描述為「真他媽的無聊」，但仍鼓勵年輕人投票。在他結束充滿個人風格的「個人訐譙秀」時，他警告德國領導人：「你總是說年輕人應該搭理政治了，在這種情況下，當他們認為你的政治是狗屎時，你必須認真對待它。」[19]雷佐成為東邊和西邊年輕人共同的象徵，他們試圖尋找新管道讓自己的聲音被聽到。上片不到兩週時間裡，這篇政治評論影片獲得一千五百萬次觀看數，創下德國非音樂類影片的觀看紀錄。

雷佐的爆紅時刻不應該視為獨特現象。為什麼一個年輕網紅不能對既有政黨發洩憤怒？許多資深政客和脫口秀主持人的反應近乎是恐慌的，他們想知道到底哪裡出了問題？自我貶低是媒體和政治界可接受的態度，但多了令人煩，但是它總比戰後英國政府受到報業的想像煽動近而表現出的自慢自大要好得多。

二〇一九年十一月，柏林圍牆倒塌的三十週年前夕，德國又引發另一輪激烈的自我批判。主題有關東德經濟：是否可以採取更多措施來挽救本可重新配置並發揮作用的東德經濟？答案無疑是肯定的。一九九〇年七月至一九九一年四月間，東德工業生產量減半，每週有數萬人失業；一年之內，三分之一的勞動人口失業或淪為零工。而今，只要出現對那個時代的任何評論，都會將所有失敗歸咎在一個組織上：Treuhandanstalt——「信託機構」。在波昂的壓力下，東德議會於一九九〇年六月成立「信託機構」，負責控管雇用了四百萬工人的八千多家東德國有企業，它的職責是決定這些企業應該私有化或乾脆清算，但沒過多久就確定這些東德企業在德國市場上根本不具長遠競爭力，更不

④ 譯註：音樂網紅Rezo在德國大選前發表影片《Die Zerstörung der CDU》（基民盟的毀滅），用年輕人的語言大罵當權者，上線一星期吸引八百萬觀看數，影響當年基民盟和社民黨選舉大敗。

用說全球市場了。趁著柏林牆倒場三十週年，我對當年領導信託機構的布魯爾（Birgit Breuel）進行一系列採訪，該機構存在五年，布魯爾就擔任了四年主席。但之後的幾年間，布魯爾成了不受歡迎人物。信託機構被譴責為管太多、無情無義、只有官僚主義。現在的她已經八十多歲了，她承認該組織未能全面看待東德的組織群體，未能充分幫助有潛力的企業從一個系統過渡到另一個系統。「我們對人的要求太苛刻了。」20 她說。

二〇一九年八月的某個晚上，我正在看蘭茲（Markus Lanz）主持的政論節目，德國有很多很棒的政論節目，蘭茲主持的是其中之一。節目裡的小組討論仍然是公眾參與的主要平台。那天的來賓包括兩個重要人物，他們以截然不同的觀點替節目開場。福格爾（Bernhard Vogel）是來自哥廷根和海德堡大學城的翩翩富豪，現年八十多歲，是在場唯一在東西德兩邦都管過事的人物。他在七〇年代中到八〇年代中在西邊的萊茵蘭－普法爾邦的地方政府擔任要角，然後去了德東的圖林根邦。與他觀點對立的是亨索（Jana Hensel），四十多歲的記者兼作家，十幾歲時經歷柏林圍牆的倒塌，二〇〇四年出版《圍牆之後》（*After the Wall*），書中精采描述東德前一代公民的試驗和磨難。一開始，他們都按牌理出牌。他抱怨東德佬永遠在Jammerei（抱怨）；她一直強調西德佬傲慢自大。但到最後他們兩個都承認彼此都是對的。「對於西方人來說，（兩德統一）是故事的結局，」亨索指出：「但對我們來說，這只是開始。」

在老一輩人心裡，對於那些大半輩子都在東德度過的人來說，有個一言敝之的詞來形容這種情緒：心中的牆。

奈非爾－哈弗坎普（Reiner Kneifel-Haverkamp）對此有第一手經驗，他是公務員，也是第一批從西邊調到東邊工作的人。他原本是多特蒙德附近的人，在波昂外交部的法律部門有份穩定的工作。一九九一年八月，他接受徵召前往東邊，協助剛成立的布蘭登堡邦政府成立司法部。他回憶說，他被調到歷史名城波茨坦，司法部的總部要設在那裡，對他來說那是個全新的世界。布蘭登堡邦的第一任司法部長是布勞蒂加姆（Hans Otto Bräutigam），在他的辦公桌上有一部大電話，最初幾週，那是通往西德唯一一條直通線路。他和其他公務員必須請示部長才能使用它。奈非爾－哈弗坎普的基本工資遠高於他的東德同僚；除此之外，為了激勵西德人堅持不懈提供幫助，他們還有獎金可拿，這些獎金稱為Buschzulage，「叢林津貼」。這是德國殖民時期的術語，在德皇統治期間，這些錢是用來補貼給那些去邊境荒土工作官員的錢。

他描述了兩個緊張的來源——一個是在東德人和東德人之間，他們總懷疑誰向誰告密；另一個是東德人和西德人之間：「我的許多同事一開始對我並不客氣，這是我能理解的。然後隨著狀況好轉，有些人向我吐露的事情比他們對其他人說的更多。一旦我跨過了某個門檻，我的同事就會告訴我一些在西德工作場所永遠不會聽到的事，除非和你交談的人是你極親密的朋友。

這群被西德放在東德的「外放者」經常被嘲笑為Di-Mi-Dos，意思是「週二至週四的通勤者」⑤，他們會回到漢堡或慕尼黑等地與家人共度長週末。奈非爾－哈弗坎普試圖反其道而行，融入當地，變成外鄉來的東德佬——儘管他毫不掩飾地繼續住在西柏林。他說，他試圖理解這種認同，這份認同部分來自鄉土，部分源自歷史（絕對不是出自對那段歷史的同情），最重要的是，這份認同是驕傲的。在西德的社交場合，他總對人們嘲笑東德人是「更窮的表親」感到生氣，看到記者及政客用刻板印象附加在東德人身上更是惱火。

現在的東德人到底是什麼樣子？二〇一九年十月的《明鏡周刊》做了一期封面故事，週刊大聲問道：「So is' er, der Ossi?」（東德佬到底是什麼樣子？）副標補充說明：「東德如何運作？他們的投票制度為何不同？」那年秋天，每個人都在反思這樣的問題。柏林人民劇院用了一連串的夜晚來思考東西德的認同問題，《每日鏡報》就同一主題發表了一本長達四十八頁的特別增刊。

利茲（Bettina Leetz）自一九八二年以來一直在波茨坦家庭法庭出任法官。她坐在精心打造的波茲坦中央廣場，一面吃著冰淇淋一面對我說，自從東德回歸，大約一半的法官都裁撤了；法院層級越高，你失去工作的可能性就越大，因為你會密切參與政治制度。在高等法院只保留了一名法官，其他人不是接受再培訓成為律師，就是去做公司的法律顧問，或去證券公司工作，要不然就退休。在過去時日，沒有一大堆事情要做，如果國家要懲罰你，也花不上那麼多時間。離婚並不複雜，因為沒幾個人有資產可以討價還價，而且孩子多半由國家照顧。現在的人有錢了，大家都要打官司，法律界生意興隆。在過去，整個東德有六百名法官。而現在，她指出，僅布蘭登堡州就至少有這個數字了。利茲已經是可以適應下來的人了，她感謝有更好的生活。然後她說了一些我第一次聽到，卻讓我震驚的話——直到我從很多人那裡聽到這句話，最後成為反覆出現的主題。她說，最初每個人都努力解決分歧，但在過去幾年，這些分歧卻變得更明顯。她的女兒二十五歲了，女兒覺得現在與她小時候相比，她與西邊來的朋友不太合得來。

你如何區分人們？從衣服或汽車已經看不出來了。東德人注意人們走路的方式（西德人更自信），還注意他們說話的方式（「我有點厭倦了馬爾地夫，也許我需要換掉我的奧迪。」）某些談話內容會洩漏真相——國外旅行、投資、繼承，以及想要爭辯的態度；在東德，人們只會低頭不想說。然後是社會習俗，身為法官的利茲嫁給水電工，東德轉型（Die Wende）後不久他們就離婚了。我輕聲問她，這是否純粹是個人決定，或是受到政治動盪的拖累。她說她無法將兩個因素分開，但她指出，在東德，向他們這樣的夫妻並不會顯得格格不入。當她開始與西邊人打交道，西德人就不太能理解這種地位的不匹配。「你必須承認接管是有成果的，但許多問題都被掩蓋了。」

⑤ 譯註：德文的星期二為Dienstage，星期三為Mittwoch，星期四為Donnerstag，意思是西德人只從星期二工作到星期四就去度假了。

哈斯（Helmut Haas）在萊比錫經營義肢製造廠，擁有一百名員工，娶了當地婦女，在那裡生活了二十五年。他也在美國和奧地利工作過。他就像奈非爾－哈弗坎普一樣，試圖融入當地但也敏銳地意識到差異。他有家的感覺嗎？「我們都在尋找自己的認同。」他回答，然後若有所思地補充道：「在過去幾年，情況變得更糟了，我希望這是短暫的。」從過度期望轉變到怨恨，最後會停在兩者之間。

伯格哈特（Dirk Burghardt）是德勒斯登國家藝術收藏館的主管，負責指導全市十五家博物館。我們坐在他位於德勒斯登王宮的辦公室，看著茨溫格宮的景致，兩人談著藝術和政治。德勒斯登的阿爾伯提努現代藝術博物館一直處於風暴中心，當地政客抱怨它不收東德作品。伯格哈特是西德人，他表示，的確出現些許敵意，但只是最近才出現的。他告訴我，幾個月前他去聽搖滾演唱會，站在他旁邊的男人推了推他，然後喊道：「嘿，你，你從哪裡來的？」一切都是這種直接生硬的反應，對他來說也就是這樣了。他是文化界人士，上任之初，要負責檢查館內雇員是否與史塔西有關係。他是外來者，那時才不到三十歲。「我預定每天要審核八到十個人，有些人會淚流滿面，有些人則是用冷眼瞧著我。」

「西德人是第一批讓我們失望的外國人。」赫門瑙（Antje Hermenau）專門破除政治偶像。東德轉型期間，她是東德第一批加入綠黨的政治人物，參加了萊比錫圓桌談判（她是十七名與會者中唯一的女性）。一九九〇年至一九九四年間，她是薩克森地區議會的重要成員，一九九四年至二〇〇四年期間，她當選聯邦議院的重要成員。她的個性非常獨立，直言不諱，曾短暫地和美國人結婚（這在東德非常罕見），她符合左派異議份子的一切條件。當我們穿過萊比錫老城區時，她指著她那間可以俯瞰尼古拉教堂的老公寓說，在和平革命運動裡，她找了前排的位置。

現在一切感覺都不一樣了。在綠黨二十五年後，她於二〇一四年退出，認為傳統政黨（她將綠黨與其他政黨歸為同一類）辜負了人民，尤其是她的人民——東德人和她心愛的撒克遜人。她指出，她的選區支撐東德，提供東德一半的工業生產，儘管當地人口只占全部人口的二十%。她最近出版了一本書《來自中歐的觀點》（*The View form Middle Europe*），她的論點是：德語中的Mitteleuropa（中歐）廣義包含薩克森、圖林根和德國鄰近地區，這塊地區在文化上與波蘭、匈牙利、捷克共和國和奧地利一致，擁抱更古老的傳統。簡而言之，它們不屬於西德。她表示，即使身為綠黨，她也照說不誤。在二〇〇五年的一次演講中，她爭辯說：「我們將走自己的路。」

二〇一九年薩克森邦的地方選舉中，赫門瑙確實走了自己的路，號召一堆候選人代表自由選民黨（Free Voters）參選。她帶我去了茨文考參訪，茨文考是位於萊比錫以南約十五公里的小鎮，乍看之下，人們也許會覺得那裡的情況正在好轉。當地曾被大家指責說會破壞環境的露天煤礦場正改建為水庫和休閒湖。除此之外，沒有太大改變，但房子乾淨整潔。我們是來見當地候選人歐勒特（Heike Oehlert）的，歐勒特最近才喪偶，她是自己開業的物理治療師，專門去老人家裡做家訪治療，是經常參與政治，在社區極受歡迎的人物。我聽他們兩人說話，我的反應在同情和驚愕間交錯。自由選民黨成立的宗旨是讓那些有可能但不想選擇極右翼另類選擇黨的人有發言權。在這裡常聽到的詞是abgehängt，意思相當於「留下來的人」。赫門瑙說：「他們喜歡把薩克森和東德人描述成野獸，說我們是山地的鄉巴佬，儘管我們比他們更有教養。其他人離開的時候，只有我們留在這裡。我們不得不從頭開始構建所有事物，但沒有得到重視。」赫門瑙陪了我好幾個小時，幫忙算是幫到底了，試圖讓我理解狀況。「我們感覺受到雙重侮辱，我們感覺受到威脅，然後當我們抱怨時，居然說我們是種族主義者。」歐勒特補充說明。我問起她的孩子是怎麼想的，她的兒子在城裡教政治。「他就像你一樣喜歡多元化，」她承認：「他不理解我們這一代人的擔憂。」

我試圖理解他們為什麼會有這樣的感受，但當他們轉向移民問題時，我仔細琢磨了好一會。他們告訴我，他們走進柏林某些地區的商店卻發現裡面工作的人不會說德語，這是多麼離譜。至於媒體，媒體已經被兩大政黨和政黨的富商朋友控制。他們沒有忘記過去的教訓：「我們都學到了，可以從字裡行間看出言外之意，不會你寫什麼我們信什麼。」一種不滿情緒籠罩在整個德國東部。語言開始變化，像Anschluss這個詞，以前專指希特勒在一九三八年接管奧地利，但現在的意思就是「接管」，在他們眼中，東德就是被西德接管了。還有Besserwessi這個字，意思是無所不知的西德佬，這個詞從早期出現演變到現在已經變成常用俗語了。

也許統一的最大錯誤是未能即時從東德找到更多人出任高階職位，讓他們成為大眾典範。當然，可以確定的是，不拔除共產黨的高級官員，不開除工業、法律和其他行業的高層是無法想像的。即使到了現在，不只是東部六邦，就算整個德國，幾乎所有的高階職位都被西德佬占據了。三十年過去了，儘管東德人口占總人口的十七%，但只有一．七%的東德人在政治、法院、軍隊和商界擔任要職，全德國沒有一所大學是由東德人設置管理的。至於企業，德國前五百家公司只有七%的總部設在東部，而且在德國DAX 30指數上一家東德公司都沒有。

作家里希特（Frank Richter）創造了「怨恨心理障礙」（embitterment disorder）一詞，[21]解釋東德人受到打擊後延遲出現的心理反應。東德轉型不僅僅是一個國家的終結，且是心態的瓦解。這種不滿與經濟因素關係不大。

根據最近的一項民意調查，七十五%的薩克森邦公民認為他們的財務狀況良好或非常好。然而，幾乎相同數量的人表示他們被視為二等公民。

現在東部六邦的人均GDP遠高於之前受共產主義統治的其他地方，也高於許多南歐國家。然而六邦的發展並不一致。萊比錫非常時尚，深受投資者歡迎，因此稱為Hypezig（嗨比錫）。許多年輕人認為它比柏林更具魅力——有更便宜的啤酒、更好的音樂、更實惠的公寓。我覺得比較不舒服的地方是德勒斯登，儘管它在經濟上做得還不錯。歷史對這個城市施加了壓力，市中心被炸毀大部分遺跡都被東德政府拆除，原地重建成外觀特色統一扁平的水泥建築（Plattenbau）。回歸後，歷史中心恢復昔日的輝煌，但這個地方總給人一種人造做作的感覺。最引人注目的建築可說是文化中心（Kulturpalast Dersden），它建於一九六二年，看起來像是個水泥盒子，裝飾著一幅現實主義的巨大壁畫，用來稱揚社會主義，名為「紅旗之路」（*Der Weg der roten Fahne*）。這座俗稱Kulti（文化）的建築，就像當時認知的，應該是以「社會主義城鎮中心」為目標所建構的城市活動中心。與柏林的共和國宮不同，拆除它的計畫遭到擱置。相反地，它不斷挖空內部重新改建，成了德勒斯登愛樂交響樂團的根據地。

越是德東偏遠的地區，人口基數越小，問題就越大。許多村莊和小鎮夷為平地，商店、診所、酒吧都不見了。老年人口比例不斷增加，他們大多依靠公共服務過活。火車站仍是一站接著一站，但曾經風光一時的售票處被木板封上了，站台上的自動售票機是旅客唯一可利用的介面。

在柏林牆倒塌後的狂喜中，人們的期望沒有得到抒發管理。一九九〇年代初期，專家們將合併任務確定為一項長期工作，並預測東西德經濟需要數十年才能達到一致，他們的悲觀態度備受批評。而現在，正如德勒斯登經濟研究所指出的，二〇三〇年達到目標趨同看來才是正確的。目前，德東的生活水準略低於德西，約是德西的八十%。透過轉移、其他補貼和降低某些商品的價格，兩邊經濟正在走向平抑，但仍需要幾年時間。

與德西最貧窮的地區相比，德東已經做得更好了。與德法接壤的後工業區魯爾區或薩爾邦相比，前東德地區的平均失業率低於這些地方。德西的大公司可能沒有讓很多當地人擔任領導職務，但他們至少有在投資，鼓勵大型和中型公司在德東設廠。位於茨維考城的前衛星汽車工廠很快被大眾汽車收購且做重新規畫，Opel汽車搬進艾森納赫，保時捷和BMW在萊比錫設有辦事處。鐵道線路和運行車輛已經現代化，新的高速公路網絡已經建成——這一切都發生在德西某些基礎設施也因為預算不夠持續惡化的時候。

過去三十年來的總支出額度驚人，「東德重建計畫」（Aufbau Ost）已投資了兩兆歐元做基礎建設，還沒看過有哪個國家會做如此長期的資金投注和資源轉移，相當於現代的馬歇爾計畫。想到它的西德兄弟在戰後直接受益於美國的慷慨大方，這是完全正確和恰當的。預算總數的五分之一用於清理東部環境、關閉不安全的核電廠和減少對褐煤的依賴。任何住過東德的人都記得他們的城鎮被地上管道毀容，永遠籠罩在黑色煙霧中，居民只能用濕布擦去窗台上的煙灰。現在空氣乾淨多了。國民預期壽命向來是衡量經濟差異的可靠指標，現在預期壽命的差距已經縮小。但這一切都必須付出代價。有哪個國家會徵收「團結稅」（the Soli），納稅人會在課徵所得稅時額外徵收五．五％的團結稅，用來支付重建東部的費用，還很少聽到抱怨？這項稅務仍會持續徵收，但到二〇二一年會限縮在收入最高的十％人口才需繳交，除此之外，其他人民無需課徵。

這項成績單令人印象深刻，儘管我懷疑會有西德人敢這麼說，他們會被其他同胞譴責過於自負和自滿。但空氣比以前乾淨多了，許多基礎設施都被改造。大城市已經翻新樣貌，經濟正走上與西方接軌的道路。對於所有的錯誤，對於所有的怨恨——無論是真實的還是想像的——德國做了其他人做不到的事。對於自己國家是如此，同時對歐盟也是如此無私貢獻，期間她也經歷了一次經濟衰退和一次金融崩潰。

如此，為什麼會有「怨恨心理障礙」？背後的原因是什麼？事實是東德人並沒有被要求接受他們自己的過去，無論是納粹的過去還是共產主義時代的過去，如此怎會有助益？另一方面，社會上也沒有要求西德人想清楚，如果換作是他們處於德國內部邊界錯誤的那一邊，他們會如何？Täter oder Opfer——「肇事者或受害者」，這樣的二元論忽略了普通生活的各層面，生活上本就充滿複雜性，需要即時做出可怕的選擇，更有無數灰色地帶。

統一之後，少數共產黨和史塔西領導人因特定罪行受到審判。許多在東德系統各部門擔任高階職位的人都解雇了。而最常見的情況是，誰有罪和犯罪輕重的問題在家庭和社區內爭論不休。每個人都知道某個人的底細。史塔西有八萬五千名全職特工，有五十萬告密者，和六百萬人的機密檔案（這幾乎是東德一千八百萬人口中的全部成年人）。有這麼多人為黑暗勢力工作，需要龐大的官僚機構來決定同謀者的涉入程度。從外部評斷很容易，但西德人或外國人很少問的問題是：如果你被迫生活在這種制度下，你會如何表現？人們常說東德人民遭受兩次連續獨裁統治的苦難。然而這種表述是有問題的，說這種話的背後是出於純真和被動的概念，並暗示第三帝國和民主德國之間道德等同。而要如何將東德獨裁統治置於德國二十世紀更廣泛的歷史背景下討論，這已經引發一場發人省思的辯論。

什麼是去納粹化？東德難道不該接受第三帝國的罪責？作為無產階級專政下的反法西斯國家，她應該標誌一個新的開始。法西斯主義是資本主義猖獗的必然結果，而資本主義在西方仍一直持續，儘管形式不同。而西德人的標準解釋是，儘管他們的國家在這個過程中掙扎，特別是在起初的二十年，但他們至少做到了嘗試追究犯行最重的罪犯；但東德沒有。東德的紐倫堡審判在哪裡？

現居柏林的美國哲學家內曼（Susan Neiman）對此論點提出了質疑。內曼是波茨坦愛因斯坦論壇的主席，該論壇是布蘭登堡地區政府成立的思想基金會。她最近出版了一本新書《向德國人學習：種族與邪惡的記憶》（*Learning from the Germans: Race and the Memory of Evil*），核心主旨是將德國為大屠殺贖罪的努力與美國對奴隸制度部分贖罪的內容進行比較。她最有爭議的段落涉及東德和西德如何處理戰爭記憶的差異。她主張：「東德擺脫過去的方式在很大程度上已被遺忘，西德人對他們說的最好的一句話就是東德『透過法令反法西斯』。這樣的言論讓東德人在美好日子歡笑，在別人面前憤怒地不理解。」[22]她引用作家舒爾茨（Ingo Schulze）的話：「反法西斯主義是國家政策，這樣做就對了。」[23]

內曼是位迷人的倫理學思想家，侃侃而談自己的觀點，但我不禁認為，這講法也讓東德太容易脫身了。儘管如此，她就像其他的當代作家，正在發展一個重要的思想流派，讓論辯超越簡單的好與壞、自由與壓迫等二元比較。另一個有點良性也很有趣的發展是海耶（Uwe-Karsten Heye）出的一本書。海耶是前總理施洛德政權的政府發言人，二〇一四年出版一本介紹德國猶太哲學家班雅明（Walter Benjamin）生平和家庭的書。班雅明是堅定的反法西斯主義者，他的政治理念在他死後之所以能夠延續，是透過他出名的弟媳希爾德·班雅明（Hilde Benjamin），或更確切地說，是臭名昭彰的弟媳。希爾德是民主德國最高法院副院長，任職期間因主持公審次數和判決死刑的人數之多，稱為「紅色斷頭台」和「血腥希爾德」。她於一九五三年成為司法部長，但在一九六七年被東德領導人烏布利希趕下台。她的政治狂熱、或說貪婪的共產主義理念已經過分走偏了，即使對那個政權來說也是如此。

也許有個人最能體現東德的創傷和矛盾。沃爾夫（Christa Wolf）的生平可以說是一部戰後德國史。她年幼時是希特勒青年團的女隊員，十歲時看到納粹黨衛隊在前往波蘭的途中穿過她住的城鎮。戰爭結束時，她和家人從波蘭被驅逐到東德。她很快加入共產黨，最終成為初級中央委員。她的小說如《分裂的天堂》（*Der geteilte Himmel*）和《追尋克里斯塔T》（*Nachdenken über Christa T*），描述戀人之間、或個人與國家之間的關係。沃爾夫和許多東德人一樣，在幻想破滅前一直堅信共產主義計畫。一九五三年發生一場抗議活動，當時蘇聯以坦克鎮壓各城市約一百萬人，這對許多人來說都是關鍵。支持逐漸變成了順從，在陰影下繼續懷疑和務實地生活著，而在此陰影下私人友誼應該是極度重要的。

沃爾夫從被當局容忍，甚至偶爾受到表揚，最後變成不安。她對國家感到失望，但即便如此，她始終反對統一。她的書受到大眾注意，吸引了緊張的群眾到教堂聽她朗讀。一九九三年，有人爆料說她是史塔西的線民，雖然只做了三年時間，但她出賣其他作者是事實，之後引起一片撻伐。當爆料出現時，沃爾夫卻表示震驚，聲稱她一定是忘了，自己的記憶一定被壓抑了。一場圍繞沃爾夫事件的公開辯論出現了，狀況類似幾十年前歷史學家也做過的公開辯論。她之後的書《所剩為何》（*Was bleibt*）延後出版，更受到批評。這本書以第一人稱寫成，描述某位生活在史塔西壓迫下的作家（大概是她自己）一天的生活，這本書在共產主義制度崩潰後的幾個月內上市。書中角色描繪成在國家手中受苦，但她真的有嗎？許多文壇人士都站在沃爾夫身邊，尤其是受傷頗重的葛拉斯，他寫道：「這就像公開處決。」[24]而在那種情況下，其他人會怎麼做？

東德回歸後，一批新的作家、藝術家和電影工作者一直在重新審視他們被強迫接收的法西斯與共產主義遺產。有些人敢於幽默以對。二〇〇三年出現一部電影《再見列寧》（Good Bye，Lenin!），內容描述一位東德母親在柏林圍牆倒塌前陷入昏迷，當她醒來後，她的兒子試圖保護她，不讓她受到生活架構倒塌的衝擊。

柏林圍牆倒塌時，亨索才十三歲，在她的著作《圍牆之後》中，她將與她同齡的一代描述為迷失的一代，有些人太年輕以致記不住過去，有些人太老無法開始新生活，而他們正好夾在中間。同類型還有一本感人的書：萊奧（Maxim Leo）所寫的《紅色的愛》（*Red Love*）。他回憶在東德時期他的父母和祖父母在家裡發生的政治衝突，呈現那些在體制內工作的人和那些試圖反抗的人。隨著共產政權在一九八八年和一九八九年開始瓦解，人們紛紛逃離匈牙利和其他地區，他寫道：「留下來的人覺得自己很失敗。『愚蠢的剩菜』是東德當時的稱呼。」[25]他的母親、那個曾反對共產體制且希望進行改革的母親卻無法忍受「這些幸福的面孔。她感覺到有些事情即將結束，儘管它還沒有真正開始。」[26]另部電影《竊聽風暴》則將很多人與那個時代的記憶又聯繫在一起，這部屢獲殊榮的紀錄片式劇情片，講述無聊的史塔西官員連續幾個小時傾聽人們談話。導演馮多納斯馬克（Florian Henckel von Donnersmarck）表示：「我的腦海突然浮現這樣的畫面：一個人坐在沉悶沮喪的房間，頭上戴著耳機，聽著被認為是國家敵人和思想敵人的聲音，但他真正聽到的是動人的美妙音樂。」[27]

在柏林東部靠近卡爾斯霍斯特附近，有條綠樹成蔭的安靜街道，街上藏著一顆寶石：德俄博物館，這裡以前叫「武裝部隊中央博物館」，是簽署納粹投降書的地方。屋子一樓還保留了寬大簡陋的大廳，那裡曾是工兵處的食堂。得勝的盟軍四國選擇這個蘇維埃區不起眼的地方，簽署納粹無條件投降的文件。一張樸素的深棕色長木桌，覆蓋著綠色粗呢布，背後掛著四面旗幟，為事件提供了背景。當初儀式以一段黑白影片在小電視機上循環播放。一九六七年，這座建築變成博物館，作為慶祝蘇聯軍隊的英雄事蹟和法西斯主義罪惡的場所。一九九四年俄國人離開時，這座博物館交給柏林，策展人布蘭克（Margot Blank）帶我四處逛逛。我在這裡花了好幾個小時，比預定時間要長得多，因為我被展覽驚呆了——從士兵的日常活動，到空中掉落的納粹宣傳單，飛機載著它們穿過白俄羅斯和俄羅斯西部然後到此掉落，還有蘇聯猶太人遭謀殺和史達林格勒和列寧格勒被封鎖，展覽一五一十地講述了這些可怕的故事。

我從卡爾斯霍斯特直接前往腓特烈斯費爾德中央公墓，一進正門有一塊空地，用來分隔其他墳墓。這裡是過去英雄的萬神殿，是創造共產主義大業的英雄。這座紀念碑最初是由密斯凡德羅（Mies van der Rohe）設計的，他是二十世紀上半葉的建築大師、包豪斯學派的最後一位院長。但他設計的革命紀念碑只存在九年，一九三五年就被納粹拆除。到了一九五一年，東德政府建造了一座新的紀念碑：社會主義者紀念碑，在墓園的中心位置有十座墳墓，我用手機拍下德國共產黨創始人盧森堡（Rosa Luxemburg）和李卜克內西（Karl Liebknecht）的墳墓，在他們旁邊躺著的是烏布利希。我的胃開始翻騰。至少，墓園當局很明智地將史塔西的大頭目梅爾克（Erich Mielke）埋在比較偏遠的地方。紀念碑中央的方尖石碑刻有銘文：Die Toten mahnen uns，「死者告誡我們」，的確如此。

這些人和他們的政權不復存在了。當東德人抱怨他們的命運時，值得提醒的是他們之前過的日子，他們像被關在籠子裡，城市被煙塵污染，一舉一動都被告密者監視，為什麼不多慶幸一下呢？總理也似乎只看到杯子是半空的。「我們都必須學會理解，為什麼對於東德各邦的人來說，德國統一不僅僅是正面的經驗。」28 這是二〇一九年，梅克爾在國慶紀念的談話內容。然而，半空的杯子也有另一種看待的方式。與其問是否犯了錯誤，不如提出一個不同的問題：有任何其他國家可以在動盪如此小的情況下處理統一的情況嗎？這件事會使其他國家破產，造成更大的社會創傷。面對過去和未來的所有問題，對梅克爾和她的國家來說這是一項非凡的遺產。她不時捶打自己胸膛，但她並不自誇。她比她所有歐洲和西方同行都還歷久不衰，她在歷史上的地位將會比大多數人更顯赫輝煌。

3

多元文化
移民與認同

Multikulti
Immigration and identity

二〇一五年八月，在德勒斯登郊外的小鎮海德瑙，難民坐上公車，正移往由廢棄工廠改建成的收容所，此時六百多名光頭黨暴徒在外集結，攻擊難民。警察在星期五晚上獲報處理，暴亂中也受到瓶子和石頭襲擊，造成三十名警察受傷，更有一名傷勢嚴重。為了保護收容所的通路入口安全，警方也發射催淚瓦斯和胡椒噴霧作為回應。暴力事件平息後幾天，梅克爾前去訪視，以她一貫嚴肅態度說：「我們不能容忍那些否定他人尊嚴的人，不能容忍那些不願意幫助需要法律和人道救援的人。」人群中有人回應：「Die schaut uns nicht mal mit dem Arsch an。」她甚至連用屁眼看我們都沒有。

那年在柏林還有另一個故事：一對中年夫婦想把某間廢棄建物拿來做類似用途，這中間也發生了一些事。施密茨（Hardy Schmitz）和伯克哈特（Barbara Burckhardt）被當地市政府告知，說議會已經接管了他們家附近一間廢棄的精神病院，那裡即將會變成收容四百名敘利亞及其他難民的宿舍。施密茲、伯克哈特和一群熱心鄰居沒有抱怨，而是組織起來，成立協會，籌措資金，想把附近一間已經空了十五年沒人用的美麗房舍整理一下，把房子一樓變成某種工作室、圖書館，讓新來的人作為聚會場所。這項商業計畫經過縝密籌畫，他們也是社會有為人士——男主人是成功的企業家，女主人是著名的戲劇評論家——沒什麼好刁難的。組織其他成員引入難民支持網絡，建構出這個城市最活躍的難民支援系統之一。唯一的問題是當地住戶，至少是其中一些居民，夏洛滕堡是當地的首善之區，市民發出傳單抗議這項計畫。想想你家街道的聲譽，想想你女兒的安全，你以後不可能在晚上散步回家了。

當地住戶威脅要提起訴訟，這可是不能輕忽的。幾個月前漢堡某精華地區也提出類似訴訟，還告贏了。伯克哈特找了一組團隊試圖化解，「我們張貼不同意見的傳單，在上面寫道：『如果我們做不到，那有誰能做到？』」現在我和伯克哈特就在這座會館裡，她一面喝茶一面跟我說故事。他們開會討論這個方案的可行性，希望這是大家能共襄盛舉的事。她向柏林文化界的名人求助，邀請演員、策展人、作家來這裡發表演講，做電影賞析，舉辦音樂晚會，也邀請那群有意見的鄰居參加，同時參加的還有難民。對鄰居來說，可以與文化界名人熱絡結交的機會怎能錯過，相對地阻力也漸漸收斂。協會發展迅速，開始辦喝咖啡學語言交流會，提供就業服務和法律支持。很多志願來服務的都是年長女士，一起工作的多半是二十多歲的阿拉伯男性，如此總會產生一些跨文化的小小摩擦。就如，應該在晚上提供酒精飲料嗎？他們有提供。電影多少有性愛場面，一開始總不免有些小尷尬。之後，伯克哈特在選擇上更加小心。空間利用更多元化了，信任也慢慢增加，較有歷練的難民策畫了敘利亞和德國藝術家的見面會。在白天上班時間，施密茨和志工會替去應徵工作的移民做場內場外的面試特訓。他們想讓移民去做學徒或實習生，他們拜訪就業中心，與那些無法與移民應徵者進行溝通的官員交換意見。他們努力籌募資金，希望從高收入戶和公司那裡取得捐款，在他們出入的大樓放置募捐箱。

鄰里並不是全面接受，但就是各自盡力。有些人會收留個別難民，就像伯克哈特和施密茨收留了一個叫穆罕默德的年輕人住在家裡。穆罕默德一面念書一面在樂施會打工，當他遇到種族主義者對他的敵意（不是每天都會發生，但頻繁到成為生活的一部分），他總試著淡然處之。「Alles unter Kontrolle」他告訴他們，一切都在掌控中。二〇一六年十二月，一名突尼西亞男子在尋求庇護未果後駕駛卡車衝入柏林最受歡迎的聖誕市集，造成十二人死亡、五十多人受傷。穆罕默德和朋友嚇壞了，害怕遭到報復。「他來找我說：『我們能做什麼？』」施密茨回憶道：「他們利用臉書組織起來，決定一起去夏里特醫院排隊捐血，展現團結的心意。」

我是透過施密茨和伯克哈特的女兒蒂娜介紹而認識他們的，蒂娜在新創科技公司工作，他們都是了不起的人。我問他們，現在覺得狀況變得比較好或比較糟。好壞都有吧，伯克哈特說：「我們經歷了很大的情緒波動。」

就算當成思考練習吧，我將海德瑙居民與夏洛滕堡居民進行比較，比對了兩方的敵意。第一種情況是原始的、憤怒的、受壓迫的、暴力的，那個位於捷克邊境、薩克森邦的邊陲小鎮目前唯一活著的產業是輪胎廠。這是極右翼碰上經濟錯位，又遇上憤恨，又剛好碰上不同顏色的外國人，堪稱屋漏偏逢連夜雨的經典案例，事情一股腦全都遇上又一起爆發。而第二種情況發生在柏林市綠樹成蔭的西區，尋求庇護者的到來暫時擾動了富裕社區的舒適，他們用被動—攻擊性的法律術語回應。哪個更糟？我覺得彼此彼此。

還有另一種狀況，一家叫Lawrence的餐廳是社會企業中相當鼓舞人心的案例。這家餐廳位於舍嫩區（Scheunenviertel，Scheunen是德文穀倉的意思），柏林各區中我最喜歡的就是這一區了，是畫廊、咖啡廳和合作社的集中地。餐廳位於猶太教堂對面的一個角落，這裡是柏林最令人痛苦，也是戒備最森嚴的建築物。這家餐廳的創辦人是布謝勒（Frank Alva Buecheler），他是戲劇導演，四十年的職業生涯多與世界各地的頂級劇院合作。二〇一五年，人到中年的他在救援組織的邀請下，參訪黎巴嫩北部的一處難民營。「這次旅行改變了我的人生，那時我待在靠近敘利亞邊境的地方，聽到的全是爆炸聲和機槍掃射聲。那時候我五十八歲，是我第一次看到戰爭。」他的祖父母和父母那一輩並沒有過著如此愜意的生活。

此時柏林正在猶太教堂附近的一家廢棄醫院開設另一個難民收容所。當他從難民營回來，布謝勒發現醫院正在翻新重整。難民會分散在城市各處，但需要一個聚會場所。「有他找到了這棟建築物，一家舊藥房兼理髮店，也就是現在我們坐著聊天的地方。」「有四十個組織競標這個空間，包括星巴克。」但住宅委員會把它標給布謝勒，因為對他的經營想法印象深刻，他想在樓上開畫廊，辦文化論壇，所需費用將由樓下的餐廳補貼。

我立刻想到：全球還有哪個國家，會把首都可租出天價的物業交給像這樣的非營利組織？這裡大部分時間都會進行中東和阿拉伯文化主題的閱讀和講座，藝術空間已辦了十多次展覽。布謝勒說，餐廳和文化論壇的參觀者大約有三分之一來自中東，三分之一來自世界其他地區，三分之一是德國人。他的員工大多都是戰爭難民。他的機構名為Freeartus，已經變成超級時尚的名店，出現在那裡被人看到是很有面子的。董事會成員裡有一位是前經濟部長，總統夫人還來吃過飯，有時總統先生工作晚回家，她還會打包，把跟同桌沒吃完的食物帶回家。布謝勒說他們正計畫進行城市交換，在黎巴嫩貝魯特也開一家供應德國菜的餐廳。

二〇一五年聯合國難民署UNHCR估計，自一九四五年後全球出現的離散人口約為六千萬人。到了第二年，敘利亞內戰再使一千三百萬人流離失所。1 其中一半人越境逃亡，最後多數來到黎巴嫩，但黎巴嫩這個國家早已被多年的暴亂、動盪和貧困所拖累。約旦也收留了超過一百萬人。類似的數字最終出現在歐洲，德國已成為許多逃難者的家。

「Wir schaffen das.」——我們做得到。2 梅克爾在訪問德國境內一處難民營後這樣說。接下來的幾週，她會一遍又一遍地說這句話：我們做得到。是的，她可以，但她沒辦法。二〇一五年九月，德國迎來全球難民，數字遠遠超過其他人、其他國所做的事。她等於替希臘人和義大利人解圍，這兩個國家因為地處停靠港的首站而焦頭爛額。她這樣做是出於同情，並向世界展示新德國；她這樣做是站在歐洲領導人的立場，而不僅是德國領導人。接下來的幾天，數百名德國人聚在慕尼黑中央車站，為來到德國的難民鼓掌。當地人敞開大門準備「歡迎晚宴」，體育館和社區中心變成了緊急收容所，診所吸收病人，學校收留孩子。

這是德國最好的一面。那出了什麼問題呢？難道真的做錯了？對梅克爾來說，確實如此。她的地位沒有恢復，被迫把退休的時程提前。很多人質疑她的動機，如果不是她的動機有問題，就是她的能力出問題。但我不這麼看，我認為這是德國戰後復興大業中最非凡的時刻。

財政大臣和底下公務員肯定在打瞌睡。二〇一四到一五年的那段時間，大批難民如浪潮般一波波湧入南歐，只要他們一路上沒被公海吞沒。那段時間歐洲領導人正好在應付另一場危機：希臘債務危機。希臘欠債和救她紓困的故事就像氏族傳奇般恩怨難解糾纏幾代，每個人都誓死護衛而紛爭不斷。根據一九九七年的《都柏林公約》（Dublin Regulation），歐盟決定尋求庇護者必須在他們進入的第一個國家登記並留在該國。換句話說，難民一上岸最先踏上的國家有責任處理難民案件，即使他們不願留下。這個解決方案也太簡單了；但一點也不公平更不切實際。歐盟的邊境保護機構Frontex才在二〇〇四年剛剛成立，主要業務在於幫助控管外部邊界，且主要是諮詢機構，效率極低，對於南側連著中東和北非的希臘和義大利根本幫不上忙。

德國戰後對移民的紀錄零散不全，對移民的定義還基於傳統上以血統作為公民的定義。但從一九五〇年代到一九九〇年代，德國越來越依賴數十萬名來自土耳其和義大利的外籍移工（Gastarbeiter）。是這些移工在打理商店和咖啡館；是他們在工廠做卑微的工作，是他們在煤炭廠、鋼鐵廠這種重工業廠做粗重活。他們幾乎沒有什麼權利，也沒有融入當地社會，沒什麼人能代表他們說話。政府無意改變他們的地位。如果他們不喜歡，可以隨時回家。我們可以對比一下德國對這群移工的政策與對伏爾加德國人（Wolgadeutsche）的開放政策。十八世紀，號稱「德意志公主」的凱薩琳成為俄羅斯帝國的女皇「凱薩琳大帝」，號召數以萬計的德意志人向東遷移墾荒，他們主要定居在伏爾加河沿岸建立社區。這群德國人保留了自己的語言和習俗。到了蘇聯時期，他們獲准成立自己的「自治共和國」——「伏爾加德意志人蘇維埃社會主義自治共和國」，首都（很適當地）取名為恩格斯（Engels）。一九四一年希特勒入侵蘇聯，伏爾加德意志人遭到蘇聯迫害，許多人被送往勞改營，三分之一的人口在苦寒貧困中喪生。到了戈巴契夫進行改革重建（perestroika）的時代，他們被告知，如果願意可以離開。因此，德國現在擁有超過兩百萬的Aussiedler——「回歸移民」，因為同種族，這些移民立即被德國接納，一點問題都沒有。「血統主義」（Jus sanguinis，又稱「屬人主義」）是世上許多國家申請公民身分的決定因素，但令人驚訝的是，有鑒於德國的歷史，這一原則特別嚴謹地持續用了好長一段時間。

到了千禧年，政策發生變化。施洛德政府通過立法，賦予某些孩童獲得德國護照的權利，前提是他們的父母雖是外國人，但他們卻必須在德國出生長大。到了二〇一四年，擴大到所有在德國出生的兒童都可以拿到德國護照。因此，儘管與移民相關的所有憤怒全都指向梅克爾，但在二〇一五年難民潮之前，德國的人口結構已經發生了變化。現在德國有四分之一人口、近兩千萬人有「移民背景」，他們至少有一個父母是非德裔。土耳其裔超過四百萬，占總人口的五%。根據經濟合作與發展組織（OECD）的數據，德國是大家最喜歡移民的國家第二名（僅次於美國，儘管川普盡了最大努力，但美國仍然位居榜首），3 領先早就就搭起移民之橋的澳洲，甚至領先長期以來以歡迎移民文化而自豪的加拿大。

德國改變移民政策的背後有很多原因且很複雜，部分原因是基於新一代政客的故意謀畫，尤其是中間偏左派政客希望看到他們的國家更加多元化，也更開放；部分原因則是必要性，德國工作年齡人口①的減少，領退休養老金的人越來越多。德國就是缺工，尤其在醫療服務、社會照護和建築施工的人手短缺尤為嚴重。人口專家表示，由於出生率連年創新低和人口老化，德國現在每年需要引進約五十萬勞動人口。議會通過了一條新的勞工移民法，名字非常顯赫：Fachkräftezuwanderungsgesetz ——「專業人才移民法」，這條新法允許資訊科技類等技術人才可以先進入德國找工作六個月，前提是他們在這段時間內可以在經濟上自給自足，找到工作且能說流利德語的人，法律就保障他們

①譯註：人口學上十五到六十四歲具有工作能力的人稱為工作年齡人口。

有極大可能會拿到永久居留權。二〇一五年以來，大量湧入的移民中有三分之一找到工作。所以這項措施標誌了成功還是失敗？我會說，這是不錯的紀錄。

二〇一五年九月初，在四十八小時內出現了兩個震撼的影像標誌著這段時間。大家都記得海灘伏屍男童的照片，敘利亞三歲男童庫迪（Alan Kurdi）毫無氣息的小小身體趴在土耳其度假勝地博德魯姆海灘，任由海浪拍打。他的家人帶著他想去希臘的科斯島，花了大筆錢付給人蛇，結果搭上簡陋破爛的小艇，任由他們淹死在海上。這樣的事情仍在進行中，唯一不同的是，許多歐洲人似乎對他們的苦難更習以為常。

第二天，九月三日，距離慕尼黑中央車站三千兩百公里處，發生截然不同的事。慕尼黑當地有數百人排成一排，舉著橫布條，上面用英文寫著「歡迎來到德國」的字樣。他們帶著鮮花、禮物、食物，迎接首批難民。這批中亞難民終於獲得匈牙利的同意，獲准他們穿越國境，取道奧地利，開始他們史詩般的旅程，走向安全國度。這幕流露同情的畫面以現場直播從電視上傳了出去，畫面立即在社交媒體上瘋傳到全世界。難民終於找到肯收容他們的人了，他們的磨難似乎已經結束。

隨著難民像潮水般湧入蘭佩杜薩島、科斯島和其他南歐島嶼和港口，難民人數已經失控。這支悲慘大隊穿越巴爾幹半島，試圖從塞爾維亞進入匈牙利，卻遇到匆促圍起的鐵絲刺網，下面有狗看守。若有人試圖闖關，就會被催淚瓦斯、胡椒噴霧和高壓水槍攻擊。匈牙利總理歐爾班（Viktor Orbán）領導的民族主義右翼政府毫無歉意，聲稱難民看起來像是一群入侵的部落人民。這位前反共異議人士是首位利用（或煽動）當地居民不安情緒的歐洲領導人，引得美國總統川普對他讚不絕口。

梅克爾看到出事了，決定立刻採取行動。她下令打開德國大門，僅在第一個週末就有多達兩萬人抵達德國，他們多半來自敘利亞。物資收集站收到好多商店和家庭捐出的東西，包括食物、衣服、盥洗用品和小孩玩具，警方不得不發出公告，要求人們不要再捐了。一個新名詞誕生了，Willkommenskultur——「歡迎文化」。根據民意調查公司艾倫斯巴赫研究所（Allensbach Institute）的資料，在最初的幾個月，超過十六歲以上的德國人有一半以上都以某種形式幫忙難民。有人捐錢，有人提供更實際的幫助，例如提供語言上的協助或幫忙難民處理行政機關要求的庶務。在接下來的幾週，數十萬人湧入德國，他們乘火車、搭巴士，或跋涉走來。難民多半身無分文又有病，有不少是舉目無親未成年的孩子，因為長年內戰艱苦逃難，身心飽受創傷。政府以獨特的德式風格制定解決問題的辦法，搭起帳篷城市，接管空置的建築。在口譯員的幫助下，醫生、護士、精神科醫生等志工就位。在行動的第二階段，德國各邦必須依照人口和稅收的公式分配收容一定數量的難民移民。

沒有其他國家會和德國一樣慷慨。中歐想關上大門，法國和英國心不甘不情願地表示他們會考慮接受更多難民，但前提是在一段長時間裡分批收納。這些行動都緩不濟急。對比很明顯。英國《鏡報》的某位專欄作家總結寫道：「我可以想像很多事情，但我無法想像有多少英國人會在床單上寫下 Wilkommen zu Britanien，「歡迎來到英國」，然後拿著在多佛白崖上揮舞。」[4] 她指出，在這次移民潮前，聯合國甚至就已經將德國列為全球第三大移民國，英國排名才第九。「然而，我們是對移民最恐慌的人。」德國人吸取教訓，展現謙遜，努力表現和善的一面。而我們只是嘲笑他們，並告訴全世界我們在道德上更優越。但不管上述哪一方面，我們都處於做不到的嚴重危險中。」[5]

對德國的鄰居來說，沒有表現同樣的慷慨真是該感到羞恥的事。從二〇一四年到二〇一九年七月，約有超過一百四十萬難民到德國申請庇護，這是難民向歐盟申請庇護人數的一半，是向法國提出申請的六倍。英國幾乎沒有接納任何移民，築起的高牆比法國和比利時港建起的高牆還要高。二〇一八年十二月，有幾艘伊朗人的小艇抵達肯特海灘，當時的內政大臣賈維德（Sajid Javid）特意放消息，他正從南非野生動物園的「家庭度假中趕回來」宣布這項「重大事件」。他從地中海調來兩艘負責邊防的船艦保護英國海岸線。英國媒體將此舉措描述為果斷強硬，沒有人說他在裝模作樣做政治姿態。

然而，在二〇一五年的難民潮危機之前，梅克爾政府對移民的對應態度一直在波動變化。基民盟就曾阻止阿爾巴尼亞、蒙特內哥羅和科索沃等國人民入德申請庇護，理由是這些國家本來就是安全的地方。梅克爾收容難民的計畫遭到同聯盟政黨社民黨的阻撓。在慕尼黑出現歡迎場景的兩個月前，梅克爾才在電視上錄了談話性節目，可說是一次透過電視轉播的大型翻車現場。節目名稱叫做《德國的美好生活》，節目型態是邀請青少年到棚內參加面對面座談。總理以前就參加過這個節目很多次，一開始效果不錯，但後來就全錯了。十四歲的莉姆・沙維爾（Reem Sahwil）也參與對談，她是巴勒斯坦人，與家人在四年前逃離黎巴嫩貝卡谷地的巴勒貝克難民營。她開口對總理說話，緊張到聲音顫抖，以禮貌的語氣，用一口評論員事後認為幾近完美的德語說道，她來德國，每個人都對她很好，她想上大學實現自己的目標，但她害怕他們終究會被驅逐出境。「看到別人享受生活而我不能，」她說：「我夢想能像我的同學一樣在這裡念書。」梅克爾沒有同情她，而是給她上了一課：如果德國允許她留下來，那麼成千上萬的巴勒斯坦難民，成千上萬的非洲人都將湧入德國，她告誡她：「我們會無法應付。」6

莉姆哭了起來，事情越發不可收拾。「我的天啊！但妳勇敢表達已經很棒了。」梅克爾有點不知所措試圖安慰她，主持人接話說：「我不認為這與勇敢表達有什麼關係，這是因為她嚴厲的處境。」梅克爾回道：「我知道對她是嚴厲的處境，這就是為什麼我想拍拍她的原因。」她繼續走到女孩身邊，摸摸她的手臂。梅克爾說「拍拍」，用的單字是streicheln，這個字在德語中通常用在撫摸小貓小狗等小寵物。這段影片在網上瘋傳，在推特引發一個非常受歡迎的話題標籤「#merkelstreichelt」（#梅克爾拍拍）。第二天，記者來到位於德國東北的羅斯托克，拜訪沙維爾的學校。他們發現她不僅是難民，而且拿的是醫療簽證。她早產兩個月，出生時缺氧，導致嚴重的行走困難，五歲時遇到車禍，情況變得更糟。她是焊接工人的女兒，來到德國時幾乎沒有受過正規教育，一句德語也不懂，但她現在是班上的佼佼者。

大家都指責梅克爾既不通人情又沒同情心，彷彿她的心思都不在這件事上。她才結束歐盟峰會，才在處理歐洲債務危機的激烈會議中回過神來。雖已同意對希臘進行紓困，但希臘自總理以下，全國都感到被梅克爾和德國羞辱了。她在全球各地的聲譽暴跌。

這是否影響她的下一步？人們只能這樣假設。另一種批評也在啃食她的聲望，德國評論界一致認為，她的領導風格乏味且只想著規避風險。所以，這也許就是為什麼一個月後，當她看見電視上播著匈牙利邊境圍起重重鐵絲網，看到一個個難民絕望的畫面時，她放下謹慎，跟隨本心而做。也不需要與歐洲夥伴商量她的決定，也沒有在國內尋求議會批准。她只是就這樣讓他們進來了，站在道德至高點的位置。她宣稱：「在如此危急時刻，如果我們必須為了自己迎上的友善面孔而道歉，那這已經不是我的國家了。」[7]她這樣做主要是出於同情？還是純粹的政治考量——在希臘快要脫歐的情況下，希望歐盟團結一致？或者這是一招既讓自己擺脫困境，又能填補德國工廠缺工的好法子？或者像某些評論員在小心揣度後說的：這是德國民族主義的新展現——成為人道主義為本的泱泱大國？

當時出了兩本關於難民危機的書，一上市立刻成為暢銷書。一本是由德國《世界報》（*Die Welt*）的記者亞力山大（Robin Alexander）所寫的《驅離者》（*Die*

Getriebenen），這本書讀起來像是政治陰謀小說。內容說述梅克爾在看到民意調查之前一直想的是走強硬路線，但全球同情難民的浪潮走向高峰期，局勢變化下，利害關係需再衡量，民意調查發現有九十三%的德國人鼓吹更自由的移民政策。另一本是里希特（Konstantin Richter）寫的《總理，虛構人生》（*The Chancellor, A Fiction*）。這本書更像是一本著重梅克爾性格描寫的心理劇，里希特認為梅克爾的個性比批評者和支持者所看到的都要複雜許多。他將這齣傳奇大戲回溯到第三帝國，且與「釐清歷史真相」（Vergangenheitsaufarbeitung）的概念掛鉤。「德國人現在已經能接受他們自己也能做為道德領袖的角色。在戰後那些年，其他國家羨慕我們的經濟成就，但不一定認為我們很溫暖或受人喜愛。但現在世上有數百萬人夢想進入德國，我們受寵若驚。」8 作者對梅克爾並不友善，認為她只是搭上了綠黨的順風車，是綠黨在慕尼黑和其他城市組織歡迎活動的。梅克爾喜歡被難民團團圍住，讓他們有機會和她一起自拍。「這是集體自戀，難民讓我們自我感覺良好。」9

我非常驚訝作者竟用如此偏激言論總結一切，但我也聽過其他人說類似的話。萊比錫有家小公司的老闆將整個事件描述為德國該還的「本票」（Schuldschein）。「我們必須拯救世界，把電廠關了，接納難民。」我也聽過教授說這種話，羅德（Andreas Roedder）在美因茨大學教授現代史，他寫過《誰害怕德國？》（*Wer hat Angst vor Deutschland?*），他表示：「這是德國為戰爭罪行付出的巨額道德賠償。」

其實，不管梅克爾出自何種原因要如此做，是她受到道德的召喚？還是狹隘的政治利益？或歷史長遠的影響？重點是她做到了，這個政策改變了德國。

不過，沒過多久，雙方對彼此的情意很快就變餿了。難民期望太高，走私販子告訴他們，去德國會發財，會很快找到工作。但他們到了德國幾個月了，還在臨時收容所飽受煎熬，又想家還要努力適應環境。當地人原以為難民會對德國願意收容他們感恩戴德，在某些社交圈甚至將當志工視為一種特權，是一種時尚流行，甚至語帶貶義地把志願服務的人稱為Gutmenschen，「好人」，意思是爛好人。

但越是受到批評，梅克爾就越是熱切。她出現在德國收視率最高的週日晚間節目《安娜威爾脫口秀》解釋她為什麼要這麼做。「我為此而戰。」她表示，收容難民這件事沒有B計畫。「這是盡我該死的責任和義務，我要極盡可能地替歐洲找到一條共同道路解決這個問題。」她看到公眾支持和歐洲凝聚力在她眼前瓦解，她禁不起讓這種事再折騰。

即使如此，對難民的敵意在很大程度上仍是隱藏的，有一件事讓醞釀中的恨意浮出台面。二〇一五年的跨年夜在科隆發生大規模的集體性侵事件，改變了一切。事件發生後的頭幾天，媒體對這起暴力騷亂只有零星的報導。事實上，根據警方在元旦發布的新聞稿，當天的氣氛仍是「興高采烈的」，而慶祝活動「基本上是和平的」。10 然而，在同一天，臉書各群組開始出現科隆中央火車站及車站周邊發生性侵案的貼文。到了一月四日，警方改變態度，科隆警察局局長阿貝斯（Wolfgang Albers）宣布，科隆發生「全然不同以往的大規模」犯罪[11]，嫌犯似乎是阿拉伯人或北非人。這起集體暴亂成為全球各地的頭條新聞，《畫報》警告，「德國各地到處有性侵犯流竄」。[12]同時間，報案跨年夜發生暴力事件的數量不斷上升。第一天，警方接到三十起報案。到最後，共有四百九十二名女性報案說受暴力侵害，其中包括被性騷擾、被毆打和強暴。[13]科隆立即風聲鶴唳，談論那是「我們的婦女」以及保護她們的必要性。

為什麼新聞只做零星報導？幾年後，在柏林舉辦的一次新聞研討會上，一位資深記者承認：「我們報導難民問題的速度太慢、太謹慎了，當然，那是一開始，但這加劇了不信任。[14]確實如此。正如一位與會人士所說，這種自由主義的畏縮並非只對那次事件或僅在德國才有。不僅媒體如此，警方和市政府也不想多管閒事。當時在歐洲還出現其他案例，就如在英國北部小鎮羅瑟勒姆（Rotherham）也有類似情況。據消息透露，多年來（從一九八〇年代末到二〇〇〇年代初）羅瑟勒姆一直有穆斯林男性組成集團以權力誘姦當地貧苦弱勢的白人女童。即使後來被《泰晤士報》報導出來，當地警方也沒有採取行動。官方報告令人震驚，透露出一種不透明、無能、性別歧視和不想招惹少數民族議題的心態，導致這些惡行多年來一直遭到忽視。

一九七〇年代和八〇年代，德國曾認為已經找到解決極右翼可能捲土重來的方法了：給予發聲權利，但確保聲音待在受人尊敬的那一邊。那個時代右翼最重要的政治家是施特勞斯（Franz Josef Strauss），他作為艾德諾的國防部長，是北約堅定的支持者，是對蘇聯執行緩和政策的倡導者。作為巴伐利亞邦的財政部長及後來的邦總理，他支持德國工業的發展。如此強大的政治人物，以致柯爾總理將他視為長期的威脅。施特勞斯是大右派，他為此感到自豪。他自認是愛國者，讚揚軍隊在第二次世界大戰中的角色（有別於納粹及特定部隊），認為對過去做內省實在是浪費時間。在他一九八八年的葬禮上來了多位政治家，其中一位是擁護種族隔離制度的南非總統波塔（P. W. Botha）。綠黨拒絕前往弔唁，社民黨悄悄去了。施特勞斯和他的巴伐利亞基督教社會聯盟（CSU，基社盟）是代表公共輿論的強大團體，在政黨政治上扮演關鍵作用。它也許不符合每個人的口味，但言行在可接受的範圍內，並沒有挑戰憲法。但除此之外，右翼仍有危險。「任何合法政黨都不能站在基社盟的右邊。」[15] 施特勞斯警告說。

有好一陣子他都是對的，直到德國另類選擇黨的出現。

「德國另類選擇黨」（AfD）起源於學術界。二〇一二年九月，一群經濟學家、前政治家和其他支持者成立了選舉選擇黨（Wahlalternative），這個組織反對希臘紓困計畫。他們認為，歐元區從本質上就是不穩定的，但這個架構卻把南方弱小又不勤勞的國家綁在他們不適合的結構裡，而德國和其他「負責任」又「勤勞」的國家則被迫收拾殘局。一些早期成員搞了一些恢復原來貨幣的想法，他們喜歡德國馬克。這個組織的頭號公眾人物是漢堡大學的經濟學家盧克（Bernd Lucke），但他們的討論幾乎沒有進入主流政治，只被歸類為想法另類的邊緣人物。

六個月後，他們改名並成立完全成熟的政黨。盧克被佩崔（Frauke Petry）取代，她是來自德勒斯登的女企業家，也是受過訓練的化學家。他們高唱歐洲懷疑論（Euroscepticism，又稱反歐盟主義），也開始獲得公眾的關注和歡迎，至少在小眾群體是這樣的。它的第一個突破點出現在二〇一四年的歐洲選舉，也正是在同一場選舉，法拉奇（Nigel Farage）的英國獨立黨在英國獲得了最高票，震驚政壇。其他右翼團體在其他國家也有良好表現。幾個月內，德國另類選擇黨輕鬆跨過五%的當選門檻，進入薩克森邦、圖林根邦和勃蘭登堡邦等東部三邦的議會。然而，當他們剛一拿到政治位置，這個黨就立刻陷入分裂，各個領導人分別脫黨另組其他團體。

難民危機使這個黨免於被遺忘並造就它今日的局面。它勾畫了一套說詞：政府並不聆聽「勤勞白人鄉親」的想法，它讓左派自由主義的學術團體捲進這場巨大的掩蓋行動，認為主流媒體不值得信任。它不是單獨運作的，美國總統川普使這種觀點合法化，他們被英國脫歐的擁護者利用；更有歐洲各國的民粹主義政黨互相呼應，如法國的國民陣線（Front National，後改名為國民聯盟）、荷蘭下議會議員懷爾德斯（Geert Wilders）創立的自由黨（PVV），都在二〇〇〇年代和二〇一〇年代初期吸收到力量。然而德國相信，因為他們從戰爭中吸取一切教訓，德國人不會受到這種極端且簡化的論述影響。

然而，在難民抵達後的幾個月內，另類選擇黨在地區選舉獲得突破，在富裕的巴登–符騰堡邦獲得十五%的票數，在萊茵蘭–普法爾茨州獲得十二%的票數，這兩個州都位於德國西部。而在德國東部的薩克森–安哈爾特邦，它的得票數更驚人，拿到四分之一選票支持，是得票數第二高的政黨。忽然之間，德國另類選擇黨成為政治界無可忽視的存在。

但這僅是開始。二〇一七年九月的大選引發一場政治地震。梅克爾的基民盟贏了，就這樣。她的四連勝本應成為頭條新聞，但並沒有。一切都因為另類選擇黨的驚人成功而讓選舉獲勝相形失色，另類選擇黨在全國獲得十二%的選票，當選九十四名議員，席次超過綠黨或自民黨。正當梅克爾被迫必須與老大不情願的社民黨另組聯合大政府時，另類選擇黨成為最大的反對黨。這是非同尋常的時刻，大多數德國人認為這不會、不可能也永遠不會發生，但當它真的發生時，就對政治制度和德國自信心構成直接威脅。

另類選擇黨受歡迎的程度一點也未減弱，人們把它當投射，只要自己想要什麼，就會把欲望投射到這個抗議黨派上。它變成Sammelbecken，「集水槽」或收集碗，收集一連串的不滿，這些不滿部分是經濟方面的，但更多的是關於身分認同的。極右翼在德東走紅是一回事，在德西也有如此強勁的表現又如何解釋呢？另類選擇黨吸引了來自各方的選民——有基民盟、社民黨、左翼黨（Die Linke），甚至是綠黨。它成為那些已經放棄投票的人的天然停靠港，另類選擇黨的選民概況是：德國東部小鎮上的老人、留下來的人，但這只呈現部分真相。令人吃驚地，他們最近取得的成功是拿到二十五歲到三十五歲這一年齡層的支持。這些出現在德東年輕一代的支持者多半在工業界擁有相對高薪的工作，或擔任大學講師這樣較穩固的職業。他們就像在執行遲來的報復，重新體會父母在一九九〇年代初期動盪時所受的創傷（儘管他們沒有經歷過），他們的父母在一九九〇年代的動盪期間失去了工作和地方歸屬感，他們懷念東德，即使他們對東德幾乎沒有記憶。他們保守且規避風險，將全球化視為壓力增加的原因。

另類選擇黨發現自己正處於良性循環中。它在議會贏得的席次越多，拿到的國家資助就越多；它在電視出現的時間越長，獲得的選票就越多。二〇一七年十月，它讓大家見識到高蘭德（Alexander Gauland）和懷德（Alice Weidel）的世界，這兩人可謂奇怪的組合，連袂擔任黨的領導人。一個厭惡「另類生活方式」的政黨怎麼可能會選出懷德當黨主席？她作為經濟學家海耶克（Friedrich Hayek）的信徒，在中國銀行上班，派駐到世界各地，能說一口流利的中文。她與川普的前首席策略長班農（Steve Bannon）齊名，因為這兩人可能是地球上立場最右的前高盛銀行家了。更有趣的是，她有個女同性伴侶，兩人住在瑞士，一起撫養兩個男孩，而她的同性伴侶是三十六歲的斯里蘭卡裔瑞士籍電影製片。是什麼讓她與黨員多是老白男，宗旨在捍衛傳統家庭理念的黨派綁在一起，也許共同處是他們都討厭外國人——除了她的伴侶和在她家幫傭的敘利亞難民，根據《時代周報》的報導，他們非法雇用一名管家。而高齡八十多歲的高蘭德之前是記者，是公開的親英派，他認為在所有對英國有影響的人中，柴契爾夫人對英國的傷害最大，因為她引進多元文化主義和全球化，摧毀了良好的英國傳統價值。二〇一八年夏天，在一次對黨團青年幹部的演講中，他淡化希特勒罪行的重要性，他表示：「我們有一段光榮的歷史，親愛的朋友，那段歷史比那段該死的十二年還要長。」然後將納粹統治描述為「只是德國千年輝煌歷史中的一顆雞屎。」[16]

另類選擇黨唱誦極右翼觀點，但就算連續被告上法院，取締該黨或限制黨團活動的種種行為都被判失敗。二〇一九年二月，德國國內情報機構、聯邦憲法保衛局（BfV，簡稱憲保局）想將另類選擇黨歸入「待調查案件」（偵字案），但地方法院駁回了憲保局的企圖。在對法律的準確解釋上，另類選擇黨努力讓自己待在正確的一邊。它與那些右翼的街頭組織關係密切，但聲稱沒有正式關係。其中最重要的是它與佩吉達（Pegida）的關係，Pegida的全名是Patriotic Europeans Against the Islamisation of the Occident，意思是「抵制西方伊斯蘭化的歐洲愛國者」。這個團體是由公關專家巴赫曼（Lutz Bachmann）②創立的，他邀請德勒斯登的居民與他一起「傍晚散步」。每星期一他們都會聚集在修復後的聖母教堂或附近舊市場外的城市地標「走路」。幾週內他們開始吸引上萬人，到了二〇一五年底，佩吉達在萊比錫和德勒斯登吸引了二萬五千人。他們最喜歡的口號是「伊斯蘭教不屬於德國」，[17]或「打倒來避難的遊客」。[18]有時他們大喊：「難民應該被淹死。」19因此引起其他團體對它的反示威行動，導致小規模衝突，經常需要警察分開兩個團體。一些市民則更加低調表達他們的不滿，每當佩吉達遊行經過時，德勒斯登森伯歌劇院的負責人都會把歌劇院的燈光關掉以示抗議。德國東邊城鎮（西邊也有）的街頭衝突變得更加頻繁，極右翼團體興起一個叫「我家後院沒有難民營」的運動，鼓勵百姓報告他們所住城鎮中新移民中心的位置。Google被迫把他們發布的地圖從「我的地圖」服務中刪除了，因為這些團體把難民庇護中心的位置精確地用紅旗標在地圖上，被視為攻擊的公開邀請。

當地的警察，尤其是德東的警察，最初似乎不願管這種恐怖行動。報紙猜測另類選擇黨也許已滲透到警察中了。有一些案子只好讓指揮官從其他地區調人來支援。據德國內部情報指出，德國有二萬四千人是極右翼極端份子，裡面一半願意使用武力。電視紀錄片做了一項民意調查，發現五十%的市政府官員收過仇恨信件或其他威脅，大約有八%的直轄城市報告地方官員曾遭人攻擊。20

移民湧入的一個月內威脅和暴力就開始了。科隆市長候選人芮克（Henriette Reker）在參加競選活動時頸部遭人刺傷。她是副市長，雖然與社民黨結盟但她是獨立候選人，

②譯註：巴赫曼出身工人階級，有竊盜、詐欺、毒品犯罪等多項前科，為逃避刑責逃亡到南非，在開普敦夜店當保鑣，覺得身為白人卻要為黑人開車門深感恥辱，回國後開了一家為夜店服務的公關公司，因為討厭伊斯蘭，在臉書散發種族仇恨言論，號召反移民遊行，沒想到多人響應，臉書社團變成Pegida。

在她副市長的職責範圍內負責的就是科隆的難民居住安頓，她曾公開表示強烈支持難民移入的立場。襲擊她的是失業的房屋油漆工，與右翼有聯繫，在襲擊她時大喊「難民湧入」。第二天，芮克在所有主流政黨支持下當選市長，這是一場動人的團結秀，儘管她已經陷入昏迷。一個月後芮克的身體才恢復才能接手市長工作，襲擊者被判入獄十四年，審判時芮克出庭作證說她仍然做噩夢。

受襲擊的目標並不只限於中間左派的人，兩年後，隸屬保守黨基民盟的阿特納市（Altena）市長霍爾斯坦（Andreas Hollstein）在一家烤肉店被人刺傷頸部。阿特納市是北萊－威斯特法倫邦的小城，霍爾斯坦做過最出名的事是他接受超過指定配額的移民。由於兩名員工反應快速，霍爾斯坦倖免於難。之後他重返工作崗位但拒絕接受警方保護，他說：「如果連地方從政者都無法再接觸他代表的鄉親，從政就一點意義也沒有了。」[21]在小城鎮和農村地區做事的政治人物被認為特別危險，二〇一九年六月，這條可怕的線被跨越了。黑森邦的行政官員呂貝克（Walter Lübcke）被人發現頭部中彈身亡，就死在他位於卡塞爾村自家門口的前廊上。呂貝克一直在捍衛移民，有一次告訴聽眾，如果人們不想幫助難民融入社會，他們可以自由離開德國。這起殺戮震驚全國，在卡塞爾舉行集會，標語是「我們團結一致」。議會召開特別會議討論右翼暴力，注意到它現在至少與好戰的伊斯蘭恐怖主義一樣具有威脅性。國內情報的負責人哈登旺（Thomas Haldenwang）將大部分責任歸咎於網絡言論。「一個捍衛建設難民營的人在社交媒體上遭到大規模攻擊，被惡意留言洗版，最後在他的花園遭處決。」22他說。

即使官方對右翼極端份子的仇恨犯罪提高警覺，但這並沒有阻止威脅和攻擊。科隆市長瑞克透露，即使在呂貝克被謀殺後，她收到比以往更多的死亡威脅。另類選擇黨謹慎地與恐怖攻擊劃清界線，指責主流政權和媒體利用這些事件詆毀它——且把事情推到一開始，另類選擇黨對外發布的新聞稿指出，「如果梅克爾總理沒有非法開放邊境，那麼呂貝克就還活著。」23這場殺戮將注意力集中在基民盟的右翼份子，一些高級政客，包括那些想爭奪黨主席職位的人，在過去幾個月他們也一直用民粹主義式的言語來描述難民問題，而今迅速回頭。其中之一是克蘭普－卡倫鮑爾（Annegret Kramp-Karrenbauer，人稱AKK），為了與梅克爾保持距離，她將自己塑造成說話強硬、反對政治正確的候選人。但她現在明確表示，在她的選區再也不可能與另類選擇黨進行任何關於選舉協議的討論，任何有過一丁點念頭、想過或許可以和另類選擇黨合作聯合執政的政客「都應該閉上眼睛，想想呂貝克」。24

另類選擇黨擅長用煽動性語言，披著受害者的外衣。在科隆襲擊事件後一年，那年過年，北萊茵－威斯特法倫州的警察用阿拉伯語發布新年問候，另類選擇黨的重要人物馮斯托奇（Beatrix von Storch）回應說：「這個國家到底出了什麼問題？我們是在安撫野蠻的穆斯林強姦犯嗎？」25另類選擇黨掌控著YouTube聲量，他們的訂閱數比其他政黨全部的訂閱數加起來還高；他們也掌握Facebook流量，「從一開始我們就鎖定

Facebook，」另類選擇黨發言人呂特（Christian Lüth）在接受慕尼黑工業大學做分析調查時這樣說：「臉書提供了更快、更直接和更具成本效益的途徑讓我們接觸選民。」26他們主要在自己的世界運作，聲稱已經打開一條「意見走廊」，可以在其中討論有關身分、文化和移民的問題，而無需來自「覺醒人士」（woke brigade）儀式性的譴責。他們講輿論獨裁，口頭禪是主流媒體並不代表「真實的人」，廣播電視和報紙等媒體早被自由派菁英以黑暗勢力控制。

在萊比錫一個安靜的週日晚上，我路過中德廣播公司（MDR）的總部，中德廣播公司是地方廣播電台，播送區域包括薩克森邦、薩克森－安哈爾特邦和圖林根邦。那時我正和一位當地政治人物在一起，她的立場沒有直接認同另類選擇黨，但在某些地方與他們有相同的觀點。我們經過電台時，她喊道：「Lügenpresse！」──「說謊的媒體」。「說謊媒體」是一九一四年創造的詞，目的在破除敵人宣傳。納粹用它來罵猶太人、共產主義者和其他傳播假消息的國際化外國勢力。到了二〇一六年，這個詞被佩吉達復活。我問她中德廣播公司有什麼問題，她斷言，他們從未說出「我們的女人」被強姦和毆打的真相。他們一直發布fake news，「假新聞」（德國人沒有自己的術語說假新聞，所以這個詞延用英語）。我問，哪些特定的新聞被掩蓋、沒有被報導？當然在這個全民新聞的時代應該很難將犯罪完全保密吧？對於我每一次溫柔的刺激，她只是聳了聳肩，並沒有詳細說明，「一直都是這樣的。」

川普效應增強了德國另類右翼（alt-right）的自信。他們可以看到，如果連像川普這樣的觀點都可以在「自由之地」盛行，那麼為什麼在德國不行呢？他讓某些德國人的言論合法化，而僅僅在幾年前，這些言論還被認為是完全不能接受的。與此同時，川普的成功，以及匈牙利總理歐爾班和義大利副總理薩爾維尼（Matteo Salvini）等人的成功引起了主流政客和媒體老闆的關注。在德國真正引起共鳴的眾多事件中，最令人震驚的是川普對二〇一七年夏洛茨維爾（Charlottesville）暴力事件的回應。當川普在記者會拒絕與一直高喊「猶太人不會取代我們」的白人至上主義者保持距離時，名義上仍要維持公正的德國公共媒體努力掩飾它的震驚。德國電視二台ZDF當家新聞節目《今日新聞》（Heute Journal）的主持人克勒貝爾（Claus Kleber）宣稱：「有個新理由讓我們擔心美國的狀況，在第一位黑人總統當選八年後，我們認為美國已經克服了奴隸制度和種族主義的原罪。這是舊病復發嗎？」27

與其他國家一樣，德國的商界領袖喜歡低調。願意發聲的少數人中有一位是西門子公司的執行長凱瑟（Joe Kaeser）。當另類選擇黨的懷德以貶低的言詞稱德國穆斯林婦女為「頭巾女孩」時，凱瑟回應道：「我們寧願有頭巾女孩也不願意有『德國少女聯盟』。」28 德國少女聯盟（League of German Girls）指的是納粹女青年團，「懷德夫人正拿她的民族主義損害我們國家在世上的聲譽，而此正是德國之所以繁榮的主要原因。」他補充說：「也許是時候該把事情扼殺在萌芽期了。」凱瑟的伯父因為拒絕加入希特勒青年團，被送往達浩，後來在奧地利的毛圖森集中營被殺，凱瑟鼓勵其他在DAX證券交易所上市的大公司負責人應該更努力反對右翼民粹主義，但迄今為止幾乎找不到支持者。在他柏林的辦公室，我問他為什麼敢做出頭鳥，他非常坦率和務實。「對於所有公司而言，價值觀和利益間往往存在衝突。現在這種情形是兩者關係的獨特情況。在必須考慮客戶、員工和股東之前，出現了第四個考慮因素：社會。」

西門子作為世上最大的機電公司之一，是德國的產業龍頭，市值達一千億歐元，業務遍及各大洲，照理應該會打安全牌。但他們沒有。凱瑟和他的英國分公司執行長邁爾（Jürgen Maier）一開始就出來公開批評英國脫歐，邁爾有一半的奧地利血統，一半的英國約克郡血統。要做公開批評，也許對西門子來說也許還比較容易，因為他們的營業內容主要是企業對企業（也就是B to B），如果遇到意見不同的客戶，西門子比起一般汽車製造商更不容易失去客戶。但就如我之後注意到的環保紀錄，西門子也不是什麼天使，或說沒有跨國公司是天使。但在看過大多數英國公司的懦弱以及他們對英國脫歐的反應後，我對這家公司感到佩服，至少在某些議題上，西門子有一種不怕說出自己想法的企業文化。凱瑟喜歡在推特發文，二〇一九年七月，他回應川普對「四人幫」（the Squad）的「滾回祖國」貼文，「四人幫」指得是美國國會發言砲火猛烈的四名左派女議員③，他們掀起的旋風席捲華盛頓。凱瑟對此寫道：「我感到沮喪的是，世界上最重要的政治職位變成了種族主義和排外的代名詞。」**29**。他這篇推文非常受人歡迎。

德國移民的大部分苦難在西方都很常見——支持的政客不是被謀殺就是企圖謀殺未遂，想想英國約克郡的考克斯（Jo Cox）④和亞利桑納州的吉福茲（Gabby Giffords）⑤。在兩個意見會自我不斷強化的同溫層間，人們集體怯懦不敢把話說出來，社交媒體淪為煽動極端主義的角色，民眾隨之分裂。雖然這件事特別敏感，對於處在高度動盪環境的德國人還是分得清楚什麼是非法的，什麼是令人反感討厭但仍是合法的。德國人承認言論自由是重要權利，並盡最大努力鼓勵它，即使是在捏著鼻子的時候。

狄喜（Roland Tichy）是支持右翼的談話節目主持人，他取笑那些自由派的菁英，質疑他們為什麼無法理解別人以德國為榮的心態。他顯赫的職業生涯包括曾擔任《經濟周刊》的編輯，做過戴姆勒等公司的顧問，也為政府提供諮詢。他是哈耶克基金會和朝聖山學社等智庫的最愛，每週會在他成立的網站主持《狄喜觀點秀》，節目聚集一群志同

③ 譯註：「四人幫」（the Squad）指的是民主黨的四位議員，分別是奧卡西奧－科爾特斯（Alexandria Ocasio-Cortez，波多黎哥裔）、歐瑪（Ilhan Omar，索馬利亞裔）、特來布（Rashida Tlaib，巴基斯坦裔）、普雷斯利（Ayanna Pressley，非洲裔），她們都是年輕女性，且強烈反對川普反移民的政策，被川普在推特點名要她們「滾回祖國」，但他們除了歐瑪是難民移民外，其他都是土生土長的美國人。

④ 譯註：考克斯（Jo Cox），英國工黨議員，因為支持留歐與接納敘利亞難民，在競選時遭一名白人男子槍擊刀刺而亡，據報導男子行刺時喊著「英國優先」。

⑤ 譯註：吉福茲（Gabby Giffords），美國眾議院議員，二〇一一年在亞利桑納州土桑市舉行見面會時，遭暴徒槍擊頭部，吉福茲倒地後，槍手再掃射周圍群眾，造成六死、十三傷。

道合的評論員。還有《西賽羅》週刊，它的風格反傳統，評論偏向保守派，自二〇〇四年創刊以來，發行量不到十萬份。這本雜誌最喜歡訪問的對象是政治人物薩拉辛（Thilo Sarrazin）。每個人對薩拉辛都有自己的看法，請想像班農和派特森（Jordan Peterson）⑥兩人之間的德國交集。他以「保守派首席辯論家」的形象出現，對於堅定的主流建制派來說不太可能是一種進步。薩拉辛擔任柏林財政委員七年，在此之前他曾在多個部會和德國鐵路公司擔任公務員，因為涉及圖利某高爾夫俱樂部，遭指控詐欺，不得不辭職。他曾短暫擔任德國央行的高級主管，也是社民黨的成員。他的第一部巨著《德國自取滅亡》（*Germany Abolished Itself*）轟動一時，但評論兩極。他抨擊伊斯蘭和多元文化主義，語調一如今日大家熟知的譴責論述，但這本書發表於二〇一〇年，比另類選擇黨的崛起或川普和全球另類右翼的出現還要早很多。這本書進行對人種智力的討論，他在書中寫道：「所有猶太人都有一個特定的基因。」然後他被趕出德國央行，尷尬的社民黨一再想開除他，但都沒有成功，這顯然是因為莫名其妙的黨章規定。他的第二本書《惡意取代：伊斯蘭如何損害進步和威脅社會》（*Hostile Takeover: How Islam Impairs Progress and Threatens Society*）遵循了類似的遺傳學論點。

　　薩拉辛是這股歐洲乃至全球潮流的一部分，早在難民危機之前就開始了。同類書籍中最具影響力的一本於二〇一二年出版。法國作家加繆（Renaud Camus）寫了《大替代》（*The Great Replacement*）一書，內容闡釋全球化和人口自由流動已危及歐洲白人，加謬指責政府「用替代進行種族滅絕」。這種本土主義陰謀論從此成為右翼圈子的主流。二〇一九年九月，匈牙利總理歐爾班在布達佩斯主辦「人口統計峰會」（demography summit），捷克總理、塞爾維亞總統和澳洲前總理艾伯特（Tony Abbott）等人都出席會議。

然而梅克爾不像其他領導人，她竭盡全力地希望能在政治主流和邊緣論述間建立一道防線。二〇二〇年初上演兩齣大戲，一場在她自己的國家，一場在英國，說明了她的立場有多重要，卻也多麼困難。

在英國，首相強生的首席顧問卡明斯（Dominic Cummings）在他的部落格貼了一篇徵才文章，他的部落格向來色彩繽紛，經常攻訐那些主流建制派是「憨憨」（blob，笨蛋的貶義詞），就像那些公務員、英國廣播公司（BBC）和其他笨蛋機構——如今他貼文尋找「怪咖與格格不入的異類」加入政府，最好是聰明的專精數據的科學家，薩比斯基（Andrew Sabisky）就是這樣的一個人。在二〇一四年的一篇貼文中，薩比斯基建議政客在設計移民制度時應注意「在種族中存在非常真實的智力差異」[30]；那年出現了一項研究表示，黑人的平均智商低於白人。在另一篇文章中，薩比斯基認為，應該鼓勵那

⑥譯註：派特森（Jordan Peterson），加拿大多倫多大學心理學教授，最具爭議的是高調反對Bill C16法案，此法要求跨性別平等、禁止對各種性別認同的仇恨歧視。他批判這種「政治正確」的法案違反言論自由，且會帶來矯枉過正的不良影響，在YouTube上雄辯滔滔的形象立刻爆紅。

些申請社會福利金的人比人格上能夠「有利社會」（pro-social）的人少生一點。唐寧街頑強地為這一任命辯護。薩比斯基被迫下台，但他的下台對於強生身邊的人和一些媒體來說也只是另一場政治鬥爭。想像一下如果換到德國，是否會允許有一丁點這種觀念的人接近權力？這種事放諸四海都會引起軒然大波，尤其是喜歡把國家搞得妖魔横行的英國人。

大約在同一時間，德東圖林根邦的一場爭吵引發了極大的全國性爭論，讓大家焦慮地討論德國政治的健康狀況。細節很複雜，內幕重重，所以總結一下：幾個月前，另類選擇黨在德東三個地區選得很成功。圖林根邦原來是由左翼黨、社民黨和綠黨聯合執政，但選舉結果讓這樣的重演變得不可能。圖林根邦的另類選擇黨掌握在立場特別極端的霍克（Björn Höcke）手中，他很有名的事是，有一次上電視節目，有人把他的觀點與納粹的觀點拿來比較，氣得他當場不錄走人。面對當前局勢，霍克和他的議會同志想出一道計謀，支持一名中間自由派的候選人出來選邦總理，因為此人背後只有五%的席次，只要選上就不得不依賴他們，透過代理人，他們就能掌握權力。梅克爾的基民盟在圖林根的地方黨部竟與另類選擇黨合作一起讓這位傀儡當選，這激怒了梅克爾。基民盟主席克蘭普－卡倫鮑爾立刻趕往圖林根要求當地黨部主委改變主意，但地方黨部主委把主席打發走了，在公開場合不給她面子。為了這件事，全國各地都發生抗議活動，選民擔心圖林根邦發生的事只是星星之火。

梅克爾那時正在南非進行國是訪問，但她出現在鏡頭前，發表了一份簡潔明瞭的聲明。她說，圖林根邦的決定是「不可原諒的」，另一種翻譯方式是「沒有良知的」（unconscionable）。她在喚起德國人的良知。倒霉的克蘭普－卡倫鮑爾被迫宣布辭職，梅克爾是否繼任總理這個問題又重新開放討論。各地黨部的領導也紛紛下台。梅克爾一句話就拉下緊急剎車。過程中，她明確表示她會盡一切努力保持溫和的政治共識。她造成了短期的混亂，但她的結論是她別無選擇。

*

梅克爾開放邊界的決定永遠改變了德國。在這一點上，所有人都會同意。儘管她一直捍衛開放邊界的政策，但她終究還是改變了態度。歐盟於二〇一六年三月與土耳其達成協議，雖然協議內容複雜且脆弱，但它要求土耳其從希臘帶回一定數量未申請庇護、或申請庇護被拒絕的非法移民。而歐盟將接受與返回人數相當的敘利亞難民作為回報。此外，土耳其人將獲得前往申根地區的旅行免簽，也可加快土耳其加入歐盟的談判進程，此外歐盟將撥款六十億歐元給土耳其用於安置難民。這項協議已經反覆修改多次了。土耳其的獨裁領導人艾爾段（Recep Tayyip Erdoğan）知道他手上抓著鞭子可以予取於求。如果德國和歐洲沒有將問題轉到海外，它們將再次陷入困境。與此同時，之前倒霉的歐洲邊境與海岸警衛隊已補強，人員從成員國借調來的一千三百名軍官增加到一萬人的常備軍團，這是歐盟第一次終於能派遣穿著歐盟制服的武裝警衛在邊界巡邏了。還有一個領域似乎沒有得到解決，是遣散速度和效率，那些最後未能取得居留的人仍然滯留德國。

一提到多民族社會，人們立刻就會想到美國。然後是其他有長久帝國歷史的國家，如法國（殖民西非和馬格里布）和英國（殖民印度次大陸、東非和加勒比地區），這些國家形成強烈的多民族認同。德國沒有那種形象。但事實並非如此，德國成為多民族的社會發生在二〇一五年難民危機之前。現在，約有兩千萬德國人或多或少有移民背景，他們占德國人口的四分之一。其中只有十五％是尋求庇護的難民，其餘的都是普通移民；進入德國的移民大約有三分之二來自歐盟。與對英國脫歐的興致盎然不同，德國人對東歐裔的移民沒什麼特別的問題——只要他們付錢。而與土耳其裔的關係是最困難的。但這種事誰有資格評判呢？想想法國和阿爾及利亞吧！想想英國的疾風號世代遣返醜聞（Windrush scandal）⑦吧！

我和蘇古（Cihan Suegur）坐在祖文豪森保時捷總部的員工餐廳，那裡是斯圖加特北部的富裕郊區。蘇古是公司快速提拔的對象，是可以用來宣傳同化、成功與和諧的海報男孩。他在公司舉足輕重，屬於中央ＩＴ團隊。他之前曾為ＩＢＭ、德國鐵路和Olympus光學公司工作過，而且他才二十九歲。他的祖父是來自土耳其的煤礦工人，是一九五〇年代最早一代的移工（Gastarbeiter），他的家族還有部分血統來自喬治亞。蘇古年輕時就積極參與政治活動，當他還在學校念書時，就寫了一封公開信給政客和電視政論節目，抱怨政府不給土耳其裔－德國人雙重國籍（這點與其他國家政策不同）。他受邀參加德國電視二台的青年節目，他做了德國少數族裔年輕人很少做的事，加入中右翼的政黨。他應基民盟智庫、康拉德．艾德納基金會的邀請，成為青年代表團的一員訪問以色列。目前為止，表面上一派光明。正是在他創立基民盟穆斯林小組時，他察覺到情緒開始變化。基民盟約有一千名穆斯林成員，其中約有三十人加入他的小組。他邀請當地的政黨團體慶祝標誌齋戒期結束可享盛宴的開齋節。人們卻開始嘀咕，「他們正在接管這個黨。」我們都知道他們所說的「他們」指的是誰。

蘇古並沒有被嚇倒，他正在積累榮譽。他是世界經濟論壇的全球傑出青年領袖，建立了斯圖加特分部；他是巴登－符騰堡邦經濟委員會、人工智慧工作小組的成員，他還協助當地移民的基金會工作。蘇古是典型的移民第三代，已完全融入斯圖加特，這裡已經是家了（他無法想像生活在別的地方）。然而，他也和其他人一樣，質疑自己到底被人接受的程度。「融合得越好，衝突就越多。」他冷冷地對我說：「當你到達權力結

⑦ 譯註：一九四七年，英國以幫助二戰重建為名從加勒比海殖民地運來大批黑人，之後給予他們合法公民權，因為運送他們的船名為「疾風號」（Windrush），所以這批黑人稱為「疾風號世代」。但到了二〇一八年，英國移民政策緊縮，竟連這些早在英國落地生根的疾風號世代及其子孫也要驅離，錯誤遣返的案件至少有八十四起。

構的核心時，你就變成威脅。」他相信自己永遠不會成為biodeusch，「生物學上的德國人」——這個詞越來越流行了，被另類選擇黨的擁護者用來表示真正的德國人。相反地，就像足球名將厄齊爾（Mesut Özil）和其他超過一百萬德國人一樣，他知道他將永遠是「塑料德國人」，這是另一個右翼術語，表示一些做出來的假貨。二〇一八年，隸屬德國國家隊及英超兵工廠隊的中場球員厄齊爾發生了一些爭議。厄齊爾出生於德國，擁有土耳其血統，因為和土耳其總統艾爾段一起合照而受到媒體猛烈抨擊，那時正是在他在俱樂部和國家隊表現不佳的時候。「贏球的時候我是德國人，輸球的時候我就是移民。」31 他宣布從德國國家隊退役時，他在推特發文如此說。之後，厄齊爾為了故意挑釁批評他的人，他邀請艾爾段擔任他的伴郎，出席他一年後在博斯普魯斯海峽一家豪華酒店舉辦的婚禮。

德國的移民政策是基於融合的假設，甚至融合是一種要求。語言被視為同化的重要先決條件，上語言課是必須的，高中教師放棄週六上午休假來教課，給他們考試。德國人以精通英語和其他語言而自豪，但這種天賦（和頑強的決心）掩蓋了他們對母語的重視，認為語言是對身分的確認。一種溫和的反彈（如果不是矛盾的話）正在發生，使用英語被視為侵犯。最近，一個跨黨派的歐洲議會議員小組寫信給梅克爾，要求她堅持在歐盟各機構給予德語與英語、法語相同的地位。想爭取總理寶座的競爭者之一，衛生部長史班（Jens Spahn）對柏林餐廳幾乎無處不在的英語使用表示不滿：「柏林餐廳的服務員只說英語，這讓我很生氣。」「要想在德國共存，這情況只會發生在我們都使用德語的情況下。」[32]

這樣的政客正在努力界定德國，雖然有時顯得笨拙，但他們努力將對過去的贖罪和對未來的警惕調和成一種更加自信的民族自豪感。他們從德國歷史的早期階段歸納出某些心得：第一是Kulturnation，所謂「文化國度」，這一理論可以追溯到十七世紀哲學家萊布尼茲（Gottfried Leibniz），萊布尼茲認為，界定一個民族的方法不是經由邊界或其他國家標誌，而是透過文化。他說，語言「以一種強大但無形的方式將人們團結起來」。[33] 接著由席勒（Friedrich Schiller）等作家、哲學家將此主題進一步發展，定義出「日耳曼性」（Germanness）的概念，當時德國仍是城邦和公國的集合，卻在語言和文化上統一。二〇一五年，前國會議長、也是著名的東德社民黨政治家蒂爾澤（Wolfgang Thierse）是這樣描述「文化國度」的：「這是一個美麗的偉大詞彙」[34]，但它已經被納粹玷污。

更有問題的是Leitkultur的概念，所謂「主導文化」，意思是任何想在德國生活的人都應該接受德國的價值觀和文化的主導。這並不排除多重身分，但德國文化必須是優先的。在某種程度上，這與在美國要入籍時必須宣誓效忠沒什麼不同。二〇一七年，時任內政部長的湯瑪斯・德邁齊爾（Thomas de Maizière）提出頗具爭議的「主導文化十點計畫」。內容包括必須毫無保留地接受德國的歷史罪責、接受她與以色列的特殊關係和歐洲統一的重要性，還加上文化多樣性、人權和寬容等概念。表面看來，一副寬容有德的樣子。但當這個概念包裹在保守派所謂的「基督教－西方價值觀體系」（Christian-Occidental system）中時，它變得更加複雜。德國人和奧地利人就以這個體系為理由阻止土耳其加入歐盟——這個論點就是「他們不像我們」。

當我一開始在德國擔任記者時，那時是一九八〇年代中期，社會罕見地安靜無事，沒什麼新聞，那時候的我跑新聞很容易偷懶。我會在當地媒體搜索關於新納粹份子的訊息。不管如何，你總能搜尋到一些東西；波鴻或比勒費德地區的某一幫小混混高唱希特勒的歌曲，或是哪裡又與反納粹份子發生爭執。我寫新聞最喜歡寫這種東西了。如果哪天英國國內是沒什麼新聞的空窗日，它甚至會上頭版。但如果換作在英國當地、荷蘭或義大利的某個足球混混做同樣的事，這條新聞只會出現在不知哪裡的小角落，簡單一句話，它不會獲得同樣關注。地方上有時出現一個分裂的極右翼政黨，例如共和黨或國家民主黨（NDP），這會讓某人當選為鎮議會議員。若到他們的巔峰時期，這些團體甚至可能會越過五%的門檻在地方議會中獲得席次。但他們來得快，消失得也快。

這種來自遠方的反德國呼喊並沒有消失。二〇一九年底，中國異議藝術家艾未未宣布他將離開柏林前往劍橋。他列舉了很多原因，其中之一是粗魯，計程車司機特別兇。在這一點上，他沒有錯，柏林人以他們的粗魯為傲，經常把自己與紐約人相提並論。被服務生、店員或警察吼罵是不愉快的，但如果吼罵他人對他自己或對其他人有一絲絲安慰，德國人就會對每個人這樣做。但艾未未的批評遠不止於此，他說，德國因為害怕危害國家貿易利益，而沒有聲援香港批評中國。嗯，好吧，事實上的確如此，但其他西方國家也一樣。然後艾未未用了一個比喻作總結——他們是「打心眼裡的法西斯主義者」。他說：「德國是非常精確的社會，人民喜歡受壓迫的舒適。在中國也是如此，你也看到這一點。一旦習慣了，這種壓迫感就會非常愉快。你可以看到他們的效率、表演、他們的力量感透過集體意識狀態得到擴展。」他補充道：「他們雖然穿著不同的服裝：看起來不像他們在一九三〇年代穿的，但這套衣服仍然具有相同功能。他們認同對威權主義思想的崇拜。」當記者特別問及，他是否將今日德國與納粹時代作比較，他說：「法西斯主義會把某種意識形態認為高於其他的意識形態，並試圖透過摒棄其他意識形態來淨化他這種意識形態。這就是納粹主義，納粹主義在今日德國的日常生活完美存在。」35

那次發表在《衛報》的採訪引發新一輪焦慮，但這件事也帶有受傷的色彩。德國為這位藝術家鋪了紅地毯，他完全有權利搬去別處，但為什麼要做出這麼徹底的譴責呢？有必要嗎？看來德國人每天都不問自己這些問題的，他們非常清楚極端主義的威脅真實存在。過去五年的動盪讓德國人感到震驚，迫使他們意識到，一個他們曾迫切希望是能夠免受種族、宗教和民族仇恨死灰復燃的國家，但發現這裡其實與其他地方一樣容易受影響。過去二十、三十年不斷反省，但收穫了什麼？德國人不停地問自己：難道一切都是白費力氣嗎？

其中最大的焦慮是德國與在德國猶太裔的關係。二〇一九年十月，在萊比錫附近城市哈勒，一名槍手闖進猶太教堂，他想找猶太人最多的地方施暴。那時會眾正聚在一起慶祝贖罪日，是猶太歷制中最神聖的一天。但這名槍手無法闖進加密保固的門，因為心中沮喪，隨後就殺死了一名旁觀的路人和一位在烤肉店吃飯的男子，還有幾人受傷。這名恐怖份子是極右翼的同情者，還拍下自己的暴行並上傳到遊戲串流平台做直播。

其實許多德國人對德猶關係是很自豪的，因為他們的國家又重新被世界上的猶太人接受了。幾十年來，他們的猶太裔人口是西歐增長最快的，而柏林又成為重要的猶太裔中心。最近湧入的猶太裔主要來自以色列、前蘇聯共和國和其他讓猶太人感到威脅的國家。雖然人口數字仍然很小，只有十萬人多一點。但近年來隨著歐美民族民粹主義抬頭，德國各地的反猶騷擾、辱罵甚至人身攻擊事件增多。根據德國內政部的數據報告顯示，此類犯罪在二〇一八年上升了二〇%，十起案件中有九起都是為極右翼。慶幸的是，這些數字並不像其他國家，好比法國那樣高，讓人感到絲絲寒冷的寬慰。

二〇一八年，政府設立專門處理反猶太主義（anti-Semitism）事務的新單位。這是很好的舉措，但也很遺憾是必要的。到了次年五月，猶太事務專員克里恩（Felix Klein）在他第一個重要公開聲明中說：「在德國，我不建議猶太人隨時隨地穿戴猶太小帽

（kippah）。」[36]他解釋說，他覺得這樣做比之前更危險了，因為「越來越多的放任和傳送猶太訊息，無疑構成反猶太主義的致命溫床」。[37]他呼籲執法部門應該更加警惕。克萊恩以為自己在負責，相反地，他被指控迎合極端主義且羞辱受害者，但以上兩種狀況都不是他原來的本意。他的言論在國內外引起震撼，人們開始號召遊行抗議反猶太主義。八卦小報《畫報》順應時事刊出了剪貼過的骷髏帽，其他刊物開始大炒這條新聞，如《紐約時報》宣稱德國又回到最糟糕的時期，猶太人並不安全。

二〇一九年十二月，在奧許維茲集中營解放七十五週年前夕，梅克爾訪問奧許維茲。她在德國猶太人中央委員會主席的陪同下，別著Arbeit macht frei（工作讓你自由）的徽章穿過大門，然後靜默一分鐘。她說：牢記罪行「是永無止境的責任，它不可分割地屬於我們的國家。意識到這一責任是我們民族身分的一部分，是我們作為開明和自由社會的自我理解。」[38]

兩個月後，發生了迄今最嚴重的恐怖襲擊事件，暴徒目標是移民，尤其是穆斯林。在法蘭克福郊外哈瑙鎮，一名四十三歲男子向兩家水菸館開火，造成九人死亡。據調查，這名男子長期以來一直在網路發布「極度種族主義」的內容。對於這起恐怖事件，人們的反應是既悲痛又憤怒。《法蘭克福匯報》的文章反映了普遍的觀點，說：「國家機關……必須從現在起……整裝待發，因為居住在德國的移民和其他外國人正被死敵包圍。」[39]他可能是孤狼。政治人物和媒體都擺出絕不容忍的氣氛，並敦促警察和安全部隊重新調整優先事項，但對右翼極端主義的指責卻小聲許多。即使在梅克爾掌權的最後幾個月，她仍然有能力抓住氛圍。在哈瑙槍擊事件後，她宣稱：種族主義是一種毒藥。她知道光靠言語是不夠的，她命令警備部隊徹底改革他們的方法。「來自右翼極端主義、反猶太主義和種族主義的安全威脅非常高。」內政部長傑霍夫（Horst Seehofer）這樣說，在地方首長同意加強安全，防止模仿恐怖主義的事件再次發生後，傑霍夫表示，右翼極端主義構成了「德國面臨的最大安全威脅」。40

世界各地民粹主義及民族主義者激增，加上另類選擇黨就在自家門口，這讓德國人質疑民主的持久性，尤其是他們自己的民主。研討會又開始討論了，討論一九三〇年代是否會回歸。有一種思想論述又重新流行起來：Sonderweg，「德國的特殊道路」。德國朋友問，他們的國家是否特別容易走向醜陋和危險的政治，他們曾希望這種政治已永遠摒棄。這樣的警惕是非常重要的，但沒有證據支持這種趨勢在德國更明顯。過去幾年極端主義的激增是全球性的趨勢，就連被認為是自由民主典範的北歐國家也出現了自己的極端主義版本。歷史背景使德國與眾不同，但正是這種背景讓人產生希望，因為與其他把民粹主義排入議程的自由民主國家不同，德國會承受住這個沒有寬容的時代。

4

不再是孩子

民粹主義時代的外交政策

No Longer a Child

Foreign policy in an age of populism

柏林政論圈是書呆子的家，他們彼此互相認識，不是在美國華盛頓環城公路內有過交流，就是在英國西敏村結交為友，這些碩學鴻儒都在討論同一件事——德國在外交政策上，什麼時候才會開始表現得像個大國？政治學家稱德國為「不情願的霸主」和「新的平民力量」。[1]或者正如美國前國務卿季辛吉所說的：「德國對歐洲來說太大了，對世界而言卻又太小了。」[2]

自戰爭結束以來，德國人總能依靠他人。他們將國防安全發包給其他人——美國人、北約和後來的歐盟。德國則扮演忠實的後援角色，傳遞情報，協助執行人道任務，並在關鍵的投票行動與盟友站在一起。但他們不必把手弄髒，德國是受保護的孩子。

兩德統一改變期待。西方盟軍開始慢慢撤退，最後一批英國特遣隊在二〇一九年才離開；俄羅斯人幾乎立即就走了。擴大後的德國獲得新的地位，隨之而來的是更高的要求。後冷戰時代的第一次軍事介入是沙漠風暴行動（Operation Desert Storm），這是由美國領導的「自願聯盟」（coalition of the willing）於一九九〇年發起的行動，目的是將海珊趕出科威特。當時大約有三十五個國家聯合起來力挺老布希——這種團結的展現是布希的兒子在十年後做不到的事。當時的德國總理柯爾連勸都不用勸，就承諾提供軍事物資和數十億美元的財務支持，也沒有改變憲法（或說，政治家對憲法的解釋沒有改變），德國並不算直接參與軍事行動。

一九九二年，在蘇聯解體和歐洲共產主義崩潰的幾個月後，法蘭西斯・福山

（Francis Fukuyama）在《歷史終結與最後一人》（*The End of History and the Last Man*）一書中概括了那個時代與德國的困境，宣告自由民主的優勢。借用黑格爾和馬克思的話，他認為人類已經取得新的進步，換句話說：西方贏了。柯林頓和布萊爾將此概念發展成更加自信的外交政策：自由干預主義（liberal interventionism）。無論何地出現壓迫，西方都有責任在必要時使用武力介入，將人權和民主的價值觀植入當地。

但對德國來說，科索沃戰爭來得不是時候。柯爾在主導政權十六年後被迫下台，社民黨以新面孔重新掌權。施洛德在聯邦議院任職僅數年，沒有外交政策的背景。但在一九九八年十月，他才上任數週就面臨極其艱鉅的挑戰。塞爾維亞人在巴爾幹地區進行種族清洗，震驚輿論界。塞爾維亞在入侵波士尼亞期間各國都拒絕採取行動，居然連雪布尼查大屠殺（Serbrenica massacre）①這種時候都按兵不動；之後盧安達發生種族滅絕事件（Rwandan genocide）②，就算法國和比利時在當地派駐大批軍力也無作用——引得國際輿論譁然，皆曰可恥。

來自柯林頓和布萊爾的壓力很大，但出乎他們意料的是，施洛德和他的部長欣然同

---

①譯註：背景遠因是南斯拉夫聯邦在解體的過程中，境內波士尼亞與赫賽哥維納（波赫）先於一九九一年宣布獨立，但其境內組成種族複雜，宗教各異，其中克羅埃西亞人和波士尼亞人支持獨立，但塞爾維亞人反對，雙方爆發戰爭（史稱波赫戰爭）。一九九五年，塞族軍隊攻入被聯合國設為安全區的雪布尼查，聯合國派駐當地負責維安的荷蘭軍隊毫無作為，眼睜睜地看著塞族殘酷虐殺當地男女老幼八千人，殘殺行徑是二戰之後最殘酷不人道的種族滅絕事件。

意加入北約對南斯拉夫的行動。這是德國自二戰以來首次派兵參戰——而且沒有通過聯合國安理會決議。北約執行了三萬八千次戰鬥任務（包括一次誤炸中國駐貝爾格勒大使館），德國派了十四架龍捲風戰鬥機參加任務。施洛德在二〇〇六年出版的回憶錄中寫道：「也許這是歷史的一個把戲，紅綠聯盟必須執政才能讓德國履行責任。③」[3]或許這是另一個「尼克森在中國」的案例？如果說美國需要一個共和黨人才能實現與毛主席的關係正常化，那麼也許德國需要兩個反軍國主義的政黨才能將軍隊投入前線行動。」一九九四年，憲法法院對武裝干涉原則進行檢視，規定德國雖能參與多邊任務，但前提是要獲得議會支持。批准的關鍵人物是紅綠聯盟的外交部長費雪（Joschka Fischer），他不得不用最高道德標準辯駁：「不會再有奧許維茲集中營，不會再有種族滅絕，不會再有法西斯主義，凡是有這些事都算在我頭上好了。」[4]他慷慨激昂地向聯邦議院宣稱。這就是綠黨，以和平運動為手段的政黨。塞爾維亞總統米洛塞維奇（Slobodan Milošević）於一九九九年六月撤軍後，聯合國選中德國將軍領導北約維和部隊「柯索沃軍」（KFOR）。德國參與這次行動得到盟友的讚揚，紛紛表示，這是外交和安全政策新階段的開始。

兩年後，施洛德面臨著同樣尖銳的困境。在九一一恐怖襲擊發生後，施洛德對小布希表達了「無限聲援」之意。[5]美國援引了北約創始條約第五條——對一個成員國發動攻擊應視為對所有成員國發動攻擊。總理決定德國應該表現出支持態度，但他知道議會很難達到同意多數。二〇〇一年十月，以美國為首的聯軍入侵阿富汗，施洛德決定將支持行動化為政府對此行動的信任投票。這是冒險的策略，但他成功了。在與阿富汗長達二十年的衝突中，德軍始終在場。有五十多名士兵被殺，與美國和英國傷亡總數相比，是很小部分；德國軍隊在阿富汗較平靜的北部開展活動，但對於堅決反戰的一代人來說，參戰仍是嚴酷的現實。施洛德在二〇〇九年寫道：「我經常被問到，我是否相信德國士兵在阿富汗的部署是合理和成功的？」他回憶起二〇〇二年參觀喀布爾一所新學校的情景，學生們正在做我們認為理所當然的事情：上學和學習。我們很多人都忘記了，這正是塔利班多年來不准這些年輕女孩做的事。它證實我的信念，德國必須為打倒塔利班做出貢獻。」他補充說：「二戰後德國被限制主權，而聯邦議院的決定結束了這一頁。它使得我們成為國際社會上平等的參與者，有義務履行責任，例如北約在阿富汗問題上產生的責任。然而，我們德國人也獲得了權利，比如在伊拉克戰爭中我們可以說

② 譯註：東非盧安達從十九世紀起先後被德國與比利時殖民，德比兩國為了統治，拉抬境內少數族裔圖西族（十八％）控制占多數的胡圖族（八十％），加劇當地族群矛盾。一九六〇年比利時離開，政權被胡圖族奪下，之後是兩族仇殺長年內戰（盧安達內戰）。此時法國為擴張在非洲勢力，暗中支持胡圖族。一九九四年盧安達總統飛機失事，據稱是圖西人所為，引發盧安達大屠殺，從當年四月到七月，三個月內屠殺圖西族近百萬人，更造成兩百萬人流離失所。而法國扮演供給胡圖族武器與坐收漁利的角色。

③ 譯註：紅綠聯盟指社民黨（代表色為紅）與綠黨（代表色為綠）的聯合執政。

『不』，因為我們不相信軍事干預的好處。」6

施洛德不僅反對伊拉克戰爭，而且用反對伊拉克戰爭這件事定義他的半生政績。之後布希跳出來譴責法國和德國不願加入戰爭，這讓「舊歐洲與新歐洲」這個議題主導了二〇〇二年九月的德國選舉。施洛德的策略取得驚人的成功，扭轉了民意調查一直認為會由聯盟黨（CDU／CSU，由基民盟和基社盟合作的黨）取勝的預測，白宮勃然大怒，譴責德國人和法國人「懦弱」。

然後是二〇一一年的利比亞。英國首相卡麥隆和法國總統薩科齊急於軍事介入，想拯救班加西（Benghazi）不再被蹂躪，迫使格達費下台。④這一次換成梅克爾與他們作對。德國成為聯合國安理會的兩年會員國僅三個月，就在利比亞禁飛區決議案上投了棄權票。與俄羅斯和中國比肩，反對所有西方盟友。這次與伊拉克爭端不同，它沒有法國作為掩護。「這不是容易的選擇。」外交部長韋斯特維勒（Guido Westerwelle）刻意用一種輕描淡寫的語氣說道。

在對伊拉克和利比亞的議題上，德國的立場得到徹底證明。小布希和布萊爾在伊拉克的冒險把一個分裂的國家變成國際恐怖主義的溫床；格達費下台後，利比亞已成失能國家（failed state），民眾流亡他地，加入其他願意賭命在歐洲重新開始的國家。費雪充滿感情的科索沃演講似乎屬於另一個時代，伊拉克、利比亞和阿富汗（一個更複雜的案例）在德國公眾輿論中重新喚起對軍事行動的厭惡。

每年年初，來自世界各地的外交官和政界人士齊聚慕尼黑安全會議，慕尼黑會議就像討論防禦安全的達沃斯論壇（Davos Forum），在這裡總是看到充滿戲劇張力的場景，其中之一是德國總統在二〇一四年發表的講話。高克（Joachim Gauck）在當選德國總統之前，是來自東德北部農村的受命牧師，之後趕上東德最後幾個月的短命議會，選上議員。他一直是抗議運動的重要成員，兩德統一後，他成為史塔西檔案保存機關的負責人。二〇一二年，他成為德國總統，這是個熱門職缺，不到幾年間，就有兩位東德人擔任最高職位——這是第一次。

「這是一個好的德國，是我們所知道最好的德國。」高克在慕尼黑對觀眾說。德國是可靠的合作夥伴，他列出貢獻：國際發展、環境、多邊主義、親歐主義。然後，他正面回應軍事干預的糾結。他說，德國被指責為「愛開小差」，是「隨時準備迴避困難問題」的國家。他沒有反對，不應該讓她的過去成為撇頭無視的理由，德國應該為促進世界安全承擔更多責任。「我們願意承擔我們應承擔的風險嗎？」在回答自己提出的問題前，他問大家：「那個不作為的人難道沒有承擔責任嗎？如果我們相信德國是個島，不受我們這個時代變遷的影響，那我們就是在自欺欺人。」[7]他得到外交部長史坦

④譯註：背景遠因是二〇一一利比亞受「阿拉伯之春」浪潮的影響，當年二月開始出現反政府反格達費的示威，要求把持國家四十二年的格達費下台。和平示威首先從第二大城班西加開始，格達費下令武力鎮壓，當街把示威學生絞死，幾天之內處死三百多人，引發戰亂，史稱「利比亞內戰」。

邁爾（Frank-Walter Steinmeier，他成為繼任總統）和國防部長馮德萊恩（Ursula von der Leyen）的支持（她後來成為歐盟執委會主席）。史坦邁爾制定了一系列經過仔細校準的原則：「使用武力是不得已的手段，只有在有限的條件下才正確使用。然而，德國謹守分寸的文化絕不是袖手旁觀的文化。德國太大了，看國際事務的角度不能僅從外面看。

8 這後來稱為「慕尼黑共識」。

一個和美國綁在一起的民族居然對美國的冷戰對手俄羅斯有著強烈的親切感，這種親切是基於地理、文化、歷史和戰爭罪惡感驅動的。一九八九年之前的國際對峙比較容易操控，蘇聯共產主義對東歐發號施令：鎮壓一九五三年的東柏林示威、一九五六年的匈牙利革命和一九六八年的布拉格起義；一九六一年修建柏林圍牆把所有人都推向了西方的軌道，除了最頑固的左派德國人之外。艾德諾宣稱德國融入西方集團比統一更重要，重整軍備的西德於一九五五年加入北約。根據外交部高級官員霍爾斯坦（Walter Hallstein）制定的原則，西德不會與任何承認東德的國家建交⑤。然後到了打越戰的時候，西德對美國的忠誠度開始動搖。社會民主黨創造各種術語來區分何謂積極西化，何謂消極西化，這些論調剛好賣給好戰的山姆大叔。就是這時候西德總理布蘭特開始制定他的「東進政策」（Ostpolitik），尋求與東德和範圍更大的華沙公約（Warsaw Pact）成員國達成和解。東進政策分為兩部分，首先是軟實力：西德要與這些國家促進人文交流、旅遊和學術文化合作；第二部分是把雙面刃：為了尋求與蘇聯及其衛星國建立更好的關係，布蘭特和他的繼任者最後卻使這些政權本身變得合法化且更強大。持不同政見者感到失望，例如，當華勒沙（Lech Walesa）和他的團結工會於一九八〇年代中在波蘭發起反對運動並獲得首次成功時，西德當局似乎對維持波蘭地區的現狀更感興趣。

柯爾和艾德諾一樣被美國視為值得信賴的合作夥伴——就算英國和柴契爾夫人不這樣認為，但至少在兩德統一這件事上，他是被信任的。美國人與施洛德的關係要困難得多，這不僅是因為施洛德反對美國入侵伊拉克，還因為他與俄國總統普丁的親密友誼。在整個冷戰期間，德國和俄羅斯的貿易關係非常牢固。蘇聯擁有天然氣，但需要技術和資金才能發展這個產業，「天然氣管道計畫」非常適合兩國合作。俄國北溪公司（Nord Stream AG）計畫建造一條天然氣管道，從聖彼得堡西北的維堡（Vyborg）開始，穿過波羅的海、再到德國和波蘭邊界。這項工程的大股東是俄羅斯公用事業巨頭、俄羅斯天然氣工業股份公司（Gazprom），這家公司與普丁及他的政治密友有著千絲萬縷的關係。建造這條天然氣管道的協議是在二〇〇五年德國大選前十天才倉促簽定的，那次選舉施洛德以些微差距輸給基民盟的新領導人梅克爾。幾週後，當施洛德準備下台時，德國政府與俄國人達成極不尋常的協議：倘若俄羅斯天然氣公司拖欠貸款，德國保證支付北溪

⑤ 譯註：此為「霍爾斯坦主義」（Walter Hallstein），為了堅持「一個德國」，當時外交部國務祕書霍爾斯坦立下外交原則，西德不與任何與東德建交的國家建交，除了蘇聯之外。

公司十億歐元的工程支出。幾週後，施洛德被任命為北溪公司股東委員會的主席。

有不少閒言閒語說這項協議有利益衝突，但沒有採取任何行動。個人和政治似乎已糾結不清了。施洛德和他的妻子（五任妻子中的第四任）多麗絲・施洛德－科普夫（Doris Schröder-Köpf）想要收養孩子，儘管施洛德已經六十歲了，仍被允許從聖彼得堡（普丁的家鄉）領養了兩個年幼的孩子。根據俄國人規定，西方人收養俄羅斯兒童的領養程序十分困難，但對施洛德夫婦來說，收養之路卻毫無阻礙。施洛德毫不掩飾他對俄羅斯總統的欽佩，在二〇〇四、二〇〇六和二〇一二年的三個不同場合，施洛德用了相同的表述描述普丁，說他是：lupenreiner Demokrat，純正無暇的民主派。第二次，在他的回憶錄，他把普丁形容得更了不起：「普丁總統的歷史成就是恢復了〔俄羅斯〕國家的民主基礎。」[9]

施洛德似乎不管俄羅斯的行徑有多惡劣，他都一直在拍俄國人的馬屁，上至紅軍一九二一年入侵喬治亞，下至俄國派人毒殺在倫敦的利特維年科（Alexander Litvinenko）⑥，就算作惡不絕，施洛德一樣保持阿諛奉承。二〇〇七年五月，當愛沙尼亞與俄國發生爭端，他為克里姆林宮辯護，當時愛沙尼亞決定將首都塔林（Tallinn）市中心一座蘇聯時代的紀念像拆除，導致俄國大舉對北約成員國網路攻擊。⑦施洛德沒有像其他西方人那樣譴責俄羅斯，而是說愛沙尼亞違背了「各種形式的文明行為」。[10]二〇一四年三月，施羅德說普丁「害怕被包圍」是有道理的。他將克里米亞描述為「古老的俄羅斯領土」11，俄羅斯入侵是合法的，因為有當地人的支持。二〇一四年，當西方考慮對俄羅斯實施制裁時，他正和普丁舉杯對飲，那年正逢施洛德七十大壽，普丁在聖彼得堡的尤蘇波夫宮替他開了一場慶生派對。德國的盟友烏克蘭非常憤怒，外交部長說道：「施洛德是普丁遊走全球最重要的說客。」12。二〇一六年，施洛德成為第二個北溪工程計畫的負責人，這是更具爭議的擴張項目，這一次俄羅斯天然氣工業股份公司是唯一的股東。一年後，他被提名成為俄羅斯石油公司（Rosneft）的非常務董事，這是俄羅斯最大的石油生產商。套句情報機構會用的術語是「菁英俘虜」（elite capture），還有更通俗的，推特創造了一個話題標籤來描述政治菁英的腐敗：「#Schroederization」（#施洛德化）「想像一下歐巴馬現在變成中國政府在美國的說客。」13 綠黨外交事務發言人努里普爾（Omid Nouripour）這樣說。

柏林政治圈有人尖酸刻薄地說，推銷員施洛德（因他貪得無厭的形象而有推銷員的名號）早早離開學校做了建築工人，但功夫也是三腳貓，你還能期待什麼？其他人語

⑥ 譯註：利特維年科曾是蘇聯KGB的特務，掌握許多機密情報，他在二〇〇〇年移居英國，開始爆料普丁惡行。二〇〇六年他與俄國老友見面，卻被對方以罕見的放射性毒「鈽210」毒害。

⑦ 譯註：二〇〇七年四月，愛沙尼亞首相安西普（Andrus Ansip）提議移除蘇俄時代銅像，原因是想激起民眾愛國情緒，讓他贏得當年大選，但此舉卻激起國內俄裔不滿，上街示威。俄羅斯也表不滿，發動網路攻擊，癱瘓國會、銀行、媒體網路。

帶譏刺地說，他需要賺錢來支付前妻的贍養費。施洛德似乎很喜歡情場浪子的形象。結婚結到第四次，戴上四次戒指，被人戲稱為「奧迪人」，因奧迪汽車的標誌就是四個指環。到了第五次婚姻，他本人宣布他已升級為五環「奧運人」。

梅克爾對俄羅斯的直覺與她的前任截然不同。她是共產主義統治德國的第一代孩子。就像東德所有學生一樣，她學會了說俄語。沒有人會忽視她的學業成績，她贏得全國俄語比賽第三名，得到的獎賞是去莫斯科旅遊，在那裡她買了她人生第一張披頭四唱片。她一直對俄羅斯著迷，總理府辦公室的牆上還掛著凱瑟琳大帝的肖像，這位波美拉尼亞公主最後成了俄羅斯女皇。

普丁是第一位在德國工作過的俄羅斯領導人，他曾是蘇聯國家安全委員會（ＫＧＢ）派駐在德勒斯登的中階幹員。二〇一八年十二月，在德國檔案館發現了他的史塔西身分證。這張證件的發行年份為一九八六年，序號為B217590，卡片上印有普丁的簽名，旁邊是黑白照片，打著領帶的年輕人，反面蓋有戳印，顯示可使用到一九八九年最後一季。到了柏林牆倒塌時，他已升為少校。有紀錄顯示，當時憤怒的人群洗劫ＫＧＢ在德勒斯登的辦公室，他揮著手槍阻止。為了不讓他們帶走文件，他和其他同志燒毀大量文件。這些事情他都沒有否認。

梅克爾和普丁可能站在歷史的對立面，但人們可能認為兩人有共同背景足以讓他們和睦相處。普丁在與施洛德眉來眼去互相吹捧後，驚訝地發現他在施洛德之後要面對的居然是個女人，這個女人，魯莽至此，卻有一定分寸。二〇〇二年，梅克爾在克里姆林宮第一次見到普丁，那時梅克爾仍是反對派領袖，她對她的助理說，她已經通過「KGB測試」[14]，因為她不但無懼普丁盯她的眼神還盯了回去。（我可以證明，二〇〇四年底，普丁在莫斯科郊區住所辦了小型深夜聚會，在那次聚會上我曾與他共度四個半小時，普丁的凝視令人不寒而慄，需要相當大的力氣才能回過神來。）最離奇的一次是在二〇〇七年，兩人在普丁的黑海宮殿會面，普丁似乎知道到他的客人童年時被狗咬過，很怕大狗，所以讓他的黑色大型拉布拉多犬闖進他們會談的房間。這隻名叫康妮的大黑狗一直在他身邊繞來繞去，而他和梅克爾相對而坐。兩人會談的照片顯示，這隻大狗朝梅克爾嗅了嗅，然後停在她的腳邊，梅克爾看起來很焦慮但沒有退縮。普丁朝她的方向看了一眼，露出調侃的笑容。「這隻狗沒有打擾你吧？牠是隻友善的狗，我相信牠會守規矩。」[15] 梅克爾用完美的俄語挖苦道：「還好牠不吃記者。」[16]

根據某位傳記作者的說法，梅克爾對衝動有極佳的控制力。她很少會當場表現情緒，但事後會讓人知道她的不快。普丁隨後道歉，聲稱他不知道她會怕狗。德國官員表示，幾乎肯定普丁聽過簡報。雖然這樁狗事不是那種會讓梅克爾記恨一輩子的事，但它開啟兩人間一種不信任模式。她不欠普丁任何人情，二〇一四年，令美國人和其他歐洲人暗自滿意的是，梅克爾明確表示準備給普丁好看。在克里米亞和烏克蘭危機發生後數週，俄羅斯人被懷疑參與擊落馬來西亞航空17班機的行動，導致二百八十三名乘客和十五名機組人員全部遇難。梅克爾是這樣回應的，她保證歐盟會實施自蘇聯解體以來最廣泛的制裁。她是鷹派領袖，面對聯盟核心的阻力，她推動制裁案通過，且連番數度、越加嚴厲。二〇一四年十一月，梅克爾宣稱：「誰會想到柏林圍牆倒塌二十五年後，歐洲中部會發生這樣的事情？居然還有勢力範圍的舊思維，讓國際法被踐踏在腳底下，此事絕不能盛行。」[17]

在決定梅克爾任期的因素中，除了她在移民問題上的決定，她對俄羅斯的強硬路線也是重大且異常的風險之一。作為民意調查和焦點小組的忠實追隨者，梅克爾充分意識到公眾對俄羅斯的廣泛同情，且不斷有公司來遊說放寬對俄限制。她這次的大膽作為源自個人背景：從她在東德時期開始，她就對普丁這樣的冷酷惡霸由衷厭惡。但我也認為這是原則問題，當她覺得是該放棄謹慎大膽進取的時候，她就會這麼做了。然而，有一塊領域是她覺得無法觸及到的：北溪天然氣管道工程。隨著北溪一號工程接近完成，議會批准了第二條管道。德國的官方說法是，擴大的工程項目不會構成威脅，相反地會創造一種相互依賴的關係，將俄羅斯進一步推向西方的軌道，但普丁的行為顯示並非如此。商界領袖要求梅克爾忽視美國的安全疑慮，她做到了。但德國的大公司並不是唯一施加壓力的遊說團體。德東各邦的領導人，不分黨派，都敦促她改善與俄羅斯的關係。薩克森邦總理克雷齊默（Michael Kretschmer）是薩克森邦基民盟成員，他在二〇一九年九月競選連任時表示：「身為德國政治人物，我想到許多企業，尤其是前東德各邦受到的影響尤為嚴重。」18 他聲稱，根據德勒斯登商會的統計，薩克森邦與俄羅斯有長期往來的公司在二〇一八年向俄國的出口總額比二〇一三年減少了六十%。布蘭登堡邦的沃伊德克（Dietmar Woidke）在邦總理選舉日的前一天發表談話：「德國東部很多人與俄羅斯有私人關係，已經養成深厚友誼，使用共同語言，結果是大家都有情感聯繫。」19

多次民意調查顯示，絕大多數選民，尤其是德東選民，希望與俄羅斯建立更密切的關係。想到有這麼多的東德人迫切希望逃離東德前往西方，這種心情似乎與調查結果有些不協調。但這就是親切感，是基於深厚文化、地理和歷史根源的親切感。但若說德國人對俄羅斯過於輕率信任，這態度很大程度是這一代才出現的，而且經過惡意操弄。普丁一直想擺脫他在俄羅斯與東德的蘇聯共黨記錄，這才是普丁和他精於操弄的宣傳機器一直在謀畫進行的事。俄羅斯被懷疑一直向另類選擇黨和左翼黨提供資金，儘管目前為止調查人員還沒有找到致命一擊的證據。這件事不同於俄國人支持瑪麗・勒龐（Marine Le Pen）的國民聯盟（Rassemblement National，前身是國民陣線〔Front National〕），在法國，金援支持並沒有被否認。克里姆林宮的口味極其天主教，支持極右翼政黨，也支持極左翼政黨，支持獨立運動，當然還有英國脫歐——總而言之，支持任何會破壞自由民主和歐洲凝聚力的事情。它發展出帶風向的消息循環：另類選擇黨遵守克里姆林宮的路線；它的領導人支持吞併克里米亞和入侵烏克蘭東部，甚至派了可笑地稱為「選舉觀察員」的人；他們會見信仰民族主義的俄國青年團納什（Nashi）組織的成員；所以俄羅斯全球電視網（RT）普遍採用另類選擇黨的路線。全球電視網現場直播了佩吉達團體的有毒進行曲；它的德語服務在德東各邦有很強的滲透力，利用某些人對西德佬主流媒體的敵意。它收視率最高的節目之一是《錯失的真相》（The Missing Part），節目定期提供有關移民和工作安全的報導，全都是危言聳聽。德國有一群晚期移民，大約三百萬從俄羅斯移入的德裔，他們保留了親克里姆林宮的同情心。看起來，他們似乎想找到一個在種族上更同種且更傳統的國家，那個他們祖父母向他們描述的國家。但他們沒有找到，相反地，卻到一個國際化的國家，他們嚇壞了。這群移民是另類選擇黨的直接目標，因為他們自動享有投票權，成為非常重要的支持基礎。

德國二〇一六年的國防白皮書首次談到俄羅斯使用混合作戰（hybrid warfare）的技術，「藉著增加使用混合工具，有目的地模糊戰爭與和平之間的界限，俄羅斯正在創造一種不確定性，用來掩蓋她真正意圖的本質。」[20]意思是，俄羅斯人正利用多種方式模糊她的意圖。俄國情報總局格魯烏（GRU）藉由旗下駭客組織APT28進行一連串網路攻擊，APT28在駭客界稱為「魔幻熊」（Fancy Bear）。最危險的一次行動是它在二〇一六年駭入德國聯邦議院的電子郵件系統，大量資料被盜，資訊隨時可能洩露，隨時可對特定政治人物和特定機構下手破壞。《時代周報》做了一篇名為〈梅克爾和魔幻熊〉的調查報導，其中揭示俄羅斯駭客的攻擊範圍，也暴露議會網路安全團隊嚴重缺乏準備。報導引述外交部網路政策負責人的話呼籲採取反制措施，他建議要「駭回去」。梅克爾的安全理事會決定不發動報復性的攻擊，轉而起草一項法案，為未來反擊資訊攻擊時提供法理框架。

二〇一七年大選前夕，德國政界和安全官員對層出不窮的破壞及洩密事件無不保持警惕。在競選活動的最後幾天，機器人程式如暴雪般發出對另類選擇黨的支持訊息。這樣做的效果可能很有限，但最有效的假消息工作早已進行多時。近年來眾多假新聞不斷被發表散播，它們都帶有反移民的傾向。其中「麗莎」案最是惡名昭彰的。故事是：一名來自東柏林馬察恩區的十三歲俄裔女孩被一群有中東和非洲長相的男子綁走強姦。當地人非常憤怒，發起反移民的示威遊行。一些住的較遠、關心此事的市民聽到了，也加入他們的行列。但一切都是編造的，原來這位少女一直都和朋友在一起，只是逃學了。雖然事情鬧到最後她向父母和學校承認這一切都是編造的，但那時，這件事已成為轟動國際的新聞。首先由俄國的德語網路電台發起報導，然後被俄羅斯國家電視台採用，現場報導了這個故事。川普最喜歡的極右翼網站：布萊巴特新聞網（Breitbart）也大推這條新聞。還有另一個故事：德國最古老的教堂被一個高喊「真主至大」（Allahu Akbar）的人給燒毀了。這一切也不是真的，實際發生的事是，在多特蒙德有座教堂發生一場小火災，教堂絕不是最古老的，也不是縱火燒的，而是電路短路引發的火災。這場火燒毀了一些遮蓋鷹架的網子，並且在十二分鐘後撲滅。

根據歐盟和德國的資安專家表示，以梅克爾為目標的攻擊事件比對歐洲其他政治家的攻擊事件要多得多。每天都有大量假新聞要破壞她，尤其是當她對俄羅斯的態度走強硬路線後。其中一些是有效的；有些則是荒誕不經。很顯然，她早就知道恐怖份子會襲擊柏林的聖誕市場，而她什麼都不說。很顯然，她是希特勒的女兒，他們有一張（經過Photoshop處理的）照片當作證明。所以，要不是希特勒沒有死在地堡，後來還生了個孩子，就是他的精子被冷凍。但他們還沒有抽出時間來解答這個問題。

與此同時，俄羅斯對德國議會通訊往來發動的駭客攻擊有增無減。二〇一八年十二月，一個推特假帳號公布了訊息，設計一個像耶穌降臨曆的那種行事曆，一到時間就會公布系列消息。那天它上傳了特定政客的個人文件和資料，他們都是不受克里姆林宮喜歡的政客，且多半是各政黨的資深國會議員，很明顯地，另類選擇黨的議員不在其列。綠黨尤其成為攻擊目標，他們與社民黨不同，一直對俄羅斯抱持強烈懷疑態度。

梅克爾繼續堅守崗位，以她一貫的韌性，拒絕被他人趕下台。就在美國人和其他人認為她已經軟化的時候，她卻讓人大吃一驚。二〇一九年八月，一位逃出車臣的男子在前往清真寺途中被人在柏林公園殺害，這位流亡者曾在一九九〇年代指揮車臣分離主義反抗軍對抗俄國。刺客戴著假髮偽裝，騎著自行車從後面接近目標，然後用裝了消音器的格洛克手槍射殺了這名前反抗軍首領。不久之後，一名男子被捕，但審問了幾個月，柏林市警方都沒有從嫌犯那裡得到任何訊息。外國大使館開始懷疑德國為了減輕外交損失刻意想蓋牌。但到了十二月，檢方突然決定引入聯邦檢察官，這本是一開始就該做的事。然後在二十四小時內，德國就宣布驅逐兩名俄羅斯外交官。聽起來這不像是重大報復，但這已是自二〇一八年以來歐洲勢力對俄羅斯採取外交抗議行動很嚴重的一次。最嚴重的一次是發生在二〇一八年，俄國雙面諜斯克里帕爾（Sergei Skripal）和女兒在英國索爾茲伯里被俄國以神經毒劑暗殺，當時有二十多個國家抗議，共驅逐了一百多名俄國外交官。梅克爾在幫助協調整個歐盟行動上發揮了關鍵作用——但並不是說英國人就特別感激。

二〇二〇年發生了一件更敏感的事，且發生的地點離德國很遠。當年八月，俄羅斯最著名的反對派領袖納瓦尼（Alexei Navalny）遭人下毒，奄奄一息躺在西伯利亞鄂木斯克的醫院。梅克爾勸說普丁，讓德國醫生把他空運到柏林的夏里特醫院。俄國人最後默許了，讓納瓦尼在德國進行醫治，最後出院移到某個安全住所。德國、法國與瑞典的醫生共同證實使用的毒劑是諾維喬克（Novichok），這和對付克里帕爾所用的毒劑相同。對此，梅克爾毫不客氣地批評（直言不諱似乎已成為她近來的標誌），認為這件事「就是犯罪，完全違背我們堅守的基本價值觀」，她公開譴責俄羅斯當局蓄意暗殺。二〇二一年一月，納瓦尼返回莫斯科，他知道回國之後必定會長期入獄，國家極有可能會再次謀殺他。俄國各地發生示威遊行，普丁知道這次他面臨更大威脅，但他默不作聲，緘默的背後是以暴力和恐嚇對應。世界最後會更積極地對付他嗎？眾人的目光都集中在德國身上。

梅克爾從未被普丁嚇倒過。相比之下，施洛德在對俄事務上的紀錄令人震驚，還有很多選民居然也願意相信克里姆林宮，這種態度也著實令人擔憂。

但是——這是很大的但是——在譴責德國之前，應該先看看自己國內。英國在一九九〇年代和二〇〇〇年代兩屆政府領導下，倫敦成為世界洗錢之都，號稱「倫敦格勒」（Londongrad）。俄羅斯金主備受禮遇，從部長、皇室成員、國會議員、上議院議員、名人、公司總裁、私立學校校長、律師，當然還有資產經理人，無不對他們熱情款待。在展開紅地毯時，英國權勢集團故意忽視他們新交好友的財富來源。我記得大約在二〇〇五年，我曾罵過布萊爾政府的一位內閣部長。他告訴我：「就別理它吧，所有的錢都是好錢，特別是如果這筆錢能幫我們建學校和蓋醫院。」某些引人注目的謀殺案迫使英國加強安全，但在經濟上，這種態度至少與德國所做的事一樣令人反感。英國執政的保守黨多次收受俄國金主的禮物，過去十年至少拿了三百五十萬英鎊21——其中包括在募款會上願意出資數萬英鎊，標下與時任首相卡麥隆或強生打網球的荒謬舉動。當議會的情報安全委員會對這些骯髒往來表示擔憂時，強生拖了幾個月都不願公布這些報告。也有其他國家自甘墮落，比如義大利。然後，當然了，川普與克里姆林宮之間關係也依然持續。

從一開始川普就厭惡梅克爾，這不能怪她沒有試過修好。二〇一六年底美國總統職位交接期間，即將卸任的歐巴馬來看她。兩人整個晚上都在討論世界大事，她知道她會想念他的。在競選期間，川普就經常羞辱梅克爾，羞辱她的次數比其他外國人都多。「他們選擇了正在毀掉德國的人。」當《時代》雜誌選她作為年度人物時，川普這樣說。讓他特別不安的是，雜誌還稱她為自由世界的總理。「梅克爾對德國的所做的事，令人悲哀、悲哀的可恥。」[22]

然而，這位崇拜雷根、想開車穿越美國平原的女性，本質上是堅定的大西洋主義者。她希望美國繼續將德國視為最值得信賴的伙伴，正如季辛吉的名言：「如果我想與歐洲對話，我知道我該打電話給誰？」[23]答案總是德國。從老布希到歐巴馬，還有英國人都不想聽到這樣的回答。所謂與英國的「特殊關係」在戰後剛開始的那幾十年間是很重要，但現在已成為美國外交官堆砌辭藻時的一句修辭，只為了讓英國人心裡爽快。從布萊爾到強生，英國歷屆首相都認為恭順是最好的討好方式。

梅克爾以她自己的方式做到了，但她也發現很難接受遭人暗算。還真有幾個暗算，甚至可追溯到川普之前。揭祕者史諾登（Edward Snowden）洩露了數萬份高度機密的竊聽情報，其中有些極具傷害性的內容與德國有關。最糟糕的是美國國家安全局（NSA）多年來一直在竊聽梅克爾的私人手機。二〇一三年，《明鏡周刊》研究史諾登檔案，發現美國駐柏林大使館一直是美國國家安全局的情報中心。多年來它一直竊聽並存取德國高級政客間的往來通訊，包括對手機非常痴迷的梅克爾。眾所周知，愛因斯坦系統（Operation Einstein）⑧收集的所有資料都傳回美國國家安全局總部，存儲在「目標知識資料庫」。二〇一四年發表的一篇二〇〇九年檔案文件，顯示梅克爾是此資料數據庫系統（Nimrod）收集的一百二十二位世界領袖之一。她名列第一頁，按名字字母順序排列，就排在馬利總統下面，在兇殘的敘利亞總統阿薩德（Bashar al-Assad）上面。德國應該是美國最堅定的盟友之一，但這就是歐巴馬政權。梅克爾被告知時情緒激動，失去了她著名的情緒控制。她打電話給歐巴馬表達憤怒，後來故意把通話內容放消息給《明鏡周刊》，她告訴歐巴馬：「這就像史塔西。」**24**

兩起間諜案使兩國關係進一步惡化——一位是德國對外情報單位慕尼黑總部的初階幹員，另一位是在德國國防部工作的軍人，他們被抓到向美國提交機密資料。其中有份資料是原本交給議會的「總理電話被竊聽案之調查報告」，後來這份報告找到回家的路又回到美國人手上。梅克爾下令中央情報局（CIA）駐柏林的站長離開，這是兩個盟國間史無前例的一步。情報合作一度暫停。梅克爾要求歐巴馬同意一項非間諜協議，這是美國人從未做過的事，甚至對最親密的盟友也沒有簽過這樣的協議。這場紛爭顯示美國和德國之間的猜疑程度，兩國的安全關係與美國和「五眼聯盟」（Five Eyes group）間的氛圍遠遠不同，「五眼聯盟」包括澳洲、加拿大、紐西蘭、英國和美國，五國間更容易分享情報，歐巴馬拒絕了梅克爾的要求。在爭議最激烈的時候，民意調查顯示有六十%的德國人將史諾登視為英雄。根據德國電視一台（ARD）的一項調查，歐巴馬在德國的支持率從就職時的八十八%下降到四十三%。只有三十五%的德國人將美國視為好夥伴，這個數字比德國人對俄國的喜好程度僅僅高一點點。25

而這一切都發生在川普登場之前。

二〇一七年三月，梅克爾飛往華盛頓與美國新總統舉行首次會晤。她認真準備，研究了一九九〇年《花花公子》對川普的採訪，這篇採訪已成為研究川普作為決策者的必讀文本，這也是能找到最接近的一篇報導。她也讀了他一九八七年出版的書《交易的藝術》（*The Art of the Deal*），她甚至還看了他的電視節目《誰是接班人》（The Apprentice）。

從一開始就很糟糕，到了橢圓形辦公室，在攝影機鏡頭前她伸出手想與他握手，他沒有接受。她刻意地不帶情緒，她深刻地用理智分析，這些對他來說是一種詛咒。她的助手說，為了要向川普解釋複雜的問題，她學會了將問題簡化為一口大小，他將這一切解讀為專橫霸道。川普當然有厭女的紀錄，有些人把這件事當成他討人厭的理由；其他人則把問題歸咎於因自戀而生的怨懟，討厭那些被全世界視為民主守護者的人。他討厭聽到人們對其他人的讚美聲。

---

⑧譯註：九一一事件後，美國成立國土安全部，之後接續通過《愛國者法案》、《外國情報監督法》等（史諾登所涉及的稜鏡監聽計畫也依此成立），「愛因斯坦系統」是二〇〇四年由國土安全局建置的專案，是一套網路攻擊防禦系統，部署在政府網絡與營運商網絡連接處，目的在偵測惡意程式預防入侵。

川普出任總統十八個月後，梅克爾遺憾地得出結論，她永遠無法與他發展出任何有意義的關係，能想到最好的結果就是把問題解決就好。二〇一八年七大工業國高峰會（G7）預定於加拿大召開，就在召開之前，川普對歐盟和加拿大徵收鋼鋁關稅。在G7高峰會一個月前，他宣布美國退出與伊朗的國際協議，也就是「聯合全面行動計畫」（JCPOA），在此協議規制下，伊朗人將消除濃縮鈾庫存，以換取逐步解除對它的制裁。川普不僅拒絕參加並立即恢復對伊朗的制裁，還對任何與伊朗進行貿易的國際公司都做了進一步的開罰。這一連串行動對德國企業造成沉重打擊。

G7在籌備期間國際關係就很糟了，會談本身的氣氛也很糟糕。有一次，由梅克爾帶頭，所有人都擠在一邊對抗硬槓、噘嘴的川普，這景象被德國政府的官方攝影師拍成照片在全世界瘋傳。到會談結束時，他們設法拼湊出一份四平八穩的公報，裡面寫著所有領導人都承諾進行「自由、公平和互惠互利的貿易」。26 而川普為了趕去新加坡與北韓獨裁者金正恩會面，從G7高峰會早退，似乎那個即將見到的人比這些剛剛見過的人更親近。在梅克爾回家的夜班飛機上，她被官員叫醒，告知她美國總統毀了G7協議。川普對加拿大總理杜魯道（Justin Trudeau）在閉幕記者會上所說的話表示反對，並對加拿大總理大肆批評。

關係進一步惡化。次年，川普讓美國退出巴黎氣候協定。儘管如此，法國總統馬克宏還是決定採取與梅克爾不同的策略。他沒有冷眼看著，而是加油添醋地強調兄弟情誼。他邀請川普在國慶日的慶祝典禮上閱兵。川普被迷住了，哀嘆美國沒有這樣的軍事遊行讓他主持。馬克宏的方法在一年之內就破功了。然後焦點又回到梅克爾，也許梅克爾身上有某些特質比其他領導人更能激怒川普，他掌握一切機會利用他最喜歡的媒體、推特攻擊她。「移民動搖本已脆弱的柏林聯盟，德國人民開始反對他們的領導。德國的犯罪率正在上升。」川普在推特胡說：「整個歐洲都犯了一個大錯！讓數百萬人進來，用如此強烈暴力地改變他們的文化。」[27]

他派出長期的鷹派、之後在福斯新聞台擔任專講幹話的電視名嘴格瑞奈（Richard Grenell）作為美國大使前往柏林。格瑞奈立即開戰，依照往常慣例立刻譴責德國政府。⑨誓言要在整個歐洲「賦予保守派權力」[28]。他指的保守派不是梅克爾，而是她周圍越來越多的以民族主義為尊的獨裁主義者。許多德國國會議員要求外交部長把格瑞奈列為**不受歡迎人士**，梅克爾拒絕了，但這個事件足以說明兩國關係的崩潰。

川普的舉措並不是為了討人喜歡，但這並不表示他所有的批評都是無的放矢，他對俄羅斯和北溪的疑慮是合理的。最明顯的爭議是關於國防開支，而且這件事在他之前早就發生了。二〇一四年，在英國威爾斯首府加地夫舉行的北約峰會上，成員國同意「朝

⑨ 譯註：格瑞奈上任才數小時，立刻在推特上發文表示，梅克爾應該讓在伊朗做生意的德國公司立刻停業。而他在德國就任時，仍擔任福斯電視《今夜》節目的常態名嘴，不時對德國政策及移民說三道四。

著」二〇二四年國防占國民生產毛額（GDP）二%的目標「邁進」。這樣的進程非常緩慢，只能算某種意義上的進步。當時，只有三個國家達到目標，德國並不是唯一落後的國家。但是，考慮到國家規模和經濟實力，她就成了最明顯的目標。五年後，有八個國家多多少少地超過了二%的門檻，還有幾個國家嚴重落後，包括加拿大、義大利和西班牙。德國的國防支出僅為一．二四%，雖承諾到了二〇二五年會將國防支出調升至一．五%，但即便如此也可能是樂觀的。

一九九〇年之前，德國一直往兌現北約的目標走。到了一九八〇年代中期，國防預算與社會預算的規模大致相同。統一改變了許多德國人的優先事項。隨著蘇聯軍隊開始從東德撤出，選民尋求和平紅利。有錢就要花在振興德東垂死的經濟和基礎設施上，為什麼還要把錢花在多餘的軍事支出上呢？每當政客們因為國防開支低而受到責難時，他們就會端出民意調查來。

美國智庫皮尤研究中心（Pew Research Center）在二〇一九年進行的最新全球態度調查顯示德國人充滿矛盾29，既對大西洋聯盟保持好感，又希望與俄羅斯和解。過去五年，對北約持正面看法的德國人從七十三%降到五十七%。（法國的下降幅度更大，從七十一%降到四十九%。對北約支持率上升的唯一國家是那些直接受到俄羅斯威脅的國家，例如立陶宛和波蘭。）若問到他們的國家是否應該遵守北約第五條：北約國家有共同防禦義務，只有三十四%的德國人表示應該這樣做，遠低於歐洲的中位數。當被問及如果要從美國或俄國中選一個國家與其建立牢固關係，他們認為哪個國家更重要時，三十九%的德國人說是前者，而二十五%的德國人說是後者。只有保加利亞人對俄羅斯的態度更友好，而且只有些微差距。

一九九〇年，德國武裝部隊、德國聯邦國防軍（Bundeswehr）的軍備人數為五十萬人。二〇一八年，招聘人數降至歷史最低點，那一年只募到二萬人。軍官和士官（NCO）的職位空缺數大致一樣，到現在武裝部隊的總數約為二十萬人。德國聯邦國防軍已經開始招募，嘗試用YouTube影片吸引更多年輕人。但德國的就業市場接近充分就業，許多德國年輕人不會考慮在軍隊中工作。這個情形非常少見。德國與法國、俄羅斯、英國和其他國家不同，從不公開向軍人表示讚譽。士兵只要一離開營房，幾乎立刻換上便服。二〇一一年德國結束徵兵制，這個決定對中右翼政府來說非常不容易。在此之前所有年輕人都必須服兵役，但如果出於良心拒服兵役，他們也可以選擇服志願役。最不喜歡當兵的是統一前西柏林的公民，西柏林名義上仍處於盟軍控制之下，這個奇怪制度賦予了這座島城獨特的性格。自從徵兵制結束、軍事基地也關了以後，現在德國大多地區都沒有武裝部隊駐紮。基民盟的政客試圖遊說梅克爾重新恢復全民服替代役，但她一直在抵抗。軍隊也流失技術人員，許多工程師都離開了，在私人公司做事薪水更高。最重要的問題是軍備硬體都已經老舊。有一段時間，軍用運輸機、「龍捲風」和歐洲戰鬥機能打仗的不到一半，六艘潛艇全部失效。[30]

俄羅斯在克里米亞和烏克蘭東部的行動迫使德國人重新思考國防安全議題。自二〇一四年以來，德國的國防預算增加了四十%，但基數仍然較低。梅克爾說，這樣的支出增長「從德國的角度來看是走了一大步」。31 換句話說，就饒了我們吧。儘管存在批評，但德國參與的軍事合作的廣泛程度卻比其他歐洲國家都多，她與九個鄰國中的六個有聯合軍事合作關係。為了加強北約夥伴與俄羅斯的前線對戰，在所謂「加強前進部署」的計畫下，德國派軍駐立陶宛，其他參與的還有英國派兵駐守愛沙尼亞，加拿大軍隊前往拉脫維亞，美國則派遣部隊到波蘭。德國空軍也在愛沙尼亞開展行動，幫助愛沙尼亞空軍抵禦侵犯領空的俄羅斯飛機。德國與波蘭、丹麥組成一支聯合軍，又與荷蘭成立一支聯合軍，這些是打擊伊斯蘭國多邊行動的一部分。德國替伊拉克訓練庫德敢死隊並提供武器，德國龍捲風戰鬥機在伊拉克和敘利亞上空執行空中偵察任務，協助以美國為首的聯軍部隊。目前德國聯邦國防軍所做的最大部署是派兵駐守西非的馬利共和國，屬於聯合國維和行動的一部分。

軍備上最重要的發展是建立「永久性結構防衛合作協定」（PESCO），歐盟成員國的軍事合作協定，目前在二十七個歐盟成員國中有二十五個已經加入，共啟動三十多個聯合軍事計畫，包括無人機作戰、太空監視、直升機訓練、醫療指揮、網路安全應變和海上反水雷作戰。計畫還將成立一個聯合間諜學校，這所學校將由成員國塞浦路斯和希臘負責主導，但他們與俄羅斯和中國關係密切，看來這項安排也許並不太聰明。PESCO的目標是共同「發展能用在歐盟軍事行動上的防禦能力」。[32]二〇一九年初，時任德國國防部長馮德萊恩宣布：「歐洲的軍隊已經初具規模。」[33]對於戰略目標，法國人和德國人意見不一。二〇一八年，馬克宏帶頭創建了「歐洲介入行動」（EI2），這是為未來危機制定的計畫。法國將歐盟視為一支潛在的軍事力量，而德國卻更謹慎。梅克爾拒絕將歐盟變成北約的替代品，事實上，她和美國人間的麻煩已經夠多了。

然而，從戰略上講，德國在國際關係上的最大難題是中國。在魯爾重工業區的各城鎮中，杜伊斯堡是其中陷入困境的城鎮之一。幾年前，市長提出一項改造城市的再生計畫，主角由中國扮演。在華麗的市政廳，我會見了杜伊斯堡的中國發言人：福路克（Johannes Pflug），他告訴我他是如何拿到這個職位的。他曾是德國聯邦議會的議員，幾年前率領一個代表團訪問中國，代表團受邀觀看簡報，投影片輪番播放，然後出現一張德國地圖，上面標出兩個城市——柏林和杜伊斯堡。他覺得很奇怪，「我非常禮貌地告訴他們，也許他們指的是漢堡或慕尼黑，可能在音譯上犯了錯誤，原本可能要寫的是杜塞道夫（Düsseldorf）。」

但是沒有錯。中國人已經標注了這個地方，他們想讓杜伊斯堡成為中國在整個歐洲最重要的根據地。正如德意志帝國計畫修建一條從柏林至巴格達的鐵路，中國人也要建「一帶一路」。為什麼是杜伊斯堡？位置一直是這個城鎮最大的資產。十六世紀，佛蘭德（Flemish，位於現今比利時）出身的製圖師麥卡托（Gerardus Mercator）在杜伊斯堡度過他人生的最後三十年，他在杜伊斯堡出版了一本歐洲地圖集，是史上首次用「atlas」（地圖集）這個字的書。如今麥卡托雕像矗立在市政廳附近。事實上，如果你找一根針插在任何當代歐洲地圖的中間，可能真的就插在這裡附近的某個地方。杜伊斯堡位於萊茵河和魯爾河的交匯處，高速公路從北、南、東、西匯集在此，擁有歐洲最大的內陸港，離杜塞道夫國際機場不遠，位於歐洲大陸鐵路網的中心。

中國國家主席習近平於二〇一三年發起「一帶一路」，稱為二十一世紀的絲綢之路，是中國對世界其他各地的馬歇爾計畫。它是延伸中國商業和影響力的網格，由陸路走廊形成的「帶」和海上航道形成的「路」組成，涵蓋七十一個國家、世界一半的人口，對外貿易總額占全球GDP的四分之一。它把西方嚇壞了。

杜伊斯堡確定是一帶一路的終點，因為它便宜，地理位置優越，而且亟需投資。貨物可以從這裡經公路、鐵路、輪船或接駁船運輸到歐洲甚至其他更遠的地方。市長很快就報名了。一年後，習近平訪問德國期間，專程來到杜伊斯堡。人一到，一列繫著紅絲帶的貨運列車正好進站，樂隊奏起傳統採礦歌，當地兒童舉著中文寫的橫幅歡迎他的到來。靠著一帶一路，現在每週有三十列火車往返於中國和德國之間。它們走一帶一路的北線，從上海、武漢、重慶或成都經過哈薩克的阿拉木圖、莫斯科和華沙，帶來衣服、玩具和電子產品。然後，火車載著德國汽車、蘇格蘭威士忌、法國葡萄酒等從另一條路返回。迎賓橫幅上寫著：「我們是德國的中國城。」

中國的資金產生了立即的效果。成立了杜伊斯堡港口集團（Duisport），這家公司正不斷擴張，挑戰德國第一大港口漢堡的地位。為了聯繫歐洲市場，創造立足點，附近正在興建一個商業中心。在杜伊斯堡很難找到對「一帶一路」的批評，政界人士和媒體都沒有。地區性報紙《西德匯報》（*Westdeutsche Allgemeine Zeitung*）的記者阿勒斯（Martin Ahlers）表示，這一切都與工作有關。然後他又提到美國國家安全局竊聽總理電話的事，他表示，美國電信公司思科（Cisco）負責管理德國政府和安全當局大部分的數據，德國媒體懷疑，思科可能把後端資料全都交給美國了。「人們只談論中國人的行為，為什麼不談美國人？是思科讓梅克爾上當了。」他說。

對杜伊斯堡的投資是中國全球布局的一部分。橫跨整個歐洲，中國正在鞏固她的經濟和政治實力。她投資十億歐元興建布達佩斯到貝爾格萊德的鐵路；買下具有重要戰略地位的希臘港口比雷艾夫斯；在白俄羅斯首都明斯克的郊區森林中建造新城市，要在歐盟和俄羅斯中間建立一個製造中心。

貿易出口對德國的經濟非常重要，也是德國全球品牌的投影。從幾十年前開始，德國就長期押注中國。如今比其他各國，也就更容易受到中國全球野心興衰波盪的影響。從鄧小平改革開放打開中國大門的那一刻起，德國企業就蜂擁而至，中國提供源源不斷的禮物，但想要汽車、高端科技和技術祕訣。隨著數億新消費者的湧現，德國看到了可靠的合作夥伴和取之不盡的市場。德國企業家宣稱，憑藉這種政治意識形態和經濟模式的勝利，他們可以在任何地方開展業務。在「奪回」東德市場且鞏固東歐市場後，他們可走向更遠的地方，尤其是亞洲。政治的就留給政治家吧，儘管他們遵循Wandel durch Handel，這條「以商促變」的座右銘，強調透過貿易而改變。認為與中國的貿易往來越多，他們開放的程度就越高。

二十年後，有兩件事讓這個原則受到質疑，一個發生在當地，另一個是全球性的。二〇一六年，德國高端產業的寵兒成為惡意收購的對象。雖然德國人在口頭上擁護自由市場，卻小心翼翼地保護著自己國家的王牌。庫卡（KUKA）就是這樣一家公司，它於一八九八年創始於美麗的南部小鎮奧格斯堡，是典型的家族企業，故事從單一產品開始做起——設計和建造路燈。一個世紀後，它成為世界領先的工業機器人開發商之一。而中國人正有兩項長期政府計畫：「中國製造2025」和「中國版工業4.0」（大部分內容都撿自德國），他們在尋找能夠滿足要求的收購目標。這兩項計畫的目的在於將中國經濟從低成本、勞力密集的模仿性產業轉變為全球創新領導者。隨著經濟放寬，北京推動中國企業走出去，投資外國目標，以提高技術能力並尋找新市場。在那一年，中國公司宣布或說完成了一百一十億歐元的德國公司收購案。[34]

出乎意料的是，以製造冰箱和空調起家的中國公司美的集團（Midea）出價以每股一百一十五歐元收購庫卡，該公司的估值為四十六億歐元——溢價近六十%。儘管遭到股東、部分管理層和工會的抗議，尋找其他買家也無功而返，到最後美的集團還是取得了庫卡公司九十%以上的股份。[35]許多市場參與者認為此次私人收購是中國海外收購的成功藍圖。儘管輿論呼籲進行干預，但梅克爾什麼也沒做。經濟部宣布沒有理由停止購買。德國商業皇冠上的一顆明珠一夜之間變成了一家中國公司。兩年後，公司的德國總裁下台。商界領袖感到震驚，中國人正要偷走他們的午餐。沒有一家德國公司是安全的。德國Mittelstand（中小企業）的其他公司呢？如果中國發展汽車工業會如何？

德國工業協會（ＢＤＩ）製作了一份關於中國戰略的詳細報告。調查的核心是二〇一七年中國第十九次黨代表會議的影響，當時習近平明確表示，共產黨將繼續在商業和政治上發揮領導作用。「我們意識到融合不會讓市場一起民主化，那只是一種幻覺。」一位商業領袖告訴我。「此外，這意味著國家將補貼企業。因為有國家補貼，中國人支付的收購價格可以高於市場價格。這些都在扭曲市場經濟。」在ＢＤＩ研討會上，他們研究出三種廣泛選擇。選項一是企業可以說它別無選擇，只能接受現實。接著會在下面的五到七年間在市場上獲利，然後就被淘汰了；選項二是立即撤離中國；第三個選擇是想出新的作案手法。企業可以定義哪些項目可以與中國合作，哪些項目不行，從而盡可能地保護系統免受損害。他們選擇了第三種方式——妥協，但這仍然是很大的轉變。論文發表後，引起軒然大波。它稱中國為「體制上的競爭者」，它指出，中國式的資本主義由國家資助，而西方正與這樣的資本主義進行「經濟體制上的競爭」[36]。它提出了五十多項政策建議，包括更積極地利用歐盟的補貼法案。

同時間，德國議會通過了一項法案，賦予政府權力審查和阻止非歐盟公司收購德國企業，只要對敏感行業投資十%以上就必須經過政府審核，而之前的門檻是二十五%。這項法案適用範圍包括國防和安全公司，還有營運能源、電力和電信系統等「關鍵基礎設施」，以及媒體。經濟暨能源部長阿特邁爾（Peter Altmaier）提出「國家工業戰略2030」，計畫把工業放在戰略的角度，打造德國企業的領先地位，納入的企業範圍從航太工業到綠色科技，從3D列印到……當然，還有汽車。

歐盟緊追在後，制定了十點計畫，標誌著歐盟已轉向更具防禦性的工業戰略。德國更公開地採取保護主義，第一個擋下的中國收購案是收購電腦晶片製造商愛思強（Aixtron）。一年後，德國政府採取一項新策略，成功阻斷中國另一次購買案。一家德國國有銀行奉命購買配電公司50Hertz二十%的股份，阻止中國國家電網公司的收購。經濟部和財政部表示，他們「有強烈意願保護關鍵的能源基礎設施」。[37]對於德國和其他西方強權來說，這個問題極其典型，就是一個以經濟投資買到政治默許的議題。中國對原物料的採購讓澳洲進入了一段經濟和政治的屈從時期，這股趨勢現在已在歐盟部分地區蔓延開來，特別是在東南歐和中歐。二〇一七年六月，當歐盟試圖在聯合國人權理事會提出對中國人權紀錄的批評時，希臘阻止，這是歐盟首次未能就中國人權發表聯合聲明。同年三月，匈牙利拒絕簽署一份歐盟譴責中國虐待被補律師的信件，這也打破了共識。

梅克爾強烈支持歐盟的強硬路線，儘管她對外交行動極為謹慎。隨之而來的是兩個併發症。美國川普總統決定在貿易問題上打擊中國，對多種商品徵收關稅，並譴責中國低估人民幣的貨幣價值，還有其他尖銳措施，這一連串可能是潛在的毀滅性打擊。另一個問題是在企業本身，就在政府剛剛同意採取更強硬的立場時，企業老闆們就開始重新考慮了。有人稱BDI的調查報告過於尖銳，就像福斯汽車在中國賺到的錢是公司全球利潤的一半以上，這只是眾多案例之一。正如一些公司發現的，與中國政府站在對立的一邊永遠討不了好。戴姆勒賓士（Daimler Benz）不得不一再道歉，就因為他們在IG廣告上用了達賴喇嘛的一句話。賓士這樣做與Dior或NBA並沒有什麼不同。中國公民被告知，購買賓士汽車就是不愛國的行為。

中國的故事傳遍全世界，但她現今正竭盡全力地調整故事內容。如果公司想要合約，就必須做她的啦啦隊。梅克爾任內對中國進行了十二次正式訪問，最近一次是在二○一九年九月（上任以來幾乎每年一次），隨行的包括商界領袖代表團。在去中國的路上，他們給了她一份敏感問題清單，要她跟中國總理李克強提醒，進入德國市場有戰略領域的限制，若接觸後端科技領域也有間諜活動的風險。當她照著他們的要求做時，這些企業領袖卻拒絕支持她。這個故事是我從一位德國高級安全官員那裡聽到的，他告訴我，梅克爾對德國商界領袖讓她孤軍奮戰感到憤怒。

梅克爾面臨另一個困境。德國數位基礎設施落後。經濟合作暨發展組織（OECD）將德國的4G速度列為二十九個國家中的第二十四位。有一家公司提供了最有效的解決方案：華為。這家中國公司在歐洲電信領域已經占有重要地地位。德國電信多年來一直在用華為的技術，華為手機在德國排名第二，僅次於三星，但領先於蘋果的iPhone。華為唯一的5G競爭對手是思科（在竊聽醜聞後，德國人並不是都喜歡用美國電信網路），還有歐洲內部的愛立信或諾基亞。據說華為提出的企畫是所有公司裡技術最先進、成本效益最高的。然而，它的安全隱憂也很大。幾個月來，德國政府一直處於分裂狀態。梅克爾府內和以商業利益為優先的經濟部贊成將合約交給華為，但內政部和外交部反對。梅克爾在沒有事先通知內閣的情況下宣布，政府不會阻止任何公司進入競標過程。看來她被企業遊說說服了，「她受到了汽車製造商的影響。」一位資深議員告訴我：「她害怕經濟報復。」議會強烈反對，她被迫重新考慮。在這一點上，至少梅克爾可以向自己保證，她並不孤單。歐洲其他國家的政府也面臨同樣的困境。他們必須決定哪個更重要：是中國的高性價比技術還是美國人的憤怒？在英國，議會批准了強生有條件繼續與華為合作的決定，但這項政策在華盛頓並沒有得到很好的反應，但川普的抱怨似乎來得太遲。

「分而治之」是中國最大的武器。她掠食了東南歐國家，那些國家經過多年戰亂、忽視和債務危機的屈辱，正努力尋求恢復；她盤旋在中歐各國，就像匈牙利，這些都是隨民粹搖擺的民族主義國家。梅克爾正試圖走一條微妙的路，但對中國在新疆大規模監禁維吾爾人，或是對中國踐踏香港民主運動，德國往往不願表態。梅克爾迫切冀望在德國擔任歐盟輪值主席時，能與中國達成投資協議。歷經多年難以推進的談判，她終於完成了這項目標，但她的讓步並沒有得到良好的反應。

不管是柏林或其他地方，批評德國的外交和安全政策軟弱混亂已是司空見慣。拒絕滿足北約的支出要求顯然是個問題，這破壞了德國對西方聯盟的公開承諾。軍備硬體的老化削弱了德國參戰的能力，甚至是防禦性戰役。這兩個問題都亟需解決。

自兩德統一以來，德國的全球位階到底發生了多大變化？德國馬歇爾基金會的特紹（Jan Techau）做了一個有趣的分析。他認為，科索沃並不是當時出現的突破。「當我們不從奧許維茲集中營來思考，而是開始以國家利益來合理化軍事決策時，我們就會真正改變。」他如此說。

德國好像仍處於戰後狀態，不願捲入軍事行動。從一九五〇年代到一九八〇年代，這種立場是可以接受的，事實上也是必須的。但自兩德統一以來，其他西方大國的力量減弱，這種說法已站不住腳了。「我們需要加強安全，對安全的需求遠超過我們對安全的供應能力。」特紹補充道：「我們認為我們已經達到極限，但其他人卻認為我們已經落後了。」還有另一種解釋：「德國的和平主義來自負面回饋循環——公眾、媒體、政治。」歐洲外交關係委員會的弗蘭克（Ulrike Franke）如此表示：「這是道德優越感和自豪感的來源。」但是難道釋放品德高尚的信號就能代替外交政策？弗蘭克的觀點在德國外交專家中並不少見。根據這一分析，德國的立場並不出於謹慎或信心不足，而是基於一種觀點：德國與更狂熱的盎格魯撒克遜國家不同，他們已經「克服」了侵略性。也許有一些虛假的優越感，但也不需誇大。一如既往，特紹提到了過去，他比較英國和德國。「即使搞砸了，你們都會相信自己站在歷史正確的一邊。你們英國人已經屈服於自己的情結，繼續被昨天的偉大糾纏，靠著它建立自己的身分，你們很樂意即興表演，但我們需要規則。德國人不相信當他們冒險時最後會站在歷史正確的一邊，這就是他們不想冒險的原因。」在我看來，這才是最有說服力的論點。德國人參戰，不管與誰打，都不是選民想要的事情。德國人是否記取過去的教訓？

但平心而論，在即將到來的幾年間，世界還會看到多少次常規軍介入他國的行動？當敘利亞的反對派亟需幫助時，歐巴馬設了紅線，後來沒有採取行動，而英國議會拒絕卡麥隆的出兵請求。值得懷疑的是，英國是否還有足夠的軍事力量或影響力去管他人的事，除了抓著美國的衣角走。而此同時，川普所謂的「美國優先」原則是粗暴地重中國家利益高於其他任何議題。出兵打仗只是外交和國防安全政策的一個面相，德國謹慎態度的反面是美國、英國以及某種程度上的法國，有傲慢的政治文化才變成缺乏謹慎。要維持和平，要進行多邊主義，德國必須承擔重要責任。

德國已經在為更加令人擔憂的未來做準備。二〇一七年五月，在慕尼黑郊區的啤酒花園舉行一場派對，會中梅克爾說了一些引人注目的話：「我們可以依賴他人的時代已經結束，這是我最近學到的東西。如果我們想變得強大，在未來的日子，我們必須更能把自己的命運掌握在自己手中。」38後來梅克爾詳細說明她的想法，在接受採訪時表示，與美國的關係減弱並不是因為她與川普的關係，是因為美國改變了優先順序。「可以這樣說，歐洲不再處於世界事件的中心〔…〕美國對歐洲的關注正在下降，不管是誰當總統都會如此。」39

無論川普是否當政，這是美國治世（Pax Americana）的終結嗎？

美國為戰後的德國提供黏著劑。無論反美情緒多麼強烈，大多數德國人都讚賞山姆大叔在促進國家重建繁榮上所發揮的作用，並確信有人會保衛這份繁盛。美軍在戰後長期駐紮在德國，使德國人重新相信自己；沒有美國，歐洲計畫就不會啟動。現代德國一如以往，在動盪的時代催生了一股反省的潮流。「人們幾乎可以感謝川普了。」德國《時代周刊》的評論員烏力克（Bernd Ulrich）和賈克．勞（Jörg Lau）寫道：「事實上，德國外交政策的常態和原則——如歐洲一體化、多邊主義、人權和法治的參與以及基於規則的全球化——在在受到美國政府的質疑，成為考驗智力與策略的巨大挑戰。這些事情在未來或現在，出於必要，歐洲必須在沒有美國幫助、甚至與美國對抗的情況下，自己完成這些事。」40

在川普之前，德國人將自己設定為美國對手的想法連想都沒想過。而今卻毫無辦法，只能眼睜睜地瞧著他們所珍視的價值觀被這個原本應是自由世界領導人的人系統性地破壞。

偶爾，總會有人藉著一言一行封存當下時代。巴格（Thomas Bagger）曾是德國總統外交政策部門的負責人，二〇一八年底在一本較少人知的學術期刊《華盛頓季刊》（*Washington Quarterly*）上發表了一篇文章，就將當代做了總結。首先，他提及福山的論點，或更確切地說，簡單複誦了一遍，為已經統一的德國定下基調。「德國在走向世紀盡頭的路上曾經兩次站在歷史錯誤的一邊，如今德國終於站在正確的一方。」人們迫切希望相信冷戰已經結束，民主已經獲勝，每個人都可以平靜地去做自己想做的事。他們這樣希望，是因為他們必須這樣想才能走下去。歷史被剝奪了，這是德國人的身分。「當其他人可以走回戴高樂主義傳統下的外交政策思維，也許或多或少帶著一點明確的國家利益，不須靠著與他人整合；但在德國，這樣的情形從未有過，連一點都沒有染上過。」自一九四五年以來，德國人對未來有著完全線性的預期。它基於許多假設，這些假設從一九九〇年開始得到強化，各國將逐步改革為開放市場、自由民主國家。一九七五年的赫爾辛基最終法案——承認邊界、尊重人權——是偉大的里程碑。共產主義垮台後，中歐和東歐開始追趕西歐的形象。中國緊隨其後。阿拉伯之春強化了這一趨勢。挫折是暫時的：「因為歷史的終結即將到來，而在我們對歷史終結的想像中沒有威權主義的存在空間，現在這一切只能是最後的喘息和失常。」[41]

我與巴格坐在貝爾維尤宮的德國總統辦公室，與他討論英國脫歐問題，這是不可避免的話題，但也討論了歐洲更普遍的難題。我注意到川普一邊毫不客氣地批評梅克爾和馬克宏，一邊擁抱極右翼的民粹主義領導人，從匈牙利的歐爾班到法國的勒龐，從義大利的薩爾維尼（Matteo Salvini）到波蘭的卡臣斯基（Jaroslaw Kaczynski）。「川普的挑戰遠不只政策分歧，」巴格表示：「他的做法就是扯後腿，不再支持德國外交政策的思考。德國已經失去她的停泊站。」然後他告訴我一些令我印象深刻的事：「我們的議題是希望每個人都像我們一樣記取同樣的教訓。」

拜登會是截然不同的領導人，然而，本土取向的民粹主義在全球各地湧動，這樣的威脅並未減弱。川普也許很難在二〇二四年再行挑戰，但就像病毒，他的政治風格很可能會變異成其他東西，至少同樣危險。

這是德國面臨的最大挑戰。梅克爾能向人民提供的是堅定，於是她就奉上堅定。但隨著她離開世界舞台，她的繼任者將不得不讓選民相信，是該把安慰毯丟下，自立的時候到了；歷史的終結是海市蜃樓，自由民主不再是必定的將來。這項任務開始於德國邊境。

要了解德國在歐洲的定位，就不得不來到美麗的邊境城市亞琛。我穿過蜿蜒狹窄的街道，路標會指引你從這裡可以去荷蘭的瓦爾斯小鎮，從那裡可以到比利時的凱米斯小鎮，只要騎自行車很快就到了。若是你拿著EUREGIO歐洲交通票卷，就可坐火車連接這三個國家。這裡是集美麗、知識、科學、文化和悲劇的地方，是德國和歐洲故事的縮影。這裡是第一次世界大戰，德國派兵開往佛蘭德的前線陣地；也是一九四四年十月，美國坦克越過前行的齊格菲防線。在希特勒投降前的整整六個月，德國的這塊小地區處於盟軍的控制之下。這座城市成為戰後民主重建的試驗場。

亞琛自詡為歐洲的中心，西歐文化的搖籃。它幾乎等同於查理曼大帝，或你可以跟著德國人稱他為Karl der Grosse（卡爾大帝）。這位九世紀的法蘭克國王，將大半歐洲納入自己羽翼之下。在接下來的幾個世紀，從鄂圖一世到拿破崙，凡是歐洲偉大的戰士、領袖、思想家，甚至教士皆以查理曼大帝之名為尊。他們將心中理想投射到他身上：仁慈的君主、神聖的捍衛者、專橫的征服者。一八〇六年，入侵的拿破崙在巡視新領地時高聲大喊：「Je suis Charlemagne」——我是查理曼。此外，希特勒也曾試圖占據他的名。

一九四九年，當地商人菲佛（Kurt Pfeiffer）提議設立一個獎項，用來表彰為歐洲服務的政治家。菲佛不是什麼大人物，他在一九二〇年代接下父母的服裝生意，在威瑪時期支持民主黨派，後來在朋友同事的慫恿下，於一九三三年加入納粹黨。但他拒絕抵制猶太企業，被迫辭去當地零售協會的主席職務。之後他仍被認為有污點，戰後他向加拿大申請移民，火速被拒，然而美國人仍然選擇他作為管理亞琛市過渡政府的九位公民之一。菲佛向當地讀書會表示，他要成立一個國際獎項，表彰那些「為了促進西歐理解，為了社區工作，為了人道和世界和平服務做出最有價值貢獻的人，而此貢獻可能來自各種領域，可以是文學、科學、經濟或政治。」42到了一九五〇年，亞琛市頒發首次的查理曼獎。在經過修復的哥德式市政廳，螢幕以各種語言播放得獎人的簡介。查理曼獎的獲獎者名單幾乎是歐洲名人錄。第一個十年的獲獎名人包括：法國政治家尚．莫內（Jean Monnet）、舒曼（Robert Schuman）、德國的艾德諾、英國的丘吉爾。之後還有法國的德洛爾（Jacques Delors），甚至美國的克林頓，教宗若望保祿二世，前捷克總統哈維爾（Václav Havel）。名單上還有英國的詹金斯（Roy Jenkins）、希思（Ted Heath）和布萊爾。那段日子，人們敢於夢想一個有英國作主導的歐洲。

從市政廳到市博物館，我最後的目的地是亞琛大教堂。院長帶我走向加冕寶座，由大理石製成，據說石頭是從耶路撒冷的聖墓教堂運來的。就在此處，有三十位日耳曼國王在這裡加冕。這座宏偉建築擁有著名的八角形屋頂，但已經過多次重建。一六五六年一場大火吞沒了這座城市後重建過一次，第二次世界大戰期間遭受盟軍轟炸後，又重建了一次。院長告訴我，它收藏來自歐洲各地的藝術精品，從拜占庭到義大利北部的拉文納，整個歐洲大陸從東到西的貴金屬珍品都在這裡。當我們告別時，他說：「如果羅馬的聖彼得大教堂屬於世界，科隆大教堂屬於德國，那麼亞琛就是真正的歐洲之家。」此時，就像院長給了一個cue，音響喇叭傳出刺耳的樂聲，那些在外面廣場上的人，那群背著帆布袋的、戴著自行車頭盔的，綁著嬰兒背帶的男男女女老老少少，竟手拉著手一起跟著唱出歐盟的國歌——貝多芬的《快樂頌》。他們仍呼應著查理曼大帝，唱出他一統大陸的精神。

從艾德諾到戴高樂，從馬克宏到梅克爾，法國總統和德國總理都選擇這座城市實現和解並重申他們的歐洲誓言。德國問題想一勞永逸地解決，歐洲是合理的嘗試。對於法國人來說，也可以確保東部邊界不再受到威脅，同時不再重蹈凡爾賽賠款的覆轍。各國除了政治重建和集體防禦之外，還需要工業相互依存和能源安全。這個計畫在一九五〇年由莫內構思並由舒曼提出，提議成立「歐洲煤鋼共同體」（ECSC）。之後經一九五七年的羅馬條約、一九八七年的單一歐洲法案，再到一九九二年的馬斯垂克條約，由此催生出「歐洲經濟共同體」（EEC）。

很可能除了政治外交這個單薄領域之外，也許沒什麼英國人對這些歐洲里程碑有太多了解。相比之下，歐盟是德國教育課綱的必修知識，學生從中學開始就要學習歐盟四大支柱——歐盟執委會、歐洲議會、歐盟理事會和歐盟法院。他們非常了解這是從國家層次做出的決定，以及會將哪些權力移交給布魯塞爾。我發現，德國人通常對歐洲並不抱持幻想。他們承認所有國家都是合法的，只是基於不同的國家利益。他們知道他們仍然是被懷疑的對象，他們知道整個德國戰後的重建和復興都是基於歐洲的概念，因此在主權上的妥協是不可避免的。以貨幣為例：德國馬克受到尊崇，可與賓士或BMW相提並論，是德國最引以為豪的全球品牌。像他們在二〇〇二年所做的，為了歐洲一體化而放棄德國馬克是非常了不起的事。德國一直接受自己作為歐州金主的角色——自從柴契爾夫人獲得退稅，德國的貢獻就遠遠超過英國⑩。貨幣聯盟加劇了富國與窮國之間的失衡，在旁觀者眼中是樽節與揮霍的失衡，更是南北之間的失衡。二〇〇七年到〇八年全球歷經金融風暴，之後出現的債務危機在許多歐洲人眼中重新喚起了德國過度縱容的幽靈，該斷奶時卻繼續餵食。歐債危機一個接著一個，不僅襲擊了希臘，還襲擊了愛爾蘭、葡萄牙和其他國家。二〇一一年至二〇一二年間，近一半的歐元區成員國政府垮台。為了救希臘，歐洲中央銀行和國際貨幣基金組織扮演援助計畫的主要角色，但僅限於最嚴格的條件。幕後的關鍵人物是德國，畢竟掏出大筆錢的是德國。緊隨其後的是一場更廣泛的辯論，內容包括希臘崩潰的原因、經濟未能提高生活水平、貿易順差的對錯以及緊縮政策，甚至連凱因斯經濟學的對與錯都拿來議論一番。然而，無可爭議的是，希臘遭受嚴重的經濟痛苦，讓德國人不僅在希臘，甚至在歐洲大部分地區都被譏諷為好

⑩ 譯註：英國於一九七〇年代加入歐洲共同經濟體，當時的共同體的資金來源為各國產業稅收（當時多為農業）、增值及貿易稅收和國民收入計算等，因為當時英國農業所占比小，商業稅及關稅多，導致英國撥款給共同體的預算較他國高。一九八四年柴契爾夫人成功爭取到共同體撥款退還優惠，英國可減免撥給共同體的錢。

戰的條頓人。希臘的全民敵意發自內心——梅克爾在雅典張貼的海報被人胡亂地畫著希特勒的小鬍子——這對德國人來說何其痛苦。然而，大多數民意調查顯示，政府採取的強硬路線得到人民廣泛支持。對於那些在財務上不負責任的人，德國人很難理解，更不用說同情了。

歐洲計畫成功與否最重要，也是最要依賴的關係，是德國和法國之間的關係。支撐這種相互依存關係和歐洲中心地位的是已經六十高齡的《愛麗榭條約》（Elysée Treaty）。面對麻煩而遙遠的美國，英國現在又已在圈外，德國前所未有地需要法國。領導人之間關係緊張並不是什麼新鮮事，但只要需要，國家就會在關鍵時刻走在一起。施密特和季斯卡・德斯坦（Giscard d'Estaing）在七〇年代末的全球金融危機時就這樣做了；柯爾和密特朗在兩德統一的議題上如此；施洛德和席哈克在伊拉克議題上也是如此。

梅克爾與法國總統薩科齊和歐蘭德之間合作關係密切。在那些時期，德國總理總是與法國總統平起平坐。自從馬克宏憑藉他的中間派前進黨（後改為復興黨）革命上台以來，梅克爾一直在掙扎，她討厭他的浮誇，認為馬克宏對川普和普丁的誇張示好是幼稚且不值得信任的。馬克宏連招呼都不打，就越過她，對他們運作互動，甚至連他要做什麼都沒有跟她說。反過來，馬克宏也對她沒有熱情的手感到沮喪，她拒絕參與他打造新歐洲的嘗試。

非常諷刺的是，德國人在政策方面其實最認同的伙伴可能是英國。因此英國脫歐產生的痛苦是真實存在的，但他們已經往前走了。二〇一九年在柏林舉行的英德晚宴上，時任德國司法部長的巴利（Katarina Barley）做出痛苦的預測：「即使我們將來同意你，我們也永遠會更加疏遠，因為家永遠是第一位，而你已不再是家人了」。巴利作為半個英國人，這件事情她心知肚明。她父親家族來自支持脫歐的林肯郡。英國脫歐數週後，巴利的警告似乎應驗了。英國外交官和人民看到他們被排除在重要討論之外的速度有多快——或者被降級到事後通知。

德國需要一個統一的歐洲，不僅是為了貿易，也是為了她的使命感。正如梅克爾若有所思地指出：「我將歐盟視為我們的生命保險。德國太小了，無法獨自發揮地緣政治的影響力。」43 德國必須確保歐盟能夠生存，無論英國脫歐如何影響，無論民粹主義擺弄的右翼風暴如何襲擊。同時，美國退出歐洲的狀況也不會因川普下台而結束。

德國長期作為被保護的孩子，早該是放手的時刻。而如今保護結束了。隨著美國和英國的信譽不再，德國發現她必須作為自由民主旗手，儘管那是極度不安的境地。她是歐洲的基石，可以發揮重要作用——而且需要做出艱難的決定。這將是梅克爾的繼任者和未來幾代德國人必須面臨的最大挑戰。

5

奇蹟

經濟奇蹟與後果

The Wonder

The economic miracle and its aftermath

諾伊斯鎮上的工業區是點燃歐洲壽司熱潮的引爆點，反正霍內曼（Tim Hornemann）就這麼認定了。諾伊斯位於北萊茵大城杜塞道夫附近，我出了機場就被霍內曼的老同學博爾岑（Tom Bolzen）給接走，坐著他的保時捷來到諾伊斯。他把車停在工廠前的停車場，旁邊停的都是最新型號的賓士、BMW和奧迪。簡單介紹後，霍內曼帶我們進入廠間。我花了一些時間才把我這把老骨頭喬進那件像紙一樣薄的拋棄式工作服，再戴上頭套面罩。規則就是規則，壽司和顧客之間不得有細菌介入。

霍內曼的公司是典型的德國公司，營運可能廣及全球，但死忠於地方。它是德國數十萬家中小企業的一員，所謂Mittelstand（中小企業），營業額低於五千萬歐元，員工可多達二百五十人，而這樣的公司遍布德國各地城鎮。它們雇用的勞動力人口約占德國的四分之三，貢獻一半以上的經濟產出。它們是德國經濟的骨幹，更是社會的骨幹。

霍內曼包下超市低價壽司的大部分市場，在大型連鎖超市如Edeka、Rewe、Aldi、Lidl等各大超市都設有攤位。他本來應該跟隨父親做香腸生意，但加州之行讓他誤入歧途。他在加州百貨公司看到有人在吧台賣生魚，他印象深刻，然後把這種奇特的商品帶回家。剛開始並不順利，他和兄弟把這個品牌命名為Tsunami Sushi Bar（海嘯壽司吧）。「當時沒人知道Tsunami這個詞是什麼意思。」那時是二〇〇四年。但平心而論，當年他只有二十八歲，現在他可是大海之王。他的公司名叫Natsu，從挪威進口冷凍鮭魚和蝦，用最先進的機器解凍魚、蒸米飯（米來自西班牙瓦倫西亞），處理芥末（來自中國），工人多半來自東歐，他們要學會快速精準地把魚切片，然後裝箱用卡車運往德國和歐洲各地，最遠到達蘇格蘭。

我們談起商業和道德的議題。我跟他們說，無論我走到哪裡，都會碰到德國老闆跟我講一大篇有關社會意識的大道理，我有一點懷疑，他們堅定地認為我不該這樣。德國與其他國家有個很大區別，這裡的業主對家鄉本土有強烈的忠誠感。霍內曼說：「只要想到可能會賣掉公司，我就胃痙攣。」博爾岑補充：「連鄰居都不會尊重你，因為你逃避責任。他們會叫你膽小鬼。」公司老闆也不應該認為自己比其他人大，要作為最佳組織的一部分；不要想成為最重要的人。不要自誇，他們使用的詞彙是demütig，謙虛。霍內曼和博爾岑承認他們已經過得算輕鬆了，特別是與他們父母那一代相比，戰後那一代不得不從頭開始重建公司產業和社區。我有些疑惑：福斯汽車也爆出醜聞，在排廢氣造假的那段時期也是他們高層做的事啊？「那些人是混蛋，」他們回答：「他們毀了自己的聲譽，他們以為自己可以扮演上帝。」他們說，跨國公司是一回事；中小企業則完全不同。

地方企業必須扮演好公民的角色，他們不會因為贊助球隊或資助當地樂團受到感謝，他們本來就該這樣做。企業要Mitmachen，這個字大致翻譯為：地方參與。我也需要這樣做，我沉浸在德國小鎮的風俗人情中度過了一個漫長的週末，從這個鄉到那個里完全融入。然後保時捷帶我們去到下一個城市：門興格拉德巴赫（Mönchengladbach）。

博爾岑是建築師，他設計的房子不是碳中和的，就是負碳排的。他帶我去一棟這樣的建築，向我展示放在地下室的太陽能電池設備，住戶可以賣掉他們不需要的剩餘能源換取租金減免。博爾岑的家位在比較老舊的住宅區，但我看到的卻是一幅既現代、又時尚、也環保的完美圖畫，讓我捨不得問出口，這幅畫要如何與他的保時捷、凌志和其他兩輛豪華房車搭配？

這個「中小企業經理人兄弟會」的第三位成員是羅傑．布蘭茨（Roger Brandts）。門興格拉德巴赫自十九世紀中以來就是非常著名的紡織城市，但現在大部分的紡織產業早已消失，多半外包給中國和土耳其等國生產成本較低廉的生產商，現在它以專業的工程技術公司而聞名。紡織業的先驅人物法蘭茲．布蘭茨（Franz Brandts）在英國學會使用機械紡織機，引進機器促進紡織工業化。作為老闆的法蘭茲．布蘭茨與狄更斯小說裡的老闆全然相反，在一八八〇年代的俾斯麥時期，他成立一個天主教團體保障員工和員工家人的福利——率先確立勞工權利，包括住房、教育和醫療。這樣的勞工照顧是家長式的，是當今德國社會市場概念的先驅，到今天羅傑是第四代傳人。我們坐在曾經是家族企業的大樓裡，現在它就像是狩獵帳篷。前些時候家族企業收攤了，但不存在轉行的可能。羅傑再進修了紡織技術（那不然還有什麼？）後，藉著快速就業管道在Peek & Cloppenburg百貨公司找到工作。一九九八年，他被派往南非進行為期六個月的實習。剛好那時他看了電影《遠離非洲》（Out of Africa），決定要開發一系列服裝向電影角色所穿的衣服致敬。

「我父親六個月不跟我說話。」羅傑・布蘭茨解釋道。也許外人很難理解，但很少有德國人會一時興起放棄穩定的好工作。他估計他需要六萬德國馬克（大約是當時的兩萬英鎊）來整治一組服裝，還需要一輛汽車和一台電腦。他必須向銀行借錢。但銀行也不喜歡冒險，所以貸款利率高達七％，分五年償還。他的公司叫做Fynch-Hatton，是以電影主角之一，英國貴族獵人芬奇・哈頓（Denys Finch Hatton）來命名的。我問布蘭茨，他想以這個系列服裝重現怎樣的形象。「太陽西下的時候，在相思樹下喝一杯杜松子酒，人在野外好好地放鬆」。這非常殖民地，喔，非常英國。事實證明這個品牌很受歡迎，目前出口到五十五個國家，從俄羅斯到中國，從紐西蘭到巴基斯坦都有販售。

門興格拉德巴赫是座整潔、不起眼的城市，有著許多社會問題——毒品氾濫、深夜犯罪，商店街店家被一排排木板封住，無法與室內購物中心競爭。但這個地區有良好的公共交通系統，所以很多人把這裡當作宿舍，住在這裡再通勤到杜塞道夫等較富裕的地方。居民的活動聚集地是當地足球俱樂部的普魯士公園球場，他們稱這座城市為德國的曼徹斯特；一樣有紡織、工業和足球。雖然門興格拉德巴赫足球隊已不如以往，和曼城或曼聯都無緣，但它擁有死忠的球迷。布蘭茨和霍內曼在這裡有公關包廂，因為他們的公司是贊助商。但我和博爾岑跟著他十幾歲大的兒子和女兒一起去了露天看台區，彷彿又回到七八〇年代，在這種舊式的站立區看球才棒。人們抽著菸（這是我對德國受不了的小事），服務員背著巨大的啤酒桶到處給支持者倒滿啤酒。大筆資金湧入這場比賽，但除了兩家德甲俱樂部外，其他俱樂部的多數股權仍是球迷持有，把球團出售給老俄羅斯或阿聯酋寡頭的想法都會被視為背叛。

我來到曼海姆（Mannheim），這地方在法蘭克福以南，基本上是個被遺忘的工業小鎮。我是來與VRmagic的創始人席爾（Markus Schill）會面的，這是一家專門在做醫療設備的公司，創辦人席爾一開始在海德堡附近的大學念物理，到了研究所的專攻主題是軟組織在壓力下的行為建模，專精項目是顱骨切除術，這是一種在頭部受傷後，為了減輕頭部腫脹壓力，須要切除部分顱骨的手術。他解釋，在那些日子培訓外科醫生進行手術最多需要四天時間。他的指導教授很嚴格，告訴他需要加快培訓過程，這樣才能趕上時效。剛好席爾正在讀一本關於虛擬實境的書，他決定建造一個模擬器，類似於飛行員在飛行時用的模擬器用在培訓。在此之前，外科醫生只能在病人身上練習新技術，失敗視為學習過程的一部分。一九九八年，席爾想找一筆創業基金，但德國研究基金會拒絕了他。他們讀了他的商業計畫，不相信計畫可以實現。「銀行問我認為市場規模是多少，我說我不知道，我沒想過。」他只好另找管道籌錢，最後透過創投資金和在地的家庭基金會借到錢。三年後，他創辦自己的公司。起步很難。「我們做出一台機器，第一版有各種各樣的技術錯誤。他把這台機器保存在辦公室，給後面的參考。他的投資人支持他。「德國的融資環境是很保守的，你必須認識有關係的人。他們抓住機會的速度很慢，但通常情況是，如果這門生意在別的地方已經成功了，他們就會投資。」

除了在地化、家庭紐帶和社會責任，地方參與另一個重要層面是它對專業化的強調。許多成功企業家都找到一個產品；可能是特定的機床或家電用品，這個品項可能非常獨門，市場非常窄，但往往最後壟斷全球市場。專注不懈獲取市場，再擴大客戶群，就能確保在競爭中領先。席爾的手術模擬器在多數國家占據市場主導地位，VRmagic賣出數百種白內障手術模型，在曼海姆有七十名員工，在美國麻州的劍橋也設有基地。我問席爾，他會不會時間到了就把公司賣掉，他斜眼看我：「我熱愛科學，我覺得我做的事情在幫助醫學。我不是為了錢。」

有兩項統計數據特別突出。德國的GDP有八十％來自家族企業，成功的全球中小型企業有三分之二立足於居民少於五萬的小城鎮。如果只看德國西部，小鎮人口雖有流失，但外流到大城市的人口比起法國、英國、波蘭或西班牙等國家小城流失的人口相對要少得多。留在家鄉的不僅是家族企業，還有足跡遍布全球的跨國公司——賓士和Bosch的總部在斯圖加特；西門子和BMW的公司在慕尼黑；德國重工業大廠ThyssenKrupp在埃森；福斯汽車的總部在德國內陸西側的沃爾夫斯堡；愛迪達位於紐倫堡以北的黑措根奧拉赫；化工大廠巴斯夫（BASF）總部在萊茵河港口城市路德維希港；軟體巨頭SAP（德國少數早期科技成功的企業之一）立基於海德堡以南的瓦爾多夫。西方世界許多國家的工商企業已經集中在主要大城，而德國的先進製造業既走向國際又能立足區域主義。

最重要的是，正是這些中小型企業讓德國與眾不同。商業策略作家西蒙（Hermann Simon）創造了「隱形冠軍」（hidden champions）一詞。這些公司，就像我提到的那些，致力於小眾利基市場，它們都是全球化和自由貿易的成功案例。負責人是典型的偏執狂，一心一意致力於單一事業或產品。他們通常會避開聚光燈，「在成功事業的聳動頭條下，隱藏著完全未被注意的領導智慧來源。」[1]西蒙如此寫道。他列出全球二千七百家這樣的公司，一半來自德國。而美國、日本和中國雖說緊隨其後但遠遠落後，其他歐洲國家則更連車尾燈都看不到。

艾哈德（Ludwig Erhard）於一九四八年實施的激進改革對戰後德國的經濟產生立竿見影的振興效果。之前，德國人為了張羅食物和生活基本用品，每週的工作時數要損失十個小時。在實施改革後的幾個月內，這個數字降到四小時。在貨幣改革和取消價格管制之前的工業生產大約是一九三六年的一半，但到一九四八年底，已經上升到八十%。[2]耶魯大學經濟學家華利奇（Henry Wallich）也是之後的聯邦準備會理事，在一九五五年出版的《德國復興的主要動力》（*The Mainsprings of the German Revival*）一書中寫道：「這個國家的精神在一夜之間發生變化。那些在街上徘徊尋找食物的灰色、飢餓、看起來像死人一樣的人活了過來。」[3]一九五八年，德國的工業生產比十年前高出四倍。在此期間，經濟平均每年增長八％（這一水準被今日中國視為新興大國的基準）；這個數字是歐洲任何主要經濟體的兩倍。到了一九六八年，也就是讓德國成焦土的戰爭結束僅二十年後，西德的經濟規模就超越了英國。這種趨勢一發不可收拾。二〇〇三年，德國成為東歐最大的出口國。二〇〇五年，她超過美國成為印度機械進口的主要來源，是中國最大的汽車出口商。最令人印象深刻的是，德國在二〇〇三年超越美國成為世界最大的商品出口國，這個位置一直到二〇一〇年才被中國奪走。

像這樣的數據只能說明部分情況。經濟奇蹟也是一項社會工程。艾哈德於一九四九年至一九六三年擔任經濟部長，一九六三年至一九六六年擔任德國總理，稱為經濟奇蹟之父，而二十世紀下半葉成為德國的經濟轉型世紀，在國際上稱為萊茵河奇蹟。支撐這個奇蹟的是「社會市場經濟」的概念，這是社會經濟學家穆勒－阿馬克（Alfred Müller-Armack）創造的術語。他尋求基於市場自由和社會保護的「新綜合」（new synthesis）。根據他的理論，政策制定者引導市場，以求生產最大財富，然後以社會正義的名義重新分配。或者換句話說——讓每個人都覺得自己扮演一定角色，公司治理的核心是共同決策的實踐。這個理念在一九七六年制定為法律，要求大公司必須將董監事會一半席位交給工會選舉產生的勞工代表；中型公司勞工董事的配額是三分之一。正如工人在會議室不會感到不自在，許多德國老闆也不會經過思考後才去員工餐廳吃飯。

在其他國家，尤其是美國和英國，若有人將雇主和工會間的權力做一劃分，此人通常被視為危險的社會主義者，但德國自工業革命初期以來，在這主題上就是異類，唯一一次嘗試消滅有組織的勞工是在納粹統治之下。然後在一九八〇年代，在柴契爾主義和雷根主義的全盛時期，德國有些人開始重新思考制度，想知道盎格魯撒克遜人這種「聘雇人，解雇人」（hire 'em, fire 'em）的方法是否更有利於增長生產力。柯爾嘗試了兩種處理勞資關係的方法：一種是減少集體談判的覆蓋範圍，另一種是減少勞資委員會的權力。兩者很早就被破壞了——被雇主破壞。他們早就得出結論，比起一個更弱、更憤怒、更不可預測的工人代表團體，還不如一個有強大工會和可受監管的系統較好。

我與幾位熟悉這兩種模型的人做了訪談。邁爾（Jürgen Maier）出生於奧地利，但在他母親改嫁英國人後，他在十歲時去了里茲。（他記得被霸凌和辱罵……德國人、奧地利人，都是同一回事。）後來進了英格蘭柴郡的康格頓西門子工廠從基層幹起，後來做到西門子的執行長，負責英國的主要業務。他喜歡英國工作場域的隨性，他列舉幾個德國公司與其他不同的特質——領導力、社會組織、培訓和長期雇用。「我從九〇年代初就預測德國模式會失敗，」他表示：「但我一次又一次被證明是錯的，德國模式最終確實是有效的。」

最近由麻省理工學院、加州大學伯克萊分校和德國就業研究所聯合出了一份研究報告，針對德國中型公司，比較其中「董事會有勞工加入的公司」和「董事會沒有勞工加入的公司」兩者的差別。研究發現很驚人。第一組公司擁有的固定長期資本存量比第二組公司多四十%至五十%，換句話說，讓工人加入董事會能帶來更多的投資。由勞資雙方共同治理的公司工資漲幅更大，但與工人的生產率相符合。兩組公司的收入增長大致相同，第一組的盈利能力略高於或等於另一組，端看你用什麼標準衡量。簡而言之，事實證明，如果加入共同決定的因素，對企業成功的所有評量標準都是中性到極好的。然而，傳統的自由市場主義者通常覺得董事會成員最好都是利己的，阻止變革並為自己爭取更高的薪資。

在柏林的德國聯邦工業協會（BDI），我詢問什麼是「負責任的資本主義」（responsible capitalism），這個詞最近才在其他國家成為普遍用語。執委會成員梅爾（Stefan Mair）讚揚工會的優點。他也談到了再分配，他表示，德國老闆將股東價值視為重要目標，但不是唯一目標。「社會凝聚力是很好的投資決策。」我請他解釋。他說，要建立一個有利於市場的框架，但也要建立一套制度規範讓經濟收益能夠公平分配，並要照顧員工。在金融危機那段時期，德國公司竭盡全力避免裁員，安排短期工作，或請大家休年假、休無薪假——只要不破壞供應鏈。他們認為訂單最終一定會增加，也不想再招聘或培訓新員工。工人們接受短暫犧牲保住工作。「這也幫助我們相對較快地恢復，這是理性的決定。」

製造和工程；出口；穩定的公共財政；高技能基礎；社會團結。這就是德國特色。

德國經過最近一波的經濟衰退，但已經度過難關。整個一九九〇年代和二〇〇〇年代，德國經濟成長低於歐元區的平均水平。她吸收東德經濟所帶來的衝擊，納入一千六百萬人口、數千家老舊的煙囪工廠和五十年中央計畫經濟產生的遺毒，這些若發生在其他經濟體是會讓他們癱瘓的。當時，所有人都嘲笑德國是恐龍。《經濟學人》一九九九年六月出現了一篇讓柏林政策制定者和政客刻骨銘心的著名社論，文章寫道：「隨著經濟增長再次停滯，德國被貼上了歐洲病夫（與日本齊名）的標籤。」[4]優點突然被視為弱點，對穩定的渴望導致勞動力市場過於僵化，福利國家過於慷慨。

德國價值受到打擊。二〇〇三年，施洛德出人意料地再次當選，隨後實施激進的經濟改革方案，這是自一九四八年艾哈德以來從未見過的積極改革。這個國家正受到傷害：失業率上升到九·五%，預算赤字接近GDP的四%。[5]經濟增長停滯，勞動力市場被扼殺。失業者有權拒絕任何工作邀請，除非是他們現有的行業，就業市場幾乎沒有運轉。政府的回答是成立一個由十五人組成的委員會，主席由福斯汽車人力資源部總監哈茨（Peter Hartz）擔任。委員會提出許多關於培訓、稅收和國民保險的改革，大多沒有爭議。但在五個要素中的第四個——福利——意見最為分歧。在提出改革的過程中，支持施洛德的力量是反對黨基民盟，他自己的政黨反而並不支持。他不得不威脅要以辭職來打壓社民黨。他感謝他能找到的所有幫助，德國新教和羅馬天主教會的領導人採取非常不尋常的反應，公開表示支持政府的提議，並表示他們認為沒有其他方法可以讓人們重返工作崗位。

這些措施於二〇〇三年十二月在聯邦議院獲得通過，並於二〇〇五年一月生效。即便到現在，它們仍是激烈爭論的源頭：制定了一籃子計畫將失業和社會救助納入單一系統；抑制提早退休的動機；讓雇主更容易聘用兼職與約聘勞工。最具爭議的是，失業救濟金被立即削減至上一份工資的五十%；以前是三分之二，且最多只能支付一年，而在此之前，失業者可以無限期地獲得福利。失業者若缺席就業中心諮商，即便只缺席一次，也可能導致部分救濟金損失。經濟方案的標語是 Fördern und Fordern——「支持並要求」。施洛德和他的朋友布萊爾一樣，迷戀全球流行術語，因此改革方案充斥著「就業中心」、「迷你就業」等「Denglisch」——Deutsch＋English的德式英文。

施洛德將德國推向全球市場的嚴酷現實，遠離社會共識。社民黨也因此付出代價。施洛德在二〇〇五年的選舉中敗北，許多左翼人士都在尋找替罪羊。在競選過程中，社民黨主席明特費林（Franz Müntefering）攻擊外國投資者，他們的「利潤最大化戰略」對民主構成威脅。他說：「他們怎麼還有臉，像蝗蟲一樣落在公司身上，把公司吃乾抹淨之後就轉到下一個公司。」6「蝗蟲」這個詞是標準的納粹反猶太主義宣傳口語，明特費林不得不道歉。

梅克爾接替施洛德後，一方面中立自己遠離政黨色彩，同時收穫經濟利益；她很聰明，不會重蹈施洛德覆轍。競爭力和生產力提高了，失業率下降。投資回流。德國公司直奔東歐和金磚四國（the BRICs），這些國家蓬勃發展，資金充裕。德國出口再次飆升，在金融危機前的七年裡，德國的出口增長了七十五%，競爭對手僅增長二十%。[7]德國公司再一次接管世界，以自己獨有的資本主義模式做到這一點，所謂「社會市場」（social market），儘管存在缺陷，但它實現了持續經濟增長和較大社會凝聚力的雙重成就。

二〇〇五年，經濟史學家阿貝斯豪舍（Werner Abelshauser）出版了開創性的著作《德國工業動態：德國新經濟之路和美國的挑戰》。他堅持認為，二十世紀的兩個主要經濟體：美國和德國，在一九八〇年代前一直緊密結合，之後出現分歧的原因在於經濟放鬆管制（deregulation）和雷根與柴契爾及其國師傅利曼（Milton Friedman）帶來的快速致富文化。他後來在接受德國《時代周刊》採訪時表示：「我們不是最富有的嗎？」這句話後來被當成頭條標語，二〇〇八年的金融危機證明了德國模式的道德和有效性，表明德國人並不像其他國家那樣嚴重依賴個人占有欲作為滿足。相反地，德國人追求一種共同富裕的感覺，以他原來的措辭，他表示：「在德國，傳統上，國家被視為保證人的角色。」[8]

證據支持這一點。德國人不像其他國家的人那樣積極參與股市，他們存錢，一直存一直存，不管利率有多低，甚至是負利率。幾乎所有儲蓄都用於養老金和人壽保險，買了超過一億份保單——數量比人還多。價值創造不是透過高風險投資獲得的。當然，人們也會在意個人擁有。事實證明，德國銀行同樣貪得無厭；德國有很多逃稅者；德國人熱愛家庭奢侈品和假期；他們崇拜汽車。撇開這些注意事項，德國的社會狀態對那些崇尚自由市場、以盎格魯撒克遜心態看世界的人來說是一種文化衝擊。

在哈茲改革之後，一切目的都在降低風險：Langsam aber sicher，步調緩慢但堅定。儘管在董事會尋求共識可能被視為阻礙自發性或減緩速度，德國人認為經濟成功與社會凝聚力之間沒有矛盾。這個國家的非凡之處在於，除了少數幾個短暫時期外，經濟一直保持強勁，似乎沒有人不愛工作。法國有三十五小時工作制的立法，禁止雇主強迫任何人工作超過最長工時，儘管他們可以經由雙方同意加班一定時間作為補充。這項法案於二〇〇〇年推出，目的在增加就業和生產力。結果難說，看你用什麼標準來看。德國沒有那種僵化，在某些方面她比法國走得更遠。因為公司董事會有工會存在，如此也就免去沒完沒了的罷工浪潮，而這正是幾十年來法國勞資關係的縮影。在德國召集罷工總是不得已而為之——而且通常會導致妥協。

然而，二〇一八年初，工人們贏得了讓步，標誌新的出發點。德國最大工會金屬產業工會（IG Metall）達成一項協議，參加工會的電氣金屬業所有工人都可以申請縮減固定工時，每週工時可縮減為二十八小時，最高可達兩年，方便勞工照顧兒童、老人或生病的親屬——同時大幅增加時薪。9 他們的雇主必須在家庭照護假結束時恢復他們的全職身分（如果員工願意的話）。這項協議在整個行業產生骨牌效應，下一個達成類似協議的是鐵路暨交通工會（EVG）。值得注意的是，德國郵政勞工可選擇加薪五%或兩年內額外一百小時的休假。當工會代表和其他機構對勞工進行意見調查時，五十六%的人選擇延長休假時間，而四十一%的人選擇加薪。

德國人稱之為Entschleunigung，字面意思是「放慢速度」，對其他人來說則是：工作與生活的平衡，這種理念在不影響結果的情況下實現。多年來，德國的生產力一直是人們羨慕的對象，尤其是英國人，他們的工時最長。二〇一七年，英國商務大臣克拉克（Greg Clark）指出，「德國人只需四天就能生產的東西，英國人需要五天才能做出來。」這表示，英國工人想付自己更多錢，或少一點工作時數，這是英國經濟長期面臨的挑戰。[10]

奇怪的是，對於以社會市場為榮的國家，德國直到二〇一五年才引入全國最低工資標準。落後法國整整四十五年，落後割喉割到斷的英國整整十六年。不僅雇主反對（他們通常到處反對），工會也反對。德國工會認為這個想法削弱了他們的談判能力。他們爭辯說，最低工資在其他國家是必要的，因為在那些國家的工人沒有其他可依靠的保護措施，但在德國，他們已經受到勞資共同決議的保護了。因為工會人數正在減少，雖然速度比世界其他地方慢，但這種立場更多是出於自身利益而非原則性。有關最低工資的立法最後於二〇一三年通過，並於二〇一五年實施，在此之前，估計有十%的德國人（幾乎全部未加入工會）的收入低於每小時九・九歐元的平均水準。

在德國，個人安逸和社會穩定的定義不僅局限於勞工實拿的工資，許多工人很傳統地向雇主尋求指導和保護。公司提供保險、社交俱樂部和歸屬感，將他們與變化無常的市場力量隔開。歐洲改革中心的奧登達爾（Christian Odendahl）解釋說：「社會市場經濟對那些要在跑步機上工作的公民來說效果很好。」「如果你落在外面，最終只能進入服務業，在那裡會被視為二等工人。」他指的是在零工經濟（gig economy）中打零工的人，簽了約聘合約或兼職打工合約，作清潔工、保安或送貨員。自營業或自由業被認為是有風險的，這不是德國人關心的。更普遍的是，很多人看不起服務業。但有一些例外，保險業被認為是成熟的職業，銀行業也是如此，儘管公眾情緒與世界其他地方一樣沒什麼同情心。在英國，服務業占產能的八十％，這是非常高的數字，許多人將服務業視為未來，將工業生產視為「傳統產業」。英國的創意產業每年總計為經濟帶來超過一千億英鎊的收入。**11** 對德國人來說，這些大部分是「娛樂」事業。但高級文化產業是另一回事，例如，古典音樂家受到極大的尊重，他們的價值是基於他們的藝術才能，而不是經濟效用來判斷的。

德國創新緩慢，數位領域的眾多項目都是落後的——從無現金支付到電子商務。「我們多半是社會上固定的一群，」西門子執行長凱瑟告訴我：「面對顛覆性的創新環境自然會產生防禦心。」我們討論了失敗的社會恥辱感，我舉了一個韓國企業家做例子，這位韓國人還不到二十五歲，在一次會議上自豪地宣布他已第五次創業，其他幾次都失敗了，但這一次成功了。「快速失敗」（fail fast）是美國和亞洲董事會的常見話題。凱瑟指出，美國人可以跑到地方法院辦公室一樓先依照第十一章申請破產，然後上樓開一家新公司。在德國無法如此，德國DAX指數的上市公司中最年輕的是軟體巨頭SAP（名稱來自Systemanalyse Programmentwicklung），這家系統分析程式開發公司的成立時間在一九七二年，這或許能解釋為什麼德國在接受技術和創業文化上進展緩慢。全球市值最大的公司是蘋果，它的市值相當於DAX指數上所有上市公司的市值。

但是德國人正迎頭趕上。二〇一〇年代中期，柏林的新創企業比例是歐洲城市中最高的。過去幾年，對德國技術的風險投資平均每年增長六十%到八十%。其中大部分流向首都，與倫敦爭奪歐洲最聰明的人才。法蘭克福和慕尼黑對投資者的吸引力也越來越大。德國不乏成功案例，尤其是在電子商務和區塊鏈領域：在線時裝零售商Zalando、食物快遞業Delivery Hero、音樂共享服務SoundCloud，還有眾多投資者和天使投資人如Rocket Internet和風險投資公司Cherry Ventures。它們的鼻祖是比價網站Idealo，成立於二〇〇〇年，當時科技業幾乎荒漠一片，現在每個人都湧入了。比爾・蓋茨把錢投入科學網站，他在微軟的繼任者包默（Steve Ballmer）在柏林市中心開了一家新創加速器。德國企業也進來投資。風光不在的報業集團施普林格與保時捷聯手開了一家名為APX的加速器。它和其他類似公司都位於柏林一條靜如死水的街上，就靠近查理檢查站。走在街上的多是穿著帽T的千禧世代和X世代，很難分辨誰是德國人誰不是德國人，因為每個人都說英語。蘇格蘭人坎貝爾（Katy Campbell）每週一晚上都會替女企業家上課。她說，她不會捨棄柏林去別的地方，其他城市都已過時。

柏林的特殊氛圍對科技業有好有壞。Google在市中心占有重要地位，但它希望進一步擴張，計畫新建第七個園區（所謂園區就是科技企業中心，例如在倫敦、馬德里、特拉維夫、華沙和其他地方也建有科技園區），在兩年抗爭之後，建設計畫受到威脅。Google在克羅伊茨貝格找到一個廢棄的變電站，覺得這是完美的位置，而且Mozilla、WeWork等其他公司已經先有廠房設在那裡了。但它並沒有考慮到當地人拒絕讓矽谷大公司入侵他們的空間。相反地，當地人自己在這裡設廠。我和艾勒（Martin Eyerer）一起走過相機公司Agfa之前的工廠。艾勒白天是新創執行長，也是德國最知名的DJ之一。這個地方聚集了科技潮人和各大企業，如西門子、奧迪、戴姆勒等。會面區放了一張柔軟的球床，人可以躺在上面。在這座城市，無論新舊兩區，來廠區工作的四千人中有三分之一是德國人，其餘來自七十個國家。一開始，克羅伊茨貝格的當地嬉皮對最近湧入的科技潮人表示不滿，覺得他們過於「資本主義」，這是艾勒的話，他還補充：「這可是一九六八年西德與舊東德相遇的地方。」

他的沮喪是可以理解的，抵制變革的不僅是老年人，還有相當部分的年輕人和左派。柏林和其他城市許多當地社區拒絕被視為理所當然，然而，有一小部分的我卻尊重這個想法。社會市場經濟，對社區的歸屬感根深蒂固。

德國的不平等程度低於許多國家，但比人們想像的更不平等。基尼系數是公認衡量各國不平等程度的數據，德國在三十六個ＯＥＣＤ國家中大約排在中間位置，僅次於北歐國家，比法國好一點，但比美國和英國好太多了。自施洛德的哈茨改革以來，不平等的情況加劇了。二〇一九年《富比世》雜誌列出一百二十位身價億萬的德國億萬富翁，是英國的兩倍多，相當於每七十二萬七千個德國人中就有一個，與美國的每五十三萬九千個億萬富翁相距不遠。愛爾蘭的人均收入與德國相差不遠，但只有六十個億萬富翁。**12** 德國經濟研究所（ＤＩＷ）最近的一份報告得出的結論十分引人注目，在德國四十五個最富有的家庭擁有相當於德國一半人口的財富。**13** 在美國和其他國家，超級富豪吞噬了《富比世》或英國《週日泰晤士報》發布的富豪榜。如果他們下降了一個檔次，他們會感到受冒犯，但在德國卻有所不同。不管他們是否遵循排名，超級富豪基本上都竭盡所能避開公眾的視線。

這些財富中很少有「舊錢」（old money）——他們大部分被納粹獨裁統治和兩次世界大戰清除乾淨了。許多超級富豪都是從中小型企業賺到錢的。德國富豪榜上排名第三的是Lidl超市的施瓦茲（Dieter Schwarz）。Lidl超市的競爭對手Aldi的老闆阿布雷希特家族（Albrecht）排在第五位。排名第十的是福士集團的福士家族（Würth），他們的公司位於巴登－符騰堡邦的小鎮金策爾紹，生產螺絲和其他金屬工具。這些大老闆多半將他們的公司保密，多半設立家庭信託和基金會。他們也可能擁有一艦隊汽車、大房子、鄉間別墅、財富裝備該有的都有，但很少在公共場合炫富，那會令人反感。

在德國des-res是好家庭，住在好社區，鄰居都是善良可靠的人，他們不會大驚小怪，既不太富有也不太貧窮，街道既不低調也不會炫耀。平均家庭的人均淨收入約為每年三萬歐元，比OECD的中位數高出約十%。國內消費並沒有反映出這一點。除了無處不在的汽車、敏感的家用電器和陽光下的暑假，德國並不是特別注重消費主義的社會，限制購物時間證明了這一點。重要的是要謹慎地管理資源。德國家庭的儲蓄率幾乎是美國和英國家庭的兩倍。一般德國家庭有八千六百英鎊的儲蓄和投資，而英國為五千英鎊。

調查中有一半的人表示，如果他們需要賒賬買東西，他們會覺得尷尬。對比一下其他國家，尤其是美國和英國。在英國，截至二〇一九年十二月，個人債務總額在十年內從一千八百億英鎊增加到二千二百五十億英鎊。平均而言，每個成年人都背負著四千三百英鎊的透支、個人貸款和信用卡。[14] 對德國人來說，這是一種詛咒。對他們而言，重要的不是基於風險的資產購買（德國人的房屋擁有率在西方世界處於最低水平），而是在沒有風險的情況下確保自己的未來。退休制度相當標準，具有三大支柱——強制性的國家養老金、公司計畫下的退休俸和私人規畫的養老金。與其他國家一樣，德國政府正試圖在不引起太大社會動蕩的情況下解決人口老化的問題。將退休年齡逐漸提高到六十七歲，甚至認為延到六十九歲再退休也可以。提撥也會增加，最高養老金會從淨工資的七十%降至六十七%，這些決定都需要經過深思熟慮。

自金融危機以來，公眾敵意的主要原因是工資停滯。收入金字塔底層的人受害最深，不裁員決定的另一面向是設定工資限制。對一九三〇年代大蕭條的記憶加深了對失業和通貨膨脹的恐懼，對出口的重視也有影響。德國之所以在眾多市場占據主導地位，原因之一是將單位勞力成本保持在較低水平。

第一家Tafel於一九九三年在柏林開業，向無家可歸者分發蔬菜水果。Tafel的意思是「飯桌」，是德國第一家食物銀行。裡面的工作成員表示，自哈茨改革以來，需求呈指數級增長。大約一半領取食物的人是退休老人和兒童。公共捐款穩定成長，但因為需要資助的人變多，所以兩相抵銷。受助人的數量因二〇一五年後移民湧入而激增，這道突然湧入的浪潮給政客帶來雙重挑戰——既需處理難民的實際需求，也要顧及政治。二〇一八年，位於埃森的Tafel覺得應該先考慮當地弱勢，決定停止對移民提供食品。這樣的做法引發激烈爭吵，甚至連梅克爾也被捲入，聲稱劃分有需要的人「不好」15。「這是總理政策造成的後果，我們不會因為她造成的後果，而接受總理的訓斥。」憤怒的Tafel主席布呂爾（Jochen Brühl）回擊道。他提醒梅克爾德國有「嚴重的貧困問題」、「令人難以置信的低薪工作」、「不充分的基本福利」和「不成熟的移民政策」。16

德國約有一千兩百萬德國人歸類為貧困人口，他們略占總人口的十五%多一些。根據國際標準，他們的收入低於家庭中位數的六十%，也就是說他們每個月收入不到九百歐元。[17]這是自兩德統一的困難初期到現在的最高數字。許多人屬於所謂的「工作窮人」，雖有收入但需要福利金補貼，但數額不大。截至二〇一五年，德國有將近三百萬兒童和青年面臨貧困風險，占總人數的五分之一少一些。真正的隱性貧困是老人，在過去十年中，生活在貧窮中的退休人士人數增加了三十三%，增幅遠高於其他群體。[18]

在英國，強生政府的流行語是「升級」，提出「城鎮升級資金」（Levelling up Found）解決南北間在投資和生活水準長期存在的差距。戰後德國一直這樣做，政府平衡支付（Equalization payments）是為了確保中央與地方間以及地方與地方間的公平。兩德統一之後利用團結稅將這項作法提升到另一層次。然而就算盡了最大努力，各區域不平均仍在增加——而且不只存在於德東和德西。在過去十年中，九十五個地區有三十五個陷入貧困，包括德東很多地方。超過四分之一的地區，在同一時期，貧困就增加二十%以上。[19]

不來梅邦是德國最小的邦，邦內北方城市不來梅貧困率最高——占人口的二十二%，主要原因是當地造船廠關閉，之後地方上也未能提供可持續的新工作。除了前東德各州外，其他貧困率較高的地區包括北部和西北部，如漢堡（此地也有最富有地區）和石勒蘇益格－荷爾斯泰因邦。中部的黑森邦已經從相對富裕走向困難。德國人口最多的邦，北萊茵－威斯特法倫邦仍然是問題最大的地區。不難看出原因，本章開頭描述的，在門興格拉德巴赫地區三家公司的厲害之處在於，在這個普遍缺乏中小企業的貧困地區，他們真的做得很好。在過去，多特蒙德、波鴻和蓋爾森基興等城市構成德國的工業中心地帶，以生產化學品、鋼鐵和煤炭為基礎。埃森是克魯伯（Alfred Krupp）引以為豪的故鄉，他是十九世紀傑出的實業家、鋼鐵製造商和武器製造商。

魯爾區是盟軍轟炸機的主要目標之一。「這裡是德國工業實力的心臟，」[20] 美國財政部長摩根索（Henry Morgenthau）在給羅斯福總統的備忘錄中寫道：「不僅應該毀去那裡現存的全部工業，而且應該削弱和控制當地工業，讓它在可預見的未來無法再次成為工業區。」魯爾區在多次轟炸中夷為平地，五分之四的建築物摧毀或嚴重受損，許多倖存的居民逃往其他地區。戰後儘管出現經濟奇蹟，但魯爾區的城鎮仍沿襲了後工業時代貧困與士氣低落的傳統循環。他們的人口減少了；失業率是全國平均的兩倍。許多地區已成為禁止進入的無人區，市議會替它們找到了大家都會採用的出路——建設科技園區、大型零售店或競標安置新的政府半官方機構（quangos），其中一些計畫奏效了，但很多計畫並沒有效果。

法蘭克福面臨不同的挑戰。在英國脫歐後，德國的金融中心一直在竭盡全力吸引全球銀行家。行銷做得很棒，宣稱這裡各種商業、社會和文化生活的許多好處。這座城市變得更加活躍——儘管基礎較低。新的舊城區（這是矛盾修飾，但沒有人不懂）使它更具吸引力，有機場可以送你去世界各地。國際學校的水準很高，房屋存量也夠，去農村鄉間也很方便。

但有一個問題。德國的銀行，無論是全球銀行還是本地銀行，都是一團糟。多年來，治理不善、貸款決策不當、技術投資不力加上作風官僚，使法蘭克福無法挑戰倫敦、紐約成為全球金融中心的地位。銀行在各層面上都有問題，德意志銀行被認為是全國問題銀行的冠軍。在過去十年裡，這一直是全國性的尷尬。它的失寵與世界其他銀行類似，但狂妄自大、冒險和無能不應該是德國人的態度。當它在一九八〇年代後期決定與華爾街的鯊魚較量時，腐敗就開始了。一開始，它先吃下英國的投資銀行摩根建富，再進軍歐洲市場，收購了馬德里銀行。一九九九年，它收購總部位於紐約的信孚銀行。下一步，不可避免地在紐約證券交易所上市。然後，從善如流地，德意志銀行捲入了次級抵押貸款騙局。即使市場下跌，它仍繼續出售有毒的抵押貸款股票，押注這些越來越不值錢的產品。

當對惡行之人的管束越來越嚴，銀行的反應不是道歉和記取教訓，而是試圖恐嚇檢舉者。一項內部調查發現，德意志銀行聘請私家偵探監控認為會對銀行構成威脅的人——包括股東、記者和民眾。二〇〇八年，德意志銀行公布五十年來的首次年度虧損，虧損四十億歐元。「我們犯錯了，每個人都會犯錯，」**21** 銀行的瑞士分部執行長阿克曼（Josef Ackermann）這樣說，典型的輕描淡寫和推卸責任。他被免職，但那是在他掌權十年之後。問題堆積如山。二〇一六年，德意志銀行因操縱Libor利率而被美國和英國監管機構處以創紀錄的二十億歐元罰款。次年，它又因未能阻止俄羅斯洗錢活動而遭罰款五億歐元。二〇一九年，美國國會傳喚德意志銀行交出與川普交易有關的文件。德意志銀行是資助川普的最大貸款人之一，即使在美國銀行拒絕貸款給川普後，它仍堅持支持這位房產大亨。

這家一百五十年歷史的銀行曾備受尊崇，如今卻每況愈下，陷入收入下降、技術過時、人才流失和巨額罰款的惡性循環中。在政府支持下，它提出想與德國商業銀行合併的計畫，一個籃子與另一個合併，但後來意識到合併也無濟於事。之後開始一系列削減成本的措施，裁掉了超過五分之一的全球員工，並削減投資部門。德意志銀行和德國商業銀行的股價都下跌一半，對外部投資者來說，也許就有潛在吸引力。

陷入困境的不僅僅是跨國銀行，德國曾以區域銀行系統Landesbanken為榮，但他們也因貪婪投資了後來證明是垃圾的東西。這些地方銀行的職責是為當地公司提供可靠的資金。他們是公眾存放積蓄的地方，沒有人想到他們會違約。這些都是地方銀行，加上地方政府裡許多成員在銀行董事會也占有一席之地，也跟著吵鬧，當地政府不得不救助。但有些倒閉了；一些合併了，另一些則私有化了。由於負利率、信心低迷和謹慎情緒籠罩著銀行業，德國的銀行幾乎被排除在全球遊戲之外。幸運的是，總體經濟仍然健康，現金充裕，幾乎可以不受銀行困境影響而營運。

偵查貪腐犯罪的非政府組織國際透明（Transparency International）每年都會公布全球貪腐調查報告，在過去二十五年中他們對德國的評價一直很高。二〇一九年德國清廉指數全球排名第九——一如預期排在北歐國家、紐西蘭、新加坡等國之後；但高於英國，也明顯高於美國和法國。所以一旦發生醜聞，就是萬眾矚目的大案。「威卡詐欺事件」不僅暴露了機關瀆職的問題，還警示了德國令人擔憂的結構性弱點。威卡（Wirecard）是德國一家總部設於慕尼黑的電子支付公司，當《金融時報》開始報導這家公司有欺詐和作假帳的問題時，德國金融監管局BaFin的回應是攻擊記者和投資人。之後威卡公司的股票市值蒸發一百億歐元，BaFin更頒布對Wirecard股票的禁空令。更離譜的是，他們居然還對揭發弊案的兩名英國《金融時報》記者提起法律訴訟。而德國媒體一開始對此弊案的反應也很曖昧，無法口徑一致對外，不是退縮不報，就是支持監管局。

到了二〇二〇年六月，威卡終於申請破產，負債三十五億歐元。公司執行長布勞恩（Markus Braun）因為涉及做假帳嫌疑而被捕，營運長避逃海外。約有十九億歐元從公司資產負債表上一夕消失——這筆錢很可能是為了膨脹帳戶而憑空創造出來的錢。錯誤怎麼會走到如此地步呢？在整個過程中，即使詐騙證據越來越多，監察單位並沒有採取任何行動。永安會計事務所（EY）的角色是什麼？為什麼連永安也沒有察覺？

這是一樁備受矚目、慢性累積，讓人深感擔憂的事件；在在表明監管機關的失職。BaFin既無能力也無信念，應該對該公司進行監管的所有機構都沒有盡到責任；而這些幾乎全是財政部的職掌範圍。當時的財政部長、也是社民黨的總理候選人蕭茲（Olaf

Scholz）宣布對金管體系進行徹底改革，但很多人指責問題根本出在他身上。

威卡詐欺事件指出了德國在公司管理方面有更廣泛的疏失。公司理監事會的任命淪為商場老人的旋轉門，老面孔一一輪流上場，早對彼此底細一清二楚。矛盾的是，威卡應該是新一代商務，這家公司追求加速無現金支付、強調技術導向的社會，還是入選德國Dax指數三十支成份股之一的「德國之光」啊！

另一個結構性的問題正在影響經濟和人民的生活水準：德國的基礎設施正搖搖欲墜。這些問題造成損失：破舊的校區、搖搖欲墜的橋樑（據說德國主要道路和高速公路沿線的四萬座橋樑中有八分之一不合安全標準）、不可靠的網路和資金不足的軍隊。然後是火車……絕對不會準時運行，這點我可以保證。我在德國旅行，七次旅程有六次耽誤了二十分鐘或更長時間。更糟的是，我旁邊的乘客只是聳了聳肩，「一直都是這樣」，對於德國準時性的尖銳問題，我的標準回答就是這樣。主要原因似乎是超載和複雜的交通網絡，二十年來服務數量增加了四分之一，城際服務、區域和貨運都只能運行在現有軌道。德國人羨慕地看著法國的高速列車TGV。他們表示，即使是西班牙人也有高速線路。在其他疏漏較多的國家，鐵路業和乘客還知道本分，在他們的時程表中把行車時間擴大。這幾乎無法繼續有效營運，而且違背了德國對準時的癡迷，但至少車廂很舒服。

每個國家都有制定**國家級大計畫**（grands project）的歷史，但也不乏計畫出錯、失敗、大幅超出預算的情形。英國有一長串名單，從溫布利大球場到二號高速鐵路，從千禧大巨蛋到橫貫鐵路。西班牙也有自己的鬼城，自建成後從未有人進駐過；法國計畫在南特郊外建造巨大機場也從未見天日。但是德國呢？德國有一項大計畫臭名昭著，甚至啟發了一款棋盤遊戲——「瘋狂機場遊戲」。遊戲目標是盡可能多地浪費錢，玩家會拿到附有說明的遊戲卡，例如建造太短的自動扶梯，而卡片上的每個例子都是基於真實發生的事情。

想法很簡單，分裂的柏林有兩個機場，都是在戰後直接建造的，西部的泰格爾機場和東部的舍納費德機場（Schönefeld）。兩個機場都已經老舊了，首都無法容納大型噴氣式客機。洲際航班的主要樞紐是法蘭克福，其次是慕尼黑。泰格爾機場太小，運載量超標，政府被迫將政府飛機放在科隆的波恩機場，有需要時再讓它們飛進來。到了二〇〇六年，柏林興起建設熱潮，中央政府和地方決定在靠近舍納費德機場的東南邊選址建設新機場，稱為威利布蘭特柏林－布蘭登堡機場（BER）。機場於二〇一二年竣工，發出盛大開幕式邀請函，預定由總理發表演講。突然，被當地負責驗收的消防安全官員叫停了。他發現，煙霧探測器和自動報警防火門組成的複雜系統無法正常工作。在連串尷尬中，開幕式推遲了。由新的管理單位接手，發現了五十萬個故障處，包括亂接管線，所有都必須拆除。

中間糾葛數年，BER成為笑柄，一個必須保持營運才能不被淘汰的波坦金村莊。機場車站每天開一趟幽靈列車。在機場酒店，基本員工會打掃房間，開水龍頭保持供水。行李傳送帶每天輪轉一次。航運指示板打開關閉，指示版顯示到達和離開的航班，卻是其他城市機場的數據。布蘭特家族非常惱火，要求把機場名字中的Brandt刪除。關於錯誤原因的檢討，已經寫了很多，也說了很多。大多數混亂似乎源於多層管理，最後沒有人負責。到了二〇二〇年十月下旬，BER終於開幕了，但沒有大張旗鼓，只是趕在歐洲第二波疫情中期，沒什麼人搭飛機時開始營運，沒什麼好慶祝的。

然後是斯圖加特的營運中心大計畫**21**，想建新火車站作為歐洲幹線的樞紐。想當然爾，這項工程應該在二十一世紀聲名大噪。這些計畫於一九九四年達成合議，但花了十五年時間才開始興建。工程之大比以往任何嘗試更加有野心，想將整個火車站掩埋在功能正常的城市之下。它預計要建一片全新地基，地基由四十根幾公尺高的柱子組成，然後將一棟七層高、重達一萬五千噸的建築放在這片全新地基上——只為了挖一條隧道。它還需要在群山中修建一條長達六十公里長的隧道。當地人想要一個規模較小工程案，在法庭和街頭抗議，想拆除原來車站的北邊建物。爭議最後由公投得到解決。這項工程案將在二〇二四年之前完工。但就算有公投結果，當地還是雜聲不斷。

以上是失敗和延遲最令人震驚的例子，但德國也有建設成功的故事。波昂重建計畫，因為波昂有令人印象深刻的博物館大道，所以市政府和州政府想將波昂重建為文化中心，考慮到建築工程在統一和政府搬遷之前就已經開始，這是一個明智之舉。在整個德東，公路和鐵路運輸已經發生轉變，許多城市中心也是如此。也許最令人印象深刻的例子是漢堡，在工作碼頭旁出現了一個全新的區域。海港城（HafenCity）是歐洲最大的城市開發計畫，南面有大片碼頭區和世界上最大的倉儲區，稱為Speicherstadt——「倉庫城」，建築物坐落在木樁地基上。城市的標誌性建築是令人歎為觀止的易北愛樂廳（Elbphilharmonic），這是為易北愛樂交響團（Elbe Philharmonie）建造的新音樂廳，更廣為人知的綽號是Elphi。城市裡到處都是起重機，但所有建設項目都必須滿足兩項嚴格要求——防洪和提供社會住房。德國第二大城漢堡被認為是最適合人居住的城市，這是多年來城市規畫的最佳證明。一八四二年，三分之一的漢堡城在一場大火中燒毀，然後在戰爭中，被盟軍轟炸為平地。

儘管如此，曾令全世界羨慕的德國基礎設施已今非昔比。有些問題可以歸咎為管理不善；一些人認為中央政府不願花錢。但也有人將問題歸因於「黑零」（schwarze Null，所謂「財政平衡」），這是一個聽起來險惡的術語，指的是一套確保財政廉潔的法律。故事可以追溯到二○○○年代，當時德國正在與高失業率和疲軟的公共財政鬥爭。二○○八年金融危機後，政府立刻通過一項平衡預算法，禁止十六個邦出現預算赤字，並將聯邦政府的結構性赤字限制在國內生產總值的○．三五％。自二○一四年以來，政府每年都會平衡收支。在二○一八年，財政部看到五百四十億歐元的盈餘。[22]

債務煞車系統是一種財政緊身衣，很少有國家如此有條不紊地採行，這是梅克爾時代為數不多真正保守的政策之一。它迫使各地區支持德國版的緊縮政策。最奇怪的是，總理在大聯盟中的合作夥伴社民黨支持這個政策，但它不是同時間拚命想與哈茨福利改革劃清界限的政黨嗎？隨著經濟放緩，要求政策改變的聲音越來越高。一開始梅克爾並不理會，大家都知道斯瓦比亞的家庭主婦不會入不敷出。德國年輕人不斷減少，「不能讓他們背負一直增加的債務」，23 梅克爾如此堅稱。然而隨著她的力量減弱，她不得不出手。隸屬社民黨的財政部長蕭茲明確表示，他希望通過一條允許小城鎮將債務轉嫁給聯邦政府的法案，讓無法支付公共服務和基礎設施費用的小城鎮釋放資源，現在不是消費者的魔咒會被打破，而是儲蓄者的魔咒即將被打破。

很容易得出這樣的結論：基於以上問題，德國正在走向衰落。持續高速成長的歲月已經結束。每當德國陷入低迷時，其他國家就會幸災樂禍，這次也不例外。批評者堅稱，德國的經濟模式已經崩潰。不，不是，但她確實需要做出改變。二〇一九年，德國在世界經濟論壇全球競爭力報告的排名下降了四位，降至第七位（新加坡取代美國位居榜首；排名最高的歐盟國家是排名第四的荷蘭；英國排名第九）。這份已經製作了四十年的年度報告評估了經濟穩定、健康、基礎設施、創新和技術等十二個領域的表現。當然，德國需要更加科技技術，他在量子計算和人工智慧方面進展緩慢。她需要整理金融服務，需要激勵正確的風險投資——不是魯莽的銀行家，而是數位創新者。她不得不在中國出口的洶湧水域和川普與北京的貿易戰中航行，她必須提振國內消費和基礎設施支出。最重要的是，她需要在企業老闆、董事和工會中灌輸一種適應未來趨勢和技術的焦躁感。德意志經濟研究所（DIW）的負責人弗拉徹爾（Marcel Fratzscher）認為：「未來的二十年我們不需要穩定，過去一百五十年行之有效的方法不一定適合現在。」

當然，僅靠穩定是不夠的，但這是一個不錯的起點。德國的內在韌性將助她度過下一個困難時期，幾十年來，研發支出一直高於同型國家，生產率雖然下降，但仍然很高。德國人可能過度重視機械，他們可能過於慎重，他們接受改變的速度可能很慢；但他們的工業實力、現金儲備和高技能勞動力將使他們能夠迎頭趕上——人們可能會打賭，即使在目前落後的領域，他們最終也會超越競爭對手。德國的人口結構將發揮雙向作用，人口老齡化要求勞動力生產率持續提高並增加支出。下一代員工會過得很好，因為可供選擇的範圍很小。在經濟上，德國別無選擇，只能用國外的工人來填補勞動力市場的短缺。即使，這種做法的政治危險顯而易見。

二〇一四年，英國前首相布朗（Gordon Brown）的首席顧問伍德（Stewart Wood）提供了以下對比分析：

> 我們無法複製德國經濟，也不能移植她的固有文化。但我們可以從德國的運作機制

和政策中學到很多，這些運作與政策無不有助產生現代最成功的高工資、高技能經濟。德國經濟最讓人振奮的不是它遵行的政策，而是經濟賴以生存的價值共識。德國致力於自由市場經濟，但她的資本主義是有組織的和負責任的。這個「社會市場」建立在廣泛可接受的規則和實踐上：鼓勵長期主義；在工作場所要求協力合作而不是衝突；激勵雇主投資勞工技能和生產力；並努力確保所有地區的德國人都能共同繁榮，而不僅是一個地區。」24

但願如此。早在盎格魯撒克遜橫行全球之前，德國就在追求經濟增長和社會包容的結合。她創造財富，而無需求助於不受約束的自由市場和柴契爾式的過度行為。她比其他國家更早意識到，如果不解決區域失衡問題，國家就不可能成功。德國經歷了半個世紀以來時間最長的連續成長，就業率達到兩德統一以來的最高水準，稅收收入激增。自二〇一四年以來，一直有盈餘，且償還大量債務，同時仍在增加支出，確保市場接近充分就業。儘管存在種種憂慮，但德國的表現繼續優於競爭對手。她相對輕鬆地度過了金融危機（她投資而不是裁員）。她吸收了一個國家，允許世上一百萬最貧苦的人移入。這就是德國基礎運作的實力、她的長期主義、對教育和學徒制以及其他在職培訓的重視，德國已經顯示她有適應中斷和變化的能力。任何的**幸災樂禍**都將是短暫的。

6

狗不吃狗

團結一致的社會

The Dog Doesn't Eat the Dog

A society that sticks together

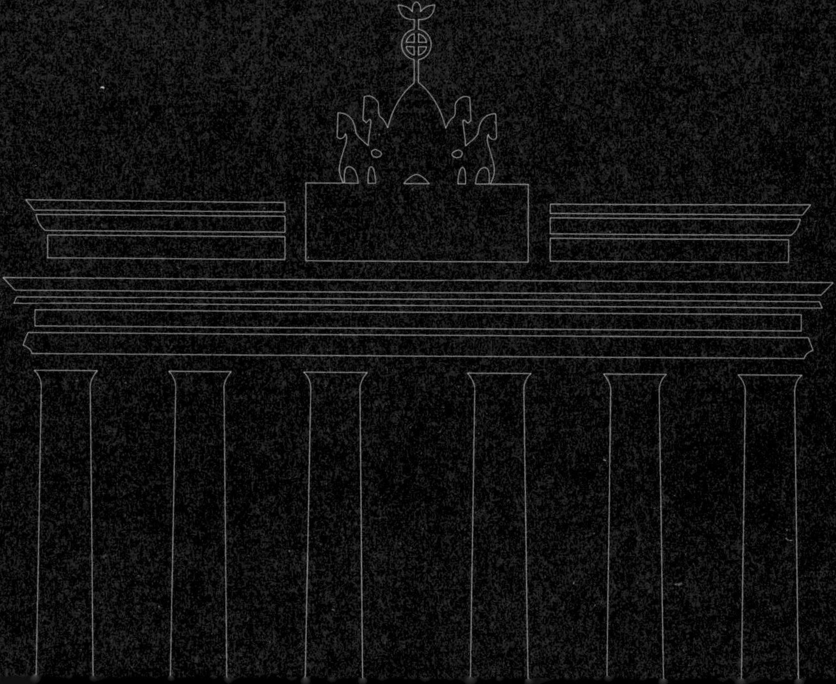

過去三十年，德語協會每年都會選出一個年度關鍵詞，這個協會的地位就像法國的法蘭西學院。一九九一年，它選了Besserwessi（西德萬事通）；一九九八年，它選了Rot-Grün（紅綠色，綠黨首次出現的聯盟顏色）；二〇〇三年，它選了das alte Europa（舊歐洲，小布希用這個詞表示那些拒絕與他一起向伊拉克開戰的歐洲國家）。二〇〇七年入榜的是Klimakatastrophe（還有哪個國家這麼早就在談論氣候災難？）；一九八二年，該協會選擇了Ellbogengesellschaft，「肘部社會」，更適切的翻譯是「狗吃狗的社會」。八〇年代是華爾街的時代，出自電影《華爾街》（Gordon Gekko）的名句：貪婪是好的。自由市場的狂熱者主導了英美兩國的輿論走向；狂妄自大莫如英美，他們試圖將此咒語出口到世界各地。德國很著迷，但也被嚇傻了。資本主義作為創造生產財富的原則居然可行。德國的辯論是如何？社會扮演了什麼角色？社會市場的創造者德國人被告知他們太軟弱了。是時候該戴上牙套，冒點險，別再為窮人弱者擔心了。不打破雞蛋就做不成蛋捲，要犧牲才有收穫啊。

德國人不這麼看。是的，他們意識到有時他們的做事方式是愚蠢的。生活在德國，我常常對緩慢的改變步伐感到沮喪。我比我自己認知的更像柴契爾夫人的孩子。現在美英兩國都在談論復興社區、平衡地區失衡、設定基本收入、縮短每週工時，但一開始先達陣的是德國人，或更確切地說，他們是堅守陣地的人。美國、法國、英國，這些國家出現的地區不平等是故意忽視的結果，拒絕幫助因重工業消失而飽受摧殘的社區，而德國許多（儘管不是全部）此類問題都來自兩德統一，繼承垂死的東德經濟。

消費不是主要的休閒活動。德國領導人永遠不會像戈登．布朗擔任首相時說的那樣，他說購物是一種愛國義務。德國人有需要的時候才會買東西。德國的限制性購物法可追溯到一九五六年。商店打烊的時間在平日是下午六點半，週六可營業到下午兩點。我住在波昂時已是一九八〇年代，還是首次遇見這情形，這樣的限制常讓我感到沮喪。小鎮生活讓我想起童年，冬天週日下午，陰暗一片；什麼店都不開；街上沒有人。即便在週六，真是氣死人，商店也會在午餐後不久關門。至於平日的晚上，就算上班族有時間出去購物，也好不到哪去，我總在酒吧安慰自己。但最近回到波昂，驚喜地發現這個城市多了幾分活力。一九九〇年代西德政府遷出城市，波昂從零開始設立了一個文化區：Museum Mile（博物館大道）。這個計畫是在柏林圍牆倒塌前獲得批准的，當時每個人都認為兩德分開的情況會持續很久。但波昂仍然太安靜了。

從一九九〇年代開始，一連串的漸進式改革放寬了規定，但深夜購物仍然不流行。如果沒有顧客，超市可以提前關門。到了星期天，一切都如以往，什麼都沒變。但德國並不總是這樣。起碼對馮塔內（Theodor Fontane）不是這樣，馮塔內是小說家、詩人、莎士比亞的翻譯家，有時也兼任旅行作家，他與同時代的海涅（Heinrich Heine）一樣，對一八五〇年代的英國並不著迷：生活的眾多挫折中，最糟糕的是安息日，「偉大的暴君都死了；只有在英格蘭，人們才過著——英國星期日。」[1]

沒有一個人想這樣，我見過的各行各業或各個世代，幾乎沒有人提倡篡改星期日的神聖性，幾乎沒有人以宗教為理由。相反地，他們談論生活品質、家庭和社區。再一次，德國人保持不變，變的是別人。普特南（Robert Putnam）寫了一本開創性著作：《獨自打保齡球》（*Bowling Alone*），於二〇〇〇年前後出版，展現了美國社會更深層的不適應，這些社會摒棄了社區紐帶，試圖用金光閃閃的膚淺誘惑取而代之。

德國也不能倖免於原子化社會的表現，儘管很難衡量，但有充分的證據表示，社會資本（用普特南的話來說）在德國的下降速度沒有像在其他地方那麼快。這個議題一直是政府政策的核心。有哪個國家的內政部會在官方文件中將社會凝聚力設為首要任務之一？

> 為了社會有效運作，必須以個人責任和社會參與為基石，共享人類尊嚴、自由、民主和民權等價值觀。這就是聯邦內政部支持公民教育和社會參與的原因，例如，透過對農村和落後地區的參與來制定一項能鼓勵社會凝聚力的計畫，依照此計畫，透過對組織和社團的長期支持，促成充滿活力和民主的社區。2

社團（Verein）是德國日常生活的重要部分，每個城鎮，無論大小，都有幾十個社團。你希望小孩學習音樂、練習手球，甚至為狂歡節準備活動，都有社團可以加入。不僅有在其他國家流行的讀書俱樂部，還有為狗主人、單身者、吸菸者或集郵愛好者成立的社團。成立社團有條件限制，至少要有七名成員（必須選出董事會）；必須要有成立規章和結社目的（如「為了享受週日爬山的樂趣」等）。除了有些官僚作風外，它們廣受人們歡迎。一九六〇年有八萬六千個社團（德東與德西皆如此），到了二〇一六年這個數字超過四十萬。幾乎每兩個德國人就有一個表示他們至少是一個俱樂部的成員，占人口的四十四%。3

當然，還有足球。在一月的某個週間晚上，天氣很冷，我和法尼札德（Andreas Fanizadeh）一起去他的社團Blau Weiss Berolina參觀訓練課程。法尼札德是《日報》（*Taz*）跑文化線的記者，他自願每週兩次來社團訓練七歲以下的青少年隊員，然後在週末進行比賽。這些男孩有的來自柏林最貧窮的地區，有的出身最富裕的社區，還有一名來自墨西哥的普埃布拉，一名阿富汗難民。社團有自己的人造草坪訓練場，球場在穀倉區中心，那是柏林時髦的文藝區。球場一側是昂貴的新畫廊和公寓樓房，另一側是比較傳統的住宅和餐館。然而，球場是神聖不可侵犯的。以前這裡是一處炸彈廢墟，但東柏林市議會不准它重建。然後柏林聯合政府延續東德政策，拒絕任何想開發這塊場地的開發案，儘管一定會帶來巨額利益。有多少資金短缺的城市會表現出這種限制？有多少單位把運動場賣掉另做他用？法尼札德的母親是奧地利人，父親是伊朗人，他非常認真對待自己的責任，他的報社老闆也是如此，所以讓他排時間休假。他認為自己的任務既在體育又在社交，「我的目的是將這些男孩聚集在一起。」他表示：「我們不談背景，不論政治。」我問他其他隊教練的情況，尤其是某些社團教練來自比較粗暴的社區，他能分辨哪些社團屬於另類選擇黨嗎？「你不會問的，但就是知道。」他說：「但無論如何，我盡量尊重他們。」

足球是世上最偉大的鏟平工具，無論大城小鎮無一例外。德國當地消防局也扮演這個角色。在德國兩千個城鎮中，只有一百個城鎮有完全專職的消防人員，其餘地方的消防隊全部或大部分成員都是志願者。將近一百萬德國人登記當消防人員，且接受志願消防員培訓——這是了不起的數字。這就是人們在做的事。事實上，不這樣做會讓人皺眉。為當地社區貢獻是歸屬感的重要組成部分。許多城鎮正召幕新一波移民當消防人員，部分是為了填補空缺，部分是為了幫助這兩個群體相處地更好。

最德國的習俗之一是「清掃週」（Kehrwoche），就是字面上的意思：做一星期清潔工作。並且，這個傳統可追溯到十五世紀晚期的斯瓦比亞（Swabia，這個地區大致在今天的巴登－符騰堡邦）。Kehrwoche算是國家制度，至少對於那些住在公寓樓房的人來說是這樣，如此也就關乎大多數人。它有兩種形式，第一種：居民可以每年用一週時間代表社區做一些繁重的工作。或者，更常見的是，每家每年排定一個星期負責倒垃圾、掃除街道上落葉，或在下雪時掃雪。也可以做室內掃除，例如清掃公共樓梯，清潔社區入口大廳。有時候，某家門上會掛一個牌子表示當週「值週」。通常情況下，詳細訊息都放在網路上。打掃算是勞役，這是人們對當地社區有責任感和歸屬感的一個例子。德國人非常重視節日和慶祝活動，而一談到節慶就免不了要吃吃喝喝一番。慶祝活動會喝啤酒、葡萄酒、杜松子酒，還有吃香腸——或者，會吃一樣似乎全國人都著迷的東西：蘆筍。

德國人有蘆筍季（Spargelzeit），德國人喜歡白色品種，白蘆筍長在地下，見不到光，稱為白金。據計算，平均每年白蘆筍的消耗量約十二萬五千噸。[4] 上至最豪華的餐廳用來做奶油蘆筍佐馬鈴薯和火腿，下至火車站外一定排隊的蘆筍小攤，蘆筍無處不在，剛好從四月初一直賣到六月二十四日的基督教聖約翰節，但若在蘆筍季之外供應蘆筍就是褻瀆神明。

狂歡節的傳統代表過去的時代。狂歡從聖灰星期三之前的星期四就開始，那天稱為「老婦人節」或「婦女節」。歡樂慶祝時，婦女們衝進社區，手裡拿著剪刀，瘋狂地剪斷男人的領帶，親吻毫無戒心的男人。這個傳統源自洗衣婦會在那天放假。玫瑰星期一（Rosenmontag）是主秀的開始，一場十足瘋狂的奇觀，各個年齡層都會上街遊行，乘坐花車，跟著遊行樂隊的樂聲跳舞。遊行花車經過精心設計，諷刺政客是很常見的事。在二〇二〇年的遊行，有個怪物在遊街，身上寫著「Facebook」、「仇恨」和「激進化」；還有一隊展示的人物是另類選擇黨在圖林根邦的首領霍克（Björn Höcke），他正伸起手向納粹致敬，而抬著他手臂的卻是梅克爾的基民盟和自民黨。另一隊就比較輕鬆了，是強生，這位英國首相上半身畫著英國國旗，但是他下半身的蘇格蘭短裙和歐盟襪子正離開他的身體往前走。懺悔星期二的化裝舞會是狂歡的高潮。這個節日在德國各地都會舉辦，但在德西和中部最為盛行，主要在科隆、杜塞朵夫（當地節日的開幕式是小丑從芥末罐跳出來）和古老的大教堂城市美因茨。

德國人把這樣的傳統嚴格地傳承下來，我認為原因有很多：首先，撇開足球不談，德國人覺得他們無法統合各地做全國性慶祝活動。第二點，無論來自哪裡，德國人都是從家鄉出來的，從巴伐利亞、漢堡、萊茵蘭或薩克森。每個地方方言各不相同，飲食和習俗也大異其趣，而慶祝地方特色是當地自豪感的重要組成。第三，有關阿貝斯豪舍所說的社區比個人更重要的論點，在德國確實站得住腳。

當然每個國家或地區都有當地的傳統慶祝活動。在英國，當地人聚集在一起參加村莊慶典、聖喬治節拔河比賽、滾奶酪、村莊間的球賽等。地方獨特性被大家歡頌慶祝，但它應該被視為與其他身分的互補，而不是競爭。一九九三年，首相梅傑（John Major）向選民保證，加入歐盟並不會背離傳統，他撼動人心地說，五十年後，這個國家仍會是「鄉間球場布著長長陰影、有溫暖啤酒、無敵的綠色郊區和愛狗人士」的國家。[5]他輸掉了有關歐盟的爭論，但德國人保留了他們所有的地方趣事——同時自豪地留住歐洲。

從幾個層面來看，德國樂於展示他們女權主義的資歷。自甘地夫人或柴切爾夫人以來，梅克爾是迄今為止最有影響力的女性領導人。與其他國家一樣，德國女性在大學和職業生涯的早期階段表現多優於男性。德國的反歧視立法在涵蓋範圍和制定細節上與北歐國家並列，但是女性在董事會的代表人數仍然少得可憐。到了二〇一六年，德國通過了一項法案，要求公部門的董事會至少有三十%的女性。立刻影響那些在德國DAX指數上市的頂級公司，他們的董事會中男性人數與女性成員的數量是三百五十人比四十人。召募女性成員成為各公司爭奪戰，以致女性薪酬每年比男性成員增長七%，儘管她們的基數較低。[6]

二〇一三年，一場名為#Aufschrei（抗議）的運動在推特上發起，雖然美國人發起的#MeToo運動更為有名，但#Aufschrei運動足足早了四年。它引發自某位女記者的一篇紀錄，她寫下她與前經濟部長布魯德爾（Rainer Brüderle）的談話。她聲稱布魯德爾對她性騷擾，他看著她的胸部跟她說，她「可以填滿一件Dirndl well」（巴伐利亞女性穿的傳統服飾）。[7]兩年前，德意志銀行執行長阿克曼（Josef Ackermann）表示，他很遺憾，居然無法替資深管理團隊找到女人，並補充道：「但我希望有一天它會變得更多彩漂亮。」[8]

然而，這是奇怪的組合。在稅收和兒童保育等基本問題上，德國卻遠遠落後其他國家。設有各種各樣的障礙，從稅收到上學時間，在在阻礙了母親返職工作。令人驚訝的是，這並不是熱門的政治問題。據調查，有一個孩子的德國母親大約只有十四%願意返回職場，有兩個孩子的母親只有六％願意重返全職工作，數據遠低於歐盟平均水平。[9]這就是職業婦女選擇要不要做母親時面對的壓力，大多數有事業抱負的女性不然就決定不生孩子，不然就是生了之後大部分時間（如果不是全部）都會待在家裡。女性的勞動參與率穩步上升，但幾乎都是兼職。這個問題既是社會問題，也是經濟問題。傳統德國人有個術語來形容「過快」回到工作場域的女性，叫她們Rabenmütter——「烏鴉媽媽」，意思是將小鳥遺棄在巢中的雌性烏鴉。雖然現在很少人承認還在用這個詞，但這種心態普遍存在，尤其是在小城鎮。除此之外，還有日常托育的問題。直到最近，政府才開始改革半日制的學校。學前教育裡稱為Kita的托兒所得到大量補貼，教學品質也好，上學時間更短。至於私人保母，市場幾乎不存在。德國父母如果請外人照顧小孩，最後要付的稅金幾乎與他們賺來的錢一樣多。現在，越來越多男性會休育兒假。父母中有一位可休十二個月的假，另一位兩個月。許多中產階級的父母帶著孩子去度假——這並不是他們想要的結果。

稅收制度也有很多問題要解決。近二十年來，德國經濟研究所的羅利希（Katharina Wrohlich）一直在監測性別在經濟上是否平等的議題。阻礙女性的關鍵因素稱為「已婚夫婦拆分計算」。從本質上講，如果一對夫婦中、兩人的收入大致相同，那麼他們最後會比夫婦兩人只有一份收入，或其中一人收入遠超過另一人的夫婦，要繳納更多的稅。換句話說，全職工作的雙方都存在相當大的稅收劣勢。羅利希表示：「其他國家多已經廢除了拆分制，例如奧地利、瑞典和義大利，但德國沒有任何改變。」她補充道，由於沒有任何一方遊說改革，「現在似乎沒有任何行動的希望。」

在東德的舊政體下，婦女得到更多的解放。孩子在很小的時候就送到國立托兒所，父母雙方都去工作，這是東德舊制為數不多的優勢。梅克爾在「女性議題」上一直不願意表達立場。二〇一九年一月，她在《時代周報》上罕見地就此主題接受作家亨塞爾（Jana Hensel）的訪問，這是一次典型的梅克爾式採訪。她談到了女性面臨的障礙，包括她在擔任物理學家期間所經歷的障礙。然後補充說：「我這個總理不只是德國女性的總理，我也不確定女性是否希望我代替她們說話。」10 也許是因為她來自東德，梅克爾一直低估性別不平等。因為此類改革往往源自國際化的大城市，而德國的小城鎮占優勢，或許是此項特色的少數負面後果。更有可能的是，這是世代相傳的問題，如此改變一定會到，儘管速度很慢。

在德國，若想成為生產性經濟的一部分，或要融入更廣泛的社會，先決條件是接受高等教育，或者追隨職涯之路、接受以技能為主的學徒培訓。教育體系讓學生很早就進行選擇。有學術天賦的人去文法學校（Gymnasium）；實用專科中學（Realschule）迎合中間立場，而進入基礎職業中學（Hauptschule）的學生通常最後多從事體力與技術工作。孩子在十歲或十一歲時，職涯軌跡並不是一成不變的——人們的確可以在學校和畢業後改變方向——但這個分流系統是相當確定的。但制定教育政策的是各邦政府而不是中央政府，因此教育政策有地區差異。例如，有些地區有綜合學校（Gesamtschule），所有組別的小孩都可以來念。有些邦更同情私立學校，私立學校規模雖小，但有不斷增長空間。課程課綱在全國也不統一。在更傳統的巴伐利亞邦，宗教課程占據了兩個科別，一堂要上新教信仰，另一堂要上天主教。柏林的課綱更自由，要上關於多樣性、性別平等和「民主教育」等議題的課，還要教育學生有關解決衝突和移民的知識。各地學校都要排定時間上有關歐洲和歐盟的課程。

施萊徹（Andreas Schleicher）是比較教育系統的大師，他在巴黎的OECD總部任職，負責OECD的國際學生評量計畫（PISA）報告，他測試了三十多個國家的教育程度。當第一個結果在二〇〇〇年出來時，德國陷入震驚。德國本來認為她的教育程度會在樹的頂端，相反地，她在數學、科學和閱讀方面的分數接近墊底，並被評為學校表現最不公平的學校。眾所周知，PISA引發公眾的強烈抗議。許多教育家質疑PISA的調查方法。然而，這份調查報告成功促使了政策制定者採取行動。德國上學時間曾是工業國家中最短，如今延長了。更優先注重學童的早期教育，評量成績不佳的學校需要加強學科。引入更全面的課程規畫，確保學習困難的學生得到更多幫助，其中包括那些母語不是德語的二十二％的學生。原來掌握在地方單位手中的教育制度必須改採國家標準。之後PISA測試每三年舉行一次，看到德國的國家排名立刻改善，持續往上，但最近一次的測試成績又降低了。

施萊徹告訴我，太多年輕人受的教育是為了順應當地特定雇主的需求，而不是在發現並跟隨獨特天賦，但只有獨特天賦才能讓這些年輕人在這個以創造力與人工智慧領軍的時代良好發展。

政策制定者正在討論一系列新改革。與以往一樣，改革需要時間，教育部門和政黨正在尋求共識。德國教師通常收入豐厚且程度極佳，但學校往往需要維修和現代化，地方預算在教育上有限制，讓這個問題更加劇。然而，正如施萊徹和其他專家所說的，教育問題不能完全歸咎預算不夠。例如，荷蘭在每個學生身上的花費低於德國、法國或英國，但荷蘭的評量成果更好，教育內容也更加強調二十一世紀的技能。

大約有一半的德國畢業生會接受職業培訓。11 當我第一次聽說當店員可能需要接受三年培訓時，我認為這個故事是都市傳說而不當一回事。但這是真的。我原以為施萊徹會嗤之以鼻，覺得荒謬，但他沒有。他指出，在麵包店工作的人晚上還要進修高等數學。「這不是糟糕的主意。為當前工作學習只是工作的一部分。德國技職制度會讓你上軌道，它著眼於長期職涯發展。在這方面，中國和日本是最領先的。」學習的技能往往與員工立即用上的知識脫節。在德國，很少聽到「技術學得過多」這句話，未來絕對用得上，而不是看現在——以上一切都基於員工可能會待很長一段時間的假設。施萊徹將此制度與英國進行比較：「在英國只有五%的勞動力擁有比當下工作要求的更高技能，這是對生產力的極大威脅。」

二〇一五年，就在德國大部分地區免除大學生學費之際，倫敦高等教育政策研究所出版了一本小冊子《跟上德國人的步伐？》，裡面詳細比較了德國、英國及其他國家的大學制度。得到的事實是，與其要比較德國和英格蘭之間的大學，倒不如說德國和蘇格蘭之間的相似處還比較多。從本質上講，德國大學的自主權和資金不足但更加平等，雖然有些學校（例如海德堡和慕尼黑）比其他學校的聲譽更好，但德國大學沒有像英國的牛津劍橋和羅素集團那種等級之分。德國人就與歐洲的許多國家一樣，學生多半留在家鄉或找附近的大學就讀。德國與法國不同，法國學生的輟學率高，德國學生傾向念完。這些學院的全球排名表現不佳，因為研究通常是在不同的特定學院進行的。美國常春藤聯盟大學在排行榜占主導地位，英國大學如牛津、劍橋、帝國理工則少數上榜。許多歐陸教育家對這個榜單背後的調查方法提出異議。另一個內在優勢是英語，為了在激烈的招生市場競爭，很多德國大學都開了英語課程，以便爭取中國、印度和其他地方的學生。根據最新統計，二〇一六年有超過二十五萬名國際學生在德國學習，僅次於美國、英國和澳洲，位居第四。12這一數字穩步上升並繼續上升。

倫內特（Martin Rennert）擔任柏林藝術大學（UdK）的校長長達十四年，直到二〇二〇年初才卸任。他非常驕傲地告訴我，他是來自布魯克林的猶太人，曾就讀於紐約著名的茱莉亞音樂學院。他熱中德國的高等教育，尤其是藝術教育。柏林藝大的入學申請非常競爭，但一旦你錄取，一切都是免費的，且同樣適用於國際學生。「這是一種文化－政治干預——向全世界提出邀請，這是一種對國際關係的投資，軟實力的成功展示。」倫內特這樣說。政府沒有拉起吊橋，而是進一步放寬了對外國畢業生留在德國的限制。教育部長卡爾利切克（Anja Karliczek）表示，外國學生在滿足德國對技能的需求方面有「巨大且不斷增長的潛力」。倫內特則給了一個不那麼功利的理由。「高等教育不就是為了全民族的利益嗎？在這裡你不必為學習價值製造內部案例。」學生可以花很多年的時間來學習，從本科學位到碩士再到博士學位。一些德國人在三十多歲時才進入勞動力市場，緩慢而懶惰，或可說是經過仔細思考的長期主義者？大概就是這些吧。

杜伊斯堡的瑪琳托戲院遇到經營不善的問題。它下個檔期安排了改編自蘇格蘭獨立鬥士威廉・華萊士（William Wallace）故事的戲劇，但票房並不理想。演出因而取消；破產在招手。因此，這所劇院是作為新冠病毒篩檢中心的理想地點。

德國一開始與歐洲其他地方一樣，在二〇二〇年一月與二月並不重視中國武漢傳來的照片。但是當義大利傳出貝加莫等小鎮醫院人滿為患的報導時，德國的回應很快。杜伊斯堡一樣是貧困地區的貧困小鎮，醫院的排定手術取消，病床清空，空出手術室容量。同時，篩檢中心也立刻成立。徵召了數百名志願醫療人員，第一批志願者將分發到醫院和安養院服務。抗疫細節雖由各地區、各城鎮自行設定但須經由衛生機關協調，如此才能相互交流學習。

二〇二〇年春季那幾個月艱難日子裡，德國就和其他國家一樣也籠罩在瘟疫之下。死亡案例達到九千多例，占人口比例非常低。個人防護設備和呼吸器的供應從未由衛生機構管理，令人印象深刻。

我在歐洲第二波疫情將要開始之際，來到杜伊斯堡參觀瑪琳托劇院，我簡直不敢相信自己的眼睛。這所篩檢中心由消防部門和當地衛生機關聯合運作，中心有三個入口——若要接受醫生檢測的人由一門進入；若屬於追蹤到的可能接觸者由一門進入；自高風險國家歸國的人由另一門進入。我被告知的狀況是：人進來，做檢測，人就走了，就像發條一樣，每天多達四百例。而我告訴他們我英國老家的種種困境，包括設備短缺、無法追蹤染疫者，以及難以進行染疫測試時，他們尷尬地笑了笑。運氣，他們說，就是這樣。

自嘲可能是討人喜歡的特質，但無助於講述這個故事。

沒有一個政策能比醫療服務更能體現一個國家的韌性和長期主義的精神。德國在這一塊絕不是完美的，醫療服務昂貴，又官僚。與法國一樣，她不像英國有服務良好的初級健保系統。儘管近年來進步停滯，但在德國一些最常見的疾病（例如乳腺癌、宮頸癌和結腸癌）存活率在工業國家中是最高的。

德國的醫療健保支出占GDP的十一%，相對較高，但絕不是歐洲最高的。醫療服務一部分由強制性的公共保險提供：雇員需扣掉稅前薪資的七%，雇主要替員工繳付同樣的額度。還有十分之一的人口，如富人、自營商和公務員（奇怪的組合）需要參加私人保險，雖可獲得相同的服務，但他們希望能有高標準、無需久等就能獲得專家幫助的權利，以及幾乎針對個人做的檢查和藥物治療。

德國的醫療服務機構可說是歐洲最老的，但總體而言，她為人民提供的服務相對比較好。當受到COVID-19大流行的終極考驗時，德國醫療服務處於令人羨慕的位置。在危機開始時，德國比其他國家準備得更好，擁有更多的檢測設施、更多的呼吸機和更多的防護設備。這是因為結合了長期規畫和位於經濟核心的工業基礎，加上有強大的生物技術和製藥公司網絡來領導，能夠快速應對需要高度專業知識支持的緊急情況。

德國醫療體系也更能抵禦衝擊，急症病床數比大多數國家都多。在德國，病床數比例為每千人八．二床，法國為七．二床，歐盟平均水平為五．二床。英國是令人遺憾的二．七床，部分原因是長期資金不足和短期規畫。但也有一種趨勢，希望讓病人迅速出院騰出空床，而不是讓他們待在醫院康復。效率和省錢一直是這幾十年來英國政府傳授給醫護管理人員的口頭禪，已經有好多個冬天，醫院在應對季節性流感時處於極限邊緣。英國的醫療系統已經沒有任何餘地來處理更糟的事。

德國共有二萬八千張重症病床，而英國只有四千一百張**13**——在最需要病床的時候，容量上有巨大差異。至於醫護人員，差異同樣明顯。德國每千人擁有四・一名醫生，而歐盟平均水平為三・五名，英國為二・八名。在德國，護理師的數字是每千人中有十三・一人，而在英國則是八・二人。在這些枯燥的統計數據背後，隱藏著德國提供良好醫療服務而其他地方則不盡人意的故事，且是在正常時期。

德國戰後憲法為了制衡中央權力，大量將權力下放，在疫情大流行期間就有產生混亂的可能。但德國並沒有亂，梅克爾迅速採取行動確保聯合決策，她大部分時間都成功了。她讓地區領導人保持自主權，可以在緊急採購上具有更大的靈活性。但一切都經過協調，很快搶到防護衣（PPE）提供給前線醫療人員。總的來說，儘管存在一些地區差異，但這一套體系表現令人欽佩。

英國絕對有理由為她的醫療系統自豪，這套系統已具有七十多年的歷史，是英國為數不多可以各區聯合運作的機構。但她也非常官僚，資源分布不均，財務也不夠健全。處理疫情的每一步都發現英國系統缺乏重要設備和應急計畫。強生呼籲英國公司開始製造呼吸機，補充英國僅存的八千台呼吸機庫存，還油腔滑調地將這項計畫定名為「最後一口氣行動」（Operation Last Gasp）。但同時間，德國已經向製造商那裡買了一萬台，補充現存的兩萬台。至於病毒檢測，英德兩國大約一前一後同時間進入緊急動員。但在幾週內，德國實驗室的檢測速度就是英國的五倍多。英國國民健保署（NHS）的工作人員被視為民族英雄，每週四晚上，人們都會在家門口和陽台上為醫療人員歡呼。但他們幾乎在沒有充分保護的情況下被派往前線。疫情爆發一個月後，NHS的五十萬名一線醫療人員只有五千人接受測試。

在新冠疫情期間，英國政策一下東一下西搖擺不定。政府在封鎖時決策緩慢，試圖讓國家盡可能開放，但執行無能，不管是人民或經濟都沒有得到好處。唯一可取之處是英國自開始接種疫苗後的接種速度。到二〇二一年初，德國的抗疫成就有些失色。死亡率急劇攀升，住院率也急劇上升，疫苗接種速度緩慢得令人沮喪。但即使在最糟糕的時刻，德國系統也不像強生領導下的英國和川普領導下的美國那樣混亂。

受到疫情流行的影響，所有政府和選民都重新評估了他們的優先事項。全世界各個國家撥出數十億美元來應對疫情下的經濟後果。德國長期以來早就對慷慨捐助有共識，直接從薪資扣款換取高質量服務。潛臺詞是對高稅收和國家角色的支持——你付出的不僅是為自己和家人的利益，也是為了整個社會需要。這種思維方式在德國已經存在數十年。

德國的地區發展不平衡，很多小鎮風貌遠遠落後於大城，尤其是在德東各邦。但有一個重要層面德國很不同，她的首都並不占主導地位。柏林的力量無法與倫敦巴黎的力量相提並論，倫敦巴黎是英法兩國大部分政治、商業、科學和藝術的中心，吸引不成比例的投資、資金和人才。較小的國家也有類似的問題，如果不算雅典，希臘將損失二十%的GDP，而斯洛伐克的首都布拉迪斯拉瓦占全國GDP的十九%。巴黎之於法國的數字為十五%，倫敦占英國的全國GDP為十一%。德國是唯一一個首都人均GDP低於全國的國家。德國若沒有柏林，將更富裕〇・二%。[14] 換句話說，柏林拖累德國其他地區。這是一種兩極化。事實上，漢堡和慕尼黑等較富裕城市的人都看不起柏林，認為她效率低下且骯髒。

但有個地方體現了柏林的特質。滕普霍夫機場。這裡曾是世上最重要的機場：一八九三年洪堡氣球在這裡升空；施佩爾（Albert Speer）把這裡規畫為通往新納粹「日耳曼尼亞」（Germania）的宏偉門戶；過去西方盟軍為了突破蘇聯封鎖，也曾在這裡起降飛機執行大膽計畫。建築師福斯特（Norman Foster）把這裡稱為「機場之母」。[15] 二〇〇八年十一月，機場正式關閉一個月後，最後三架飛機從滕普霍夫機場飛走，從那時起，只留下這片面積如摩納哥公國一倍半的空地不知該如何處理。

現在這裡看來只是一團糟；然而大多數柏林人對舊機場的空地利用感到非常自豪。只要看到有發展性的可利用空地，全世界有哪個城市會忍住誘惑不下手。想想那些高層豪宅、宏偉飯店、藝術畫廊或購物中心。統一後的柏林迫切需要更多空間，而這個位於城市南方才幾公里的地點是房地產開發商的夢想。二〇一一年，開發商提交了一項住商混合開發計畫，其中包括辦公室、近五千套住宅（包括大量平價住宅）和一座大型公共圖書館。當時的市長沃維萊特（Klaus Wowereit）堅稱只劃出四分之一的場地做開發。16即便如此，對於當地人還是覺得太多了，於是組織起來阻止重建計畫。二〇一〇年五月，舊機場空地開放一般民眾使用，便立刻受到城市園藝者、瑜伽愛好者、文青、吸毒者、時尚媽咪、燒烤愛好者和運動狂熱者的歡迎。該地區更名為「滕普霍夫自由地」（Tempelhofer Freiheit）。二〇一四年五月，在多年拉鋸後，柏林對此地利用舉行了公投（在這個害怕行使直接民主而以代議制民主為上的國家，這是罕見的事）。將近三分之二的合格選民選擇保持場地不變。滕普霍夫保護法現在禁止在舊機場的任何空地進行重建，至少在二〇二四年之前都只能進行有限度的開發。17

原有的一些機場建築，像是土木工程、地標等就再利用。裡面一座七十二公尺高的雷達站塔至今仍被德軍用來監視飛行交通。納粹時代巨大的航站，包括在無柱屋頂下方延伸近兩公里的綿長停機庫，多半出租給了近一百個不同租戶。柏林警方還將其中一部分用於培訓計畫。這裡有一個中央失物招領處、一所幼兒園、一所舞蹈學校和該市最古老的歌劇劇院。滕普霍夫也是德國最大的難民收容所在地。場地一側空地設有一整片白色廂型簡易住宅，加上其中一處機庫，明顯已是小型難民村，在難民轉移到全國各地之前，這裡是他們入住的第一站。

柏林在長達四十五年的分裂後，城市西半部又被三個盟軍占領，西柏林與德國、乃至與世界其他地方都不一樣，更像是另類的「島」，在這個島上你不必像西德其他地方一樣要服兵役，社會上較為認真有錢的人（儘管有一些例外）寧願不住在那裡。當然，過去三十年的城市「常態化」後，很多事都不一樣了。自兩德統一以來，市中心的大部分地區都被閃閃發光的（或說單調乏味的，取決個人觀點）政府大樓取代。波茨坦廣場在一九九〇年代初迅速恢復生機，變成全球化下全棟玻璃幕牆的醜陋紀念碑。但柏林的城市風貌和氣氛仍然與眾不同，對於那些偏愛秩序井然、精美整齊的中型城鎮的人來說，這裡是一種詛咒。其他大城市在城市風貌上比柏林做得好很多，不管是《Monocle》還是《富比世》，漢堡和慕尼黑可是常常在這些時尚雜誌上與維也納和哥本哈根爭奪誰是歐洲生活品質第一名的位置。漢堡人非常自豪他們對城市空間利用的約制，而夏季的慕尼黑有一種悶熱、慵懶的幸福感。

這兩個城市都沒有柏林如此粗暴的勇氣。首都已經做過兩次去工業化了——兩次都在戰爭結束後，一次是東西德分裂，一次是在東德黨產信託局解體東德經濟時。柏林除了新興的科技行業，為人所知的並不在**製造**或**生產**，而是以政治人物、記者、遊說者、藝術家、學生和嬉皮，那些所謂「墮落的津貼毒蟲」為人津津樂道。至少，這是許多巴伐利亞的資產階級市民的看法。柏林的景點與國家綜合實力完全不符，建立基礎並不容易。德國設在他地的官僚機構應該會像發條一樣運轉，但這裡的經常出問題。官僚低效率的軼事在許多新來者，甚至柏林當地人口中傳來傳去，最常見的與汽車登記有關。很顯然，請假一天開車去漢堡登記會比較快。「我們不再那麼貧窮，但仍然性感」，柏林現任市長穆勒（Michael Müller）這麼說。柏林變得越來越像世界上其他首都，但她還有很長的路要走。許多柏林人，或說至少是很多當地人而不是新來者，都決心保持現狀。他們的主要戰場是住房——每個人都被一種對中產階級化的原始仇恨所支配。

德國人並不癡迷於房屋階梯（housing ladder）①。很少有人在生孩子之前就買房，他們認為沒有意義，因為租金通常可以控制，房屋也維護得很好。德國的住宅自有率（房屋自住單位總數與全部住宅總數的比率）在ＯＥＣＤ國家為倒數第二，只比瑞士高。住宅自有率剛剛超過五十％。英國、美國和法國的自用住宅約占三分之二——儘管自金融危機以來，這兩個國家的自住率下降而租金上升。奇怪的是，歐洲住宅自住率最高的國家是羅馬尼亞，高達九十六％。相比之下，在柏林只有十五％的房子為業主自用，很少有人夢想買房的目的是純粹地做投資，而不是作為自住或家庭的保障。[18]當然，有很多出租房（可能是私人的，也有住房協會或其他團體的）和大量的Airbnb及類似的公寓，但出於社會禮儀很少聽到「買房出租」有多少利潤的討論。那些沉迷賺錢、把房子當成投資工具的人往往不會把這件事告訴他們的朋友。更確切地說，這種利欲薰心的慣房東才是可恥的。在英美等國，收入與資產之間長期以來一直失衡，與那些在漲價區域擁有實體店面的人相比，年薪差異微不足道。

① 譯註：香港在八〇年代出現的住房思維，簡言之，小房換大房，便宜的房換高價的房，經過房屋計畫的配套，讓人民由社會住宅搬到私人購屋，社會地位也隨之提升的政策。

除了德國，世上還有什麼地方，或者至少在西方世界，會把沒收私人財產當成主流議題？在二〇一九年的柏林，沒收財產居然成為嚴肅的政治目標，對城市來說，這個選擇並沒有完全消失。有人發起公民倡議，要求舉行「沒收私有房產」的公投，居民表示支持；或說，根據《每日鏡報》的報導，大多數居民表示支持。一場名為「瘋狂房租」（Mietenwahnsinn）的抗議活動在各地展開，發起目的在於尋求提案連署，以公民投票迫使政府有權將擁有超過三千套住房的房地產公司收歸國有。儘管這會花費數十億美元的賠償金，但目標是讓這些房產物業改由公共委員會管理。私人開發商Deutsche Wohnen是主要目標。這家房地產開發商在德國擁有十六萬七千套公寓房子，其中包括一九九〇年代中期在柏林收購的超過十萬套住房。那時，資金短缺的市議會將大量基礎設施賣給私人，賣供水公司、賣掉一半的電力設施。當時的市議會以四億歐元的低價賣掉了六萬五千套住房，將大量市政債務轉嫁給私人投資者。每套公寓的價值僅為三萬歐元左右。從一九八九年到二〇〇四年，總共售出了二十萬件。Deutsche Wohnen不斷發展壯大，到了二〇一七年已實現了二十億美元的利潤，成為反對強硬資本主義的代罪羔羊。

這是「土地徵收」（Enteignung）的概念，依賴對憲法中兩個條款的新穎詮釋。倡議家爭辯說，基本法第十四條允許財產在被濫用的情況下收回公有制：「財產意味著義務。它的使用也應符合公共利益。」他們說，這一點得到了下面的第十五條的證實，憲法第十五條規定：「根據決定補償性質和範圍的法律，土地、自然資源和生產資料可在社會化的目的下轉為公有制或其他形式的公共企業。」暢銷的小報《畫報》極力反對這一想法，表示：「一個幽靈正在困擾德國，徵用的幽靈。」19德國另類選擇黨有個自製的脫口秀節目《Hart aber Fair》（艱難但公平），主持人普拉斯伯格（Frank Plasberg）說他不敢相信他們正在討論這樣一個想法。保守派評論員走後門順帶譴責所謂的東德國家社會主義。但它真的在被討論，且有很多支持者。這是一個身為局外人只能睜大眼瞧著的時刻，你會意識到德國人對社會和資本主義的概念有多麼不同。當柏林執政聯盟的最大黨社民黨投票決定不再進行時，這個提案就消失了（至少目前是這樣）。但這個決定使結盟夥伴左翼黨和綠黨發生爭執。

根據房地產經紀人調查，過去十年柏林的租金上漲了一倍以上，最近的年增長率為二十%，名列全球最快。同時，這座城市的人口一直在以每年四萬人的速度增長，移入人口大多來自德國其他地區和國外向上流動的人。結果，低收入居民被排擠得更遠。

這是全世界都耳熟能詳的故事。曼哈頓的大片地區實際上是「普通人」的禁區。在倫敦，開發商說會滿足社會住房的需求，但不過是口頭說說，反而將平價房屋的數量減到最低，有時還在建物上開一個單獨入口，稱為「窮人門」。富裕社區往往空無一人，因為它們只是有錢的俄羅斯人、中國人和阿聯酋人的避風港，他們的財產可能空置連續數週，而勞工階級則需要爭先恐後地擠上擁擠的火車，才能到達通勤兩小時才能到的城市。在巴黎，郊區（banlieues）引爆的社會緊張有案可查。

柏林人應該為自己的與眾不同而自豪，他們保護自己免於全球化下的最糟副作用，但在某些方面問題仍在。暫停沒收私有財產的同時，市政府同意一條很有爭議的法律，目的在限制租金。這表示首都內一百五十萬套的房屋租金將凍漲五年。房東向房客收取的租金不得高於前任房客支付的租金，如果房客的租金高於租金表定的限額，房客甚至可以申請調降。這條法律稱作Mietendeckel，規定了「租金上限」。而這條法律並不是柏林獨有的。在過去幾年，西班牙和荷蘭都在全國範圍實施了租金管制措施。美國有四個州也是如此：加州、紐約州、新澤西州和馬里蘭州。加拿大自二〇〇六年以來就制定了某種形式的租金監管，而巴黎在看到柏林的實驗結果後，正在計畫進行租金監管。柏林法律對「過高租金」（Wuchermieten）做出法律定義，房屋租金最多可到此房設定的基準租金的一百二十％，如果租金高於此，房客可以起訴要求降低租金，並退還任何多餘的款項，無論合約中有何規定。

柏林住房大量短缺且因為供給太少導致的價格上漲壓力，都可以歸咎於二〇〇〇年代規畫城市者未能預測到柏林的未來發展，更無法預測人口增長程度——無論是來居住者還是前來旅遊的人。柏林已經成為歐洲週末出遊者最受歡迎的目的地之一。市政府估計，約有三分之一的自助旅行者單獨前來泡酒吧夜店，遊客湧入給住宿和服務帶來了進一步的壓力。

慕尼黑是房價和租金最貴的城市，緊隨其後的是法蘭克福、漢堡和斯圖加特，柏林排名第五。在每年接受調查的十四個城市，柏林的排名幾年前還在第八位。前東德的兩個城市都出現在名單中，都超過了西德的某些城市。德勒斯登排名第十，而萊比錫上升至第十二。當柏林人抱怨城市無法負擔時，他們說得有道理——直到有人將柏林與歐洲與世界其他同型首都城市進行比較。

我到了莫阿比特區，這個地方不像普倫茨勞貝格那麼高檔，卻是柏林一處很有發展潛力的新興區。我來參觀一家叫做Gewobag的國營房地產公司，公司名字代表工會、住房和建築合作社，但它也沒有在扮演一九六八年社會主義覺醒的角色。它算是柏林政府的獨立機構，剛剛才慶祝它的百年誕辰。這家公司建造平價住宅，以大家負擔得起的價格出租，再將所有利潤投入新建物中。它們和其他大型國有企業Degewo和Gesobau一樣主要專注在混合開發，他們的開發規模讓其他首府城市相形見絀。諾斯克（Johannes Noske）向我講述這座城市的住房問題，他指出，這座城市將持續發展，但由於資源有限，市議會能做的也有限。他說，問題出在嬰兒潮那一代，「在一九七〇年代城市老舊破敗的時候，他們搬進夏洛滕堡這樣的地方，但這些地方現在已是又紅又時髦，他們當然會一直留下來。」

壓力已在減輕，主要是千禧世代開始組建家庭，超過三十萬人已搬到郊區及其他地區。柏林是甜甜圈的中心，周圍是布蘭登堡邦。甜甜圈的部分地區是農村和半農村地區，有荒地、森林和數十個湖泊。最受歡迎的地區之一是東南方的斯普雷森林，其中一些比較不受注意的地方先開發了。德國人對通勤帶這個詞有自己的理解——他們稱為Speckgürtel，「培根帶」，表示那些在生活上過得太舒服的人。郊區人口增長和城市幾乎一樣快，並不能取悅所有人。「空地比以前少得多。」諾斯克補充道：「德國人喜歡空曠的空間。」

*

位於布蘭登堡的維滕貝格並不是度假者的必遊之地，我決定在它最令人回味的幾週內好好看一看它，慶祝柏林圍牆倒塌三十週年。維滕貝格遠遠超出培根帶。近半個世紀，它位於戒備森嚴的德國邊界內、處於易北河東側，以易北河與西部下薩克森邦的城鎮村莊隔開。此地由撒克遜國王鄂圖一世於十三世紀建立，在十九世紀發展到極盛，成為繁榮的工業城，擁有巨大的紡織廠、煉油廠和鐵路車輛維修廠，為來往柏林和漢堡間的鐵路運輸服務。此地車站是德國經濟上最重要的車站之一，它最令人回味的建築是巨大的縫紉機廠，從幾公里外就可以看到，廠房裡有歐洲內陸最高的鐘樓（大笨鐘稍微高一點）。這個廠在二十世紀之交時由美國勝家公司（Singer）建造，是勝家在美國以外最重要的工廠。在一九〇四至一九四三年間，據說這裡生產了六百五十萬台縫紉機。戰後，工廠機器作為賠款，被蘇聯人轉移到莫斯科附近的波多利斯克自己的縫紉機廠去了。最後這個廠在一九五〇年代由東德的國有企業Veritas收走，重新裝備並重新啟動。自兩德統一以來，維滕貝格失去了三分之一的人口，整整一代人都去了西部。廢棄的工廠和鐘樓是被遺忘時代的紀念碑。

我和費舍（Frederik Fischer）一起穿過市中心，經過一排排廢棄建築。下著傾盆大雨，場面顯得格外淒涼。一年半前，這位年輕的巴伐利亞企業家想到用住房來幫助小鎮發展：為什麼不為遠離柏林市的數位游牧民族建造一兩個城鎮樞紐，或者更確切地說是鄉村度假勝地？它們可以幫助重建困頓和人口減少的社區。因此，他寫了一封公開信，詢問德東各地市長對他興建創意中心的企畫是否有興趣。年輕人進駐，可以幫助當地居民發展科技技能，以換取廉價的生活和辦公空間，更是將觸角觸及鄉間的機會。「我的電子信箱爆炸了。」他告訴我。然後邀請他所謂的「先行者」出價競標，從中選出二十個標的物加入他空蕩蕩的環境隊伍。

地方議會給了他一個廢棄油廠的後半部（前半部已改造成旅館）。一些先驅住民搬進來，每月只需支付一百五十歐元，其他由地方政府補貼，有六個月的試用期。他解釋說，他想將城市基礎設施帶到鄉村，同時為科技人提供共同工作的空間以及接觸大自然的機會。他創造Co-Dorf——「共村」。社區在易北河畔擁有自己的海灘酒吧（適合炎熱的夏天），還備有很多自行車，可以讓他們在十分鐘內去到自己想去的地方。這裡仍然是德國人口最稀少的地區，但鐵路連接也很重要。維滕貝格在設計之初就是舊東德從柏林到漢堡唯一一個設有高鐵專門車站的城鎮，因此新居民可以在週末回到新世界的潮人中心，只要他們想回去。「這只是對鄉村衰退的一種反駁。」費舍表示。為了實踐類似的企畫，他已經參觀了十五個其他城鎮，目前正預計在柏林西南邊的維森堡鎮（Wiesenbury）進行第二個企畫，預計接管車站邊的一個廢棄木材廠。

費舍和他的創新計畫在媒體上引起轟動，改變了維滕貝格的命運，在過去三十年裡，對維滕貝格的報導只有壞事。「這種地方都會缺乏地方自信心，以為地方只會出一兩個人堅持完成學業，但人們真的很享受在這裡。這是未來誕生的地方。」他告訴我，樂觀是有感染力的，而且在德東是很難找到的珍寶。

二〇一三年四月，卡麥隆拜訪梅克爾。這位英國首相是第三位受邀到梅克爾總統官邸梅塞堡宮的歐洲領導人，梅塞堡宮位於柏林北部，離梅克爾的家鄉滕普林不遠。就像週末家庭聚會，卡麥隆的妻子莎曼珊和梅克爾的丈夫以及他們的三個孩子都出席了。除了他們之外，還請了一些兩國往來交好的文化和政治人物。就在幾個月前，卡麥隆才宣布舉行英國脫歐公投。有很多東西要討論，女主人想以最歡樂和非正式的方式進行。

週六晚上晚餐時間大家閒聊，梅克爾談到藝術，說到她在拜羅伊特大學念書時最喜歡的歌劇。她說，她偷偷溜進劇院和藝術展覽。她會問客人推薦什麼藝術在倫敦展演。卡麥隆結結巴巴地說他喜歡看電視，他補充說，他本來很想去聽音樂會的，但每當他們冒險出去時，總理就會被媒體哄鬧成高級菁英，是luvvies，故意在演戲。這一刻凸顯了德國與其他國家政治現實之間的鴻溝。德國人樂於談論文化，尤其是高雅文化。政治家與藝術的聯繫在德國不僅是被容忍的，且是必要的。

對這種差異感到絕望的人是英國建築師齊博菲（David Chipperfield）。二〇一一年，我採訪過他，那時他在馬蓋特建造特納當代藝術館，這是他公司罕見的英國委託。相比之下，他是德國的知名人物，負責全國許多重要建案，最著名的是柏林的新博物館，他也因此獲得功績勳章。他最近有個新建案開幕，是同樣位於柏林的詹姆斯·西蒙畫廊，總理出席了開幕典禮。還有一個委託案是在柏林西部，預計要重建現代主義大師密斯·凡德羅（Mies van der Rohe）設計的新國家美術館。在作為開幕總結的晚宴上，藝文界與政界的達官貴客齊聚一堂（德國文化部長格呂特斯也在場；英國文化部長受邀但無法撥冗前來），齊博菲談到公共領域在德國的表現，他表示：「令人耳目一新的是，建築在這裡受到激烈的辯論。」並對英國缺乏這樣的討論表示遺憾。「他們真的讓你壓力好大，當下很痛苦，但以成品來說會更好。」他補充說：「很明顯，戰爭與事實告訴我們，德國必須在精神上和身體上重建自己，這也告訴我們，德國是比我們的社會更會反思的社會。我們的文化是只看成功的文化。而在德國有很多關於成功意義的討論。」

德國撥給文化的資金豐厚且穩定。柏林市每年為各類藝術家提供空間租金補助，每年可高達七百萬歐元。除此之外，政府還投資七百萬歐元，收購或改建空間，提供藝術工作使用。這可看作是一帖補藥，因為租金急劇上漲已讓柏林八百名藝術家陷入危險境地。很多人被迫搬到較小城鎮，或根本搬到其他國家的城市（雅典和里斯本特別受歡迎）。但柏林仍然對音樂家、藝術家、設計師、建築師非常有吸引力，特別是對那些長期以來無法去紐約、巴黎或倫敦開展業務的藝術家來說。柏林雖然財政困難，但比起其他德國城市，她對藝術家（和觀眾）的補助在人均支出上甚至更高。雖然英法兩國對文化主導的復興藝術做了很多工作（如在馬蓋特、南特、蓋茨黑德、馬賽），但德國將權力下放，從一開始就確保資金和人才能得到更公平的分配。文化和教育政策的制定權限屬於各邦，聯邦政府只能做協調。但無論在哪裡，中小城鎮都有大量著名的博物館、劇院和音樂廳——中小型企業和當地藝術文化是讓地區有自豪感和地方認同最好的方法。例如在薩克森邦，邦內總人口只有三百萬，卻擁有球世界最好的兩個管弦樂團，萊比錫布商大廈管弦樂團和德勒斯登國家管弦樂團。

我認為，德國的文化社群比英國和歐洲大部分地區的文化社群更激進。藝術家的美感、政治和知識期望更高。這就是英國戲劇導演米契爾（Katie Mitchell）大力支持科隆和柏林超過十年的原因。一位藝評家曾指責她「對經典文本故意無視」[20]，但這個問題在德國是不會被反對的。她爭辯說，英國的觀眾過於頻繁地被灌輸懷舊感和安全感，她讓常來看戲的戲迷養成一種被挑戰的期待感，讓他們的觀點和情感受到威脅。「當一部戲劇看起來過於精緻時，德國評論家總是本能地保持懷疑態度——他們擔心這可能是為了要掩飾作品沒有深度。」[21]她如此說。

在我與各界文化領袖的對話，可以確定目前藝文界的共同問題。德國也是一樣，優勢和劣勢非常鮮明，且互為表裡。德國藝術機構不必每隔幾年就煩惱是否可繼續營運。很多機構團體可從公司企業和家族信託那裡獲得贊助，因此德國的藝文董事和董事會不必像在美國、英國和其他地方那樣要耗費時間精神來籌款。當藝文擺脫了對商業主義的強調，就可以更容易進行實驗。我感覺在德國，尤其是柏林，藝術家對政治激進主義有一股狂熱的激情，這在英國很少見。可以肯定的是，圍繞個人身分議題的探討也會激發出很多文字和表演，但對過去數十年英國最大問題——英國退歐——英國藝文界已經失去勇氣，只會不顧一切迎合政府，不願意找資助者的麻煩。

在德國，文化領袖有自我政治立場，並對政府施加壓力，這被認為是完全合適的。與此同時，政府也覺得有權可以在藝文上扮演一定角色。沒有任何地方會比柏林的人民劇院更能體現這一點。這是德國最好、也是最糟的故事。劇院始建於一九一四年，大門上方的標語是：Die Kunst dem Volke，「將藝術帶給人民」。在威瑪共和國時期，這裡是實驗表演的溫床，可算是厚顏無恥的左翼劇院，用極低票價吸引工人階級觀眾。一些重要人士如導演賴因哈特（Max Reinhardt）等曾在這裡工作。藉著不踰矩，這個劇院在東德倖存下來，但在政權末期，異議份子都湧來此處展示他們意在言外的顛覆性作品。兩德統一後，人民劇院有了新生機，得到導演卡斯托夫（Frank Castorf）的加持。從一九九二年起，卡斯托夫領導劇院長達二十五年，將它變成德國最具創新精神的劇院之一，不對社會因襲讓步，不對商業利益屈服。他不在乎藝評家對他節目的批評，也不在意人們不理解。這是作為說教主義的藝術，其他的都去死吧。二〇一三年的拜羅伊特樂劇節，卡托夫改編華格納的《尼貝龍根的指環》在歌劇發源地拜羅伊特劇院上演，演出後觀眾噓聲不斷。越有錢的戲迷倒是讚聲喊得越大聲，但噓聲越大他越高興，豎起大拇指、鼓掌表示諷刺。終於在二〇一五年，柏林政府解除他在人民劇院的職務。傳統主義者和激進主義者（在德國通常是同一件事）都被嚇壞了，宣布繼任者為比利時的策展人德康（Chris Dercon）時，驚嚇變成了憤怒。德康是來自比利時的傳奇人物，他了解自己的想法，成為倫敦視覺藝術界八面玲瓏的人物，但對於許多柏林人來說，這就是問題所在。

在德康應聘上任前，一百五十多位演員和其他員工對他的到來發表了一封公開信，對他的任命表示「深切關注」，他的任命代表著「對歷史的夷平和對身分認同的抹殺」。22 奇怪的是，他們將德康的前任雇主、英國藝術集團Tate視為英美文化入侵的特洛伊木馬。這次任命是一次惡意收購，是「社團主義」（corporatist）的策略，最糟糕的是，德康是「新自由主義者」（neoliberal）。卡斯托夫用上演浮士德來嘲笑他的未來繼任者，這是他的告別儀式，主題是殖民和接管。而德康宣稱：「那個柏林已經結束了，柏林將成為有正常議題的正常城市。」貶抑他眼中的懷舊情緒，但這對他的事業沒有幫助。23當他到任時，人民劇院的工作人員為了阻止他進入大樓，還進行了為期六天的靜坐。四萬人簽署反對任命的請願書。達康做不到一年，第一個經手策畫的藝術季，開幕儀式安排在另一個場地，滕普霍夫舊機場的停機庫做舞蹈表演，演出的劇目是貝克特（Samuel Beckett）的戲劇，但並不順利。二〇一七年八月，他的住家門口遭人潑糞；有一次聚會，一名男子將啤酒倒在他的頭上；還有人在街上對著他狂喊：「你這隻狗！」德爾康來到一間具有性格強烈且同樣強烈不願改變的劇院。達康辭職，覺得在巴黎國家博物館大皇宮的工作更幸福。

麥葛瑞格（Neil MacGregor）是英國博物館界的傳奇人物，與齊博菲一樣，他在德國也是極負盛名的人物。他在大英博物館舉辦的「民族回憶展」匯集了兩百件文物，探索德國六百年的歷史。展覽後來轉到柏林的馬丁－格羅皮烏斯博物館繼續展出。麥葛瑞格出版了一本同名書，與展覽一樣，受到高度評價。離開大英博物館後（他的繼任者是德國人費謝〔Hartwig Fischer〕），麥葛瑞格開始了他所謂的「歐洲最重要的博物館企畫」。柏林的洪堡論壇（Humboldt Forum）將成為歐洲大陸最大的展場，展出來自世界各地的人類學、民族學和藝術。雖然內容關於德國的很少，但展出建築本身是按照柏林宮風格重建的建築。柏林宮是普魯士時期的巴洛克式宮殿，原來就矗立此處，但在戰爭中遭到炸毀，幾年後蘇聯人才把斷垣殘壁拆掉。一九七〇年代，就在柏林宮的原址，東德建起共和宮，而這就是諸多不安和討論的根源。共和宮是有著玻璃帷幕的現代主義巨大建築，是人民議會的所在地，也就是東德的橡皮圖章假議會，但它近乎反常地成為東柏林人的驕傲。共和宮一進門，大廳是一處迷人的（這是他自己說的）聚會喝咖啡的地方，還有一個保齡球館和一個音樂廳。很多人不相信東德回歸後，政府要拆共和宮的原因是因石棉污染問題，認為這一定是為了拆除而編的莫須有藉口。幾年後拆除工作開始時，抗議者試圖阻止起重機。共和宮裡面的內部展品被保存下來，後來放在東德唯一的博物館，羅斯托克美術館（Rostock Art Kunsthalle）展出。

新的，或更確切地說，舊的柏林宮建設工作要隔了十年後才開始進行。許多東德人想知道為什麼他們需要耗資六億歐元建造一座頌揚德國強權象徵和殖民主義的大廈。至少可以證明，麥葛瑞格的任務並不容易。正如他自己在書中所寫，關於一九〇五年到〇七年鎮壓坦干伊加（Tanganyika，現為非洲坦桑尼亞）的叛亂和對納米比亞土著部落的滅絕，可稱為「二十世紀第一次種族滅絕」；「現在有些聲浪平地鵲起，一些人認為德國的殖民罪行可與納粹的罪行相提並論，並以同樣的承諾會公開承認和研究。」[24] 一直負責調查納粹掠奪藝術品的德國失落藝術基金會宣布將擴大職權範圍並資助博物館進行殖民起源研究。加拿大人和澳洲人也正在做這樣的事；馬克宏總統下令把法國從殖民地奪來的文物還回去。雖然英國有些人也開始以同樣的主張討論大英帝國，但此議題仍然在公開辯論中出現一種短視近利的敬意。

麥葛瑞格還有更緊迫的任務。要辦展覽，他必須把五個獨立的博物館串連一起置於同個保護傘下，其中要應對錯綜複雜的管理結構，還有一些自負不凡的人需要斡旋。他希望新空間可以免費讓人進入參觀（就像英國和其他國家地區的很多博物館一樣），聯邦政府也是如此主張，但市政府有不同的看法。

麥葛瑞格和我談到德國博物館界以及更廣大藝術界的特殊性，他說，重點仍是研究和學習。策展人為王，他們享有所謂的「詮釋權」。換句話說，他們幾乎主宰了在特定展覽中會展示什麼。他補充說道，為了做出改變，為了完成事情，你不能把自己當成藝術機構的負責人發號施令，你必須取得關鍵人物贊同你，要帶著大多數工作人員，而且他們大多都是公務員，很難調動。我們討論到另一個術語：verharmlosen，最好將這個字理解為「事緩則圓」。對於視覺藝術，也像在表演藝術中一樣，變化是漸進的。

自然歷史博物館位於柏林市中心北端，位於國會議員沃格爾（Johannes Vogel）的選區，沃格爾議員可能是擁德國最精緻車把鬍鬚的擁有者。他的妻子莎拉・達爾文是達爾文的後人，多年來一直在倫敦各大歷史博物館工作。沃格爾面臨的緊迫問題與德康或麥葛瑞格不同，他的博物館要倒了，是真真實實地要倒了。他們正在失去鳥類和昆蟲，整個樓層都不安全，剩不到十分之一的展覽空間可以利用。

他帶我穿過大樓深處的儲藏室，何內克的海報仍然掛在牆上，共產主義青年團的旗幟立在一張廢棄的桌子上。「我說我們需要四億歐元來修復這座建築，創造一些奇蹟。我去過議會三次，都沒用。然後到了二〇一八年，從四月到十一月，德國沒有下雨。那段時間，里約熱內爐的巴西國家博物館遭燒毀。那場悲劇發生幾天後，沃格爾在《金融時報》發表了一篇評論文章，將博物館的安全與公共資金間建立關係。經過一夜的討價還價，他獲得了驚人的七．四億歐元，直到二〇二三年——對於年度運營預算僅為一千七百萬歐元的組織而言。他現在想把博物館變成世上最偉大的科學和自然生態之家，規畫將重點放在資訊學習和互動上。

在德國，用高雅藝術做談話開場並不被認為是矯揉造作，正如卡麥倫在與梅克爾共進晚餐時尷尬的情況不會存在。有一派持相反觀點，認為德國藝文機構並沒有特別努力擴大吸引力。但有些機構開始改變了，週日開放免費入場，提供便宜的觀賞座位，到學校去做外展服務。如果他們的觀眾來自相當狹窄的社會階層，這些機構並不會特別大驚小怪，只是多樣性和廣度還有一段很長的路要走。文化（或其他）會議上的小組討論通常專屬於某些特定年齡和背景的白人男性。

德國的政治和文學空間充滿了爭辯，與法國人和義大利人一樣，德國人對公共知識份子的概念很放心。多年來大報和雜誌幾乎沒有變化（無論好壞），嚴謹和智慧比追逐發行量更受重視。報紙的評論版：feuilletons並沒有簡化。我記得看過一份週日報紙，在歐盟－非洲峰會之前用了整個頭版分析非洲的發展。你可能在法國也看過這種情形，但我想知道，除此之外還有什麼地方會這樣？回到一九八〇年代後期，一個星期三的下午，我記得看了一場機智問答節目，這節目不應該是走那種曲高和寡路線的。參加者手指按下搶答鈴搶答：「誰是英國反對派的領袖？」兩支球隊立刻大聲喊出他們的答案，一支隊伍比較厲害：「金諾克」（Neil Kinnock）。有多少英國人或美國人能夠說出另一個國家的反對派領袖，或者簡單一點，說出政府領導人的名字？我這麼說並不是為了嘲笑——德國電視台週六晚上的節目還在播著那些靡靡之音，名人在籃球場上踢足球，還有自製的相親節目《愛之島》（Love Island）——這些都在暗示著在德國，不能只把德國看成極端嚴肅的或只看外表的。最顯著的文化差異是對待語言的方式，英國陷入單一語言的平庸狀態，參考對象在美國，但也沒有走太遠。大多數德國人在學校時要學兩種外語，也許就因如此，如果有真正的國際化，我總是被這樣的文化好奇心打動。

如果說德國新聞業的優點是拒絕拿掉有智慧的討論，那麼缺點就是不願深入探究。當梅克爾在二〇一九年在公共活動中至少三次出現顫抖時，德國大多數報紙認為不宜進一步調查。在為這種冷漠辯護時，報紙編輯和電視主管的標準反應是區分私人（健康、愛情生活）和公眾（資金使用或政策決定）。

對於目前德國生活的多數內容仍然留有過去的影響，任何侵犯隱私的事情，無論是政府的還是商業的，都會受到極其嚴肅的對待。社民黨的智庫、艾伯特基金會，在十年前曾舉辦過一場關於言論自由的座談會，當時會中的發言讓我感到很震驚。當時一位與會者表示，她寧願要一個由公家機關運營的社交媒體平台，也不要用一個矽谷來的。她宣稱，不要相信Facebook或Google會處理你的個資。這句話在當時感覺有些老古板，是德國人過度謹慎的又一例證。然而，隨著對隱私擔憂增加，現在有些人會認為這種做法很有先見之明。德國政客在流行的Twitter或Facebook平台上擁有帳戶的並不多，他們發文通常很枯燥又很官腔。但它正在發生變化——儘管德國沒有知名政客願意效仿川普，一邊躺在床上看談話節目《福斯與朋友》（Fox & Friends），還一邊在社群媒體上大放厥辭，用推文取代傳統的政府公告。

梅克爾的前資深助理威廉（Ulrich Wilhelm）一向尊重兩方意見。「誇張的新聞更會被視為對民主的威脅，而不是對民主的強化。」他說：「在希特勒上台期間，它被用作侵略和敵視民主的工具。」他認為，親納粹宣傳者對威瑪共和國高級人物的人格暗殺已經留下不滅的印記。

民意調查顯示，儘管另類選擇黨盡千方百計破壞人們對主流媒體的信心，但德國對傳統媒體的信任度仍然高於其他國家。路透社研究機構的最新調查顯示，四十七%的德國人相信他們閱讀的內容，不管出自線上或線下。基於閱讀是最普及的傳播方式，這樣的信任度不算太高，但仍高於其他國家。在三十八個國家中，德國媒體的公眾信任度排名第十二。英國排名第二十一，美國排名第三十二，法國排名倒數第二，只有二十四%的人相信他們所讀的內容。大約有七十%的英國人表示他們害怕假新聞，而只有三十八%的德國人害怕假新聞。**25** 儘管如此，仍有很多值得擔憂的地方。德國的老牌政黨在社交媒體幾乎毫無指望。

德國是世上最富有的國家之一，但很多德國人覺得盎格魯撒克遜人對獲取利益的強調有些俗氣。也許從商店並不一定開門就能略知一二，這與其說是一種可惡的不便（我的第一反應），不如說是以社群為重、平衡生活優先事項的一種展示。德國的商業街與許多其他國家的商業街不同，仍然很有特色；獨立商店不會因高租金而被排除在市場之外。有件樂趣是，在德國許多中小城鎮中，一個人除了可以去音樂廳和博物館外，還能踱步走進一家書店，正大光明地占地看書。

至於書的作者，有多少國家可以誇耀她的國家元首是位著作等身的哲學作家？高克（Joachim Gauck）與梅克爾一樣，是為數不多登上頂峰的東德人，在卸任總統兩年後，出版了一本有關寬容的書，闡釋寬容的教化價值、它為何重要以及寬容價值如何受到威脅。他追溯寬容的歷史，從十七世紀的宗教戰爭到伏爾泰、穆勒、康德和歌德。他深入探討了個體化的局限以及需要大家更廣泛的共同努力。這本書成了暢銷書。除了德國，還有哪裡會如此？

7

不再等閒以對

氣候與汽車

No More Pillepalle

Climate and cars

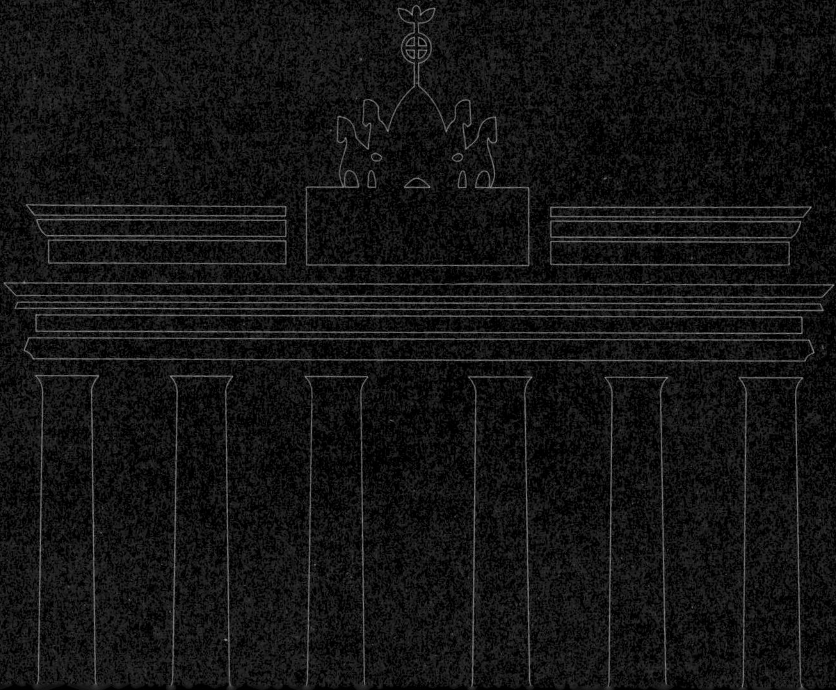

德國的綠色運動是世上最古老、最有影響力的運動，起源於半個世紀前的維爾小鎮，就位在德國西南邊的葡萄酒產區凱薩斯圖爾的邊上。

一九六〇年，西德為了促進核能通過了原子能法。自從一九五〇年代末，專家們一直在討論如何開發核能這項新技術，但直到一九七〇年代初的石油危機才讓人們認識到這項任務的迫切性。他們開始尋找地點，找到在巴登－符騰堡邦與法國接壤的安靜小地方，確定它是完美的地點。當地人心存疑慮，但專家相信這些疑慮很容易克服。很快地，核能廠的規畫許可就被批准了；維爾鎮被封住，於一九七五年二月開始動土，但這也是麻煩的開始。第二天，當地居民占領了施工地，警察把抗議農民和他們的妻子從泥濘中拖走，這樣的畫面上了電視後立刻變成全國大頭條。當地神職人員和葡萄農收回之前同意讓政府徵用的土地，附近弗萊堡大學的學生也來增援。驅散抗議者的計畫遭放棄。僅在一個多月後，核能廠的施工許可證就吊銷了。預定的核電廠從未建成，這片土地成了自然保護區。

維爾鎮的抗議成功將核能這個議題帶到大眾面前，也激發出公民團體的行動，只要哪裡提出核能廠的計畫，或是哪個廠計畫轉移核廢料，就有公民團體如影隨形。這讓反核議題與環境議題兩者連上關係，如此也造就德國在這條路上與眾不同。相對而言，核能議題在英美法三國引起的熱情要低得多。事實上，對於許多人來說，法國和英國之所以還能自視為全球大國，部分原因也是因為有核能力的威嚇。英法兩國在聯合國安理會的位子也許在一九四五年前還算合理，但在七十五年後，已荒謬地不合時宜，現在還在那裡很大程度上是基於他們的核武地位。德國人對核戰爭和能源的擔憂早在氣候變遷的辯論之前就已經存在，現在是核能與氣候手拉手一起來——變成雙倍的存在焦慮。

二〇一九年初夏，我正要去門興格拉德巴赫當代藝術博物館，剛好走過當地一所學校，一陣反覆的轟鳴聲差點把我震倒。我問路人這是怎麼回事？那是核警報響起，她以實事求是的方式告訴我。每個月的某個星期六就會出現一次測試演習，顯然，這地方非常重視核污染警告。「關緊門窗，關閉所有暖氣和空調設備，服用碘片，快速尋找地下室或其他室內空間躲藏，確保無線電收得到訊號。」1這是來自市政府二〇一八年十月出版的核災說明小冊。這本核子避難手冊共有二十二頁，可上網取得，也可以拿紙本印刷品。這裡靠近比利時邊境的人口集散地，當地人做防災演習，準備瓶裝水和不易腐爛的食物，還有人將防護衣放在櫥櫃和床下。

進入比利時，小鎮休伊的西南方一百一十三公里處矗立著蒂昂日核電廠，這座巨大的建築多年來一直讓居民感到恐懼。二〇一二年，蒂昂日和比利時另一座位於安特衛普附近的杜爾核電廠在經過超音波測試後發現核反應爐內部鋼材存在神祕裂紋。二〇一四年三月，這兩個廠都關了一個反應爐。反應器壓力槽是核電廠的重要組成，基本上就是裝著燃料棒的鋼殼，裡面會發生核連鎖反應。測試顯示裂縫數量已經多達一萬六千條，如果其中一座壓力槽爆炸，就會變成核熔毀。如果發生意外，只要幾小時，盛行西風就會將放射性雲吹到荷蘭和德國。

當地居民認為蒂昂日受損的反應爐不應該再重啟使用。然而，比利時聯邦核能管制局（FANC）推翻原本決定。二〇一五年十一月，儘管疑慮聲不斷，比利時政府仍決定重啟蒂昂日二號反應爐。比利時核能管制局和負責核電廠的法國能源公司Electrabel對裂縫提出新的解釋。Electrabel宣稱，裂縫是從一開始就存在的，並不是反應爐運轉的結果。該公司表示，它們是「在鍛造過程中產生的氫氣薄片」。2在聲明中表示，裂紋數量的增加是設備靈敏度提高的結果，多年來一直在改進。比利時核能管制局堅稱，壓力槽的結構完整性「僅略有下降」，但就算下降仍高出法定限制的一・五倍。但報告沒說的是，蒂昂日核電廠已經有四十多年歷史了；而它的運轉年限只有三十年。

比利時的電力供應一半要靠核能，但政府允諾要在二〇二五年實現非核家園。但是住在門興格拉德巴赫居民擔心等不到那麼久核反應爐就已經熔毀了。他們不相信比利時政府的判定，因此，門興格拉德巴赫已成為最大的反核運動發源地。黑黃相間的標語處處可見，上面寫著「廢除蒂昂日」；它們做成汽車貼紙，變成公寓窗戶上飄揚的旗幟。想想亞琛，這座美麗的大教堂之城距離蒂昂日核電廠僅僅只有六十五公里。比利時的公共輿論則是正反兩邊意見分歧。但在法國，許多選民將核能視為一種重要且乾淨的能源，並堅持認為德國人和荷蘭人只是藉著質疑核能安全來謀取政治利益，但人民對核電廠的敵意仍在升高。荷蘭安全委員會的報告表示，萬一發生事故，影響所及的各個國家對於應該採取的反應，全都沒有進行跨國協調。報告指出，最後將是「混亂和動盪」。3德國政界人士一直在努力達成共識，人們認為，梅克爾就算不和比利時人鬧翻，在歐盟凝聚力方面問題也已經夠多了。德國的地區政府要求關閉蒂昂日，然後才意識到他們的養老基金已經拿了二百三十億歐元投資核電廠的營運公司了，買了它好多債券和指數證書，德國養老基金迅速賣掉資產。

德國人一想到核電，就會想到車諾比和福島。他們似乎比其他國家更受這兩場災難影響；畢竟，兩個核能大國冷戰，分裂的德國卻夾在中間。也許這就是對風險的厭惡、對大公司的懷疑——更基於歷史教訓後全混在一起的反應。當給予人類不受限制的力量就可能造成可怕傷害，核能就如核武器，被視為危險的另一種表現形式。

影響德國人口的第一起核事故發生在世界的另一端。一九七九年美國賓州哈里斯堡附近的三哩島核能發電廠反應爐部分爐心熔毀，大約十二萬人集結在波昂政府大樓外參加抗議。儘管反核的人數眾多，且在維爾鎮取得初步成功，但抗議者並不總是占上風。多年來，能源公司一直努力遊說政府，到目前為止，德國已建了十七座核電廠。在各起反核事件中，警民發生暴力衝突最嚴重的一次是為了抗議布羅克多夫核電廠，布羅克多夫位於德國西北沿岸一角、漢堡的西北部。一九八一年二月，大約十萬人集結在核電廠與警察對峙。當局調來超過一萬名警察對付抗議群眾，這是迄今西德歷史上最大規模的警察行動。雙方都有數十人受傷，但五年之後，這座核電廠仍在運行。

一九八六年的車諾比核災改變了遊戲規則，使整個歐洲陷入恐慌，尤其是德國，德國正處於放射性雲從東方直接過來的那條線上。當時我人正在莫斯科工作。幾天來，大多數蘇聯人都不知道發生了什麼。我記得事故發生大約一個月後，我搭機前往米蘭，令我震驚的是，我們被要求在機場的偏遠地區降落，乘客一個接一個地離開飛機，身穿防護衣的人拿著蓋格計數器對我們進行檢查。放射性雲席捲整個大陸，德國人竭盡全力應對污染。各地、各城、各村拼湊出應急方案。農作物遭焚燒；消防員身穿防護衣，只要經過其他城鎮就必須清理車輛；學校操場的沙坑更換了。政治上來說，從那時開始，德國幾乎不可能建造新的核能設施。

車諾比事件加速德國的綠色運動（Green movement）。綠黨成立於一九八〇年，當時大約二百五十個公民行動團體聚集在卡爾斯魯厄鎮。包括各類生態學家、女權主義者、學生和反文化網絡者，他們共同發布了一項計畫，呼籲解散華沙公約組織和北約組織；主張歐洲非軍事化；提議裂解大型經濟企業，將他們分解為較小的單位。他們希望綠黨成為「反對黨」的政黨，避開傳統結構。為了促進平等和維持扁平的權力結構，當選為地區邦議會或聯邦議會的成員必須在任期做到一半時中途辭職，由名單上的下一人接替。但這個政策之後遭取消。性別平等得到嚴格執行，所有領導職位的五十％須由女性擔任，而且這比例一直保持不變，會員人數穩步增長。綠黨是兩種不同力量的混合——出身城市與學生的激進派，以及較為保守的農村居民。他們是分別各異卻組合在一起的團體，追求疏遠工業資本主義，尋求慢節奏、更傳統的生活方式。它仍然被認為是邊緣的，但政治突破在不久後出現，很明顯，那時的德國正在發生一些其他國家難以察覺的事情。

我在一九八〇年代中期待在德國，那時也是我第一次接觸到對於環境的嚴肅討論。我覺得環境議題激勵人心，但也很煩人。德國很早就開始做回收利用，但實際執行似乎常常成為管閒事和找麻煩的藉口。有一次，一位戴著厚手套的清潔工人按了我的門鈴，一開門他就對著我發表嚴厲的演講，質問我怎麼可以沒有把玻璃、塑料和紙張正確分類。那時英國根本沒有做分類回收，我不知道他為什麼這麼激動。在我看來，這就像小題大作管太多，加上極度誇張的虛偽矯情。德國有世上最狂熱的汽車駕駛文化，還配拿環保證書？

這把我從門興格拉德巴赫帶到了慕尼黑。像我這年齡層的人大多記得一九八〇年代奧迪電視廣告的結束語：Vorsprung durch Technik——「進化科技，定義未來」。但最能描述德國人對汽車熱愛的標語與其說是奧迪的，不如說是BMW的Freude am Fahren——「純粹駕駛樂趣」。要了解它的意義，你必須前往位於慕尼黑奧林匹克公園的汽車神殿：BMW博物館（BMW World），它是巴伐利亞，或說全德國最受歡迎的旅遊景點。它於二〇〇七年開放（晚了一年，錯過了世界盃足球賽），既是博物館，又是主題公園，又是陳列室，到處都是令人生畏的行銷標語，例如「This is Tomorrow. Now」（現在，就是明天）我在一個炙熱的夏日訪問這裡，與興奮的德國家庭和來參觀的中國人、阿聯酋人打成一片。他們目瞪口呆地看著各種模型，手指撫摸著油漆。他們坐在外面摩托車上，從零售小店購買紀念品，但真正的生意是在樓上會議室進行的，銷售人員與潛在客戶（他們可以區分誰是嚴肅的訪客，誰又是來玩的）討論他們夢寐以求的汽車和相襯的配套規格，交易可以當場完成。

在斯圖加特北郊的祖文豪森，保時捷總部也一樣受歡迎。保時捷博物館旁邊裝著多點觸控牆和虛擬實境螢幕，可供深度體驗，還可以買車。但買保時捷一定得等，因為這些車按照規格製造。無論公司做得多快，總是供不應求。二〇一五年保時捷發布新款電動車Taycan，只為了要買這輛價值超過十萬歐元的車，等待名單長長一列。保時捷員工可以獲得公司高額補貼租用自家公司的車，租金可直接從月薪中扣除。在德國汽車業，你會竭盡所能留住最好的工程師。

柏林生態研究所創始人克雷默（Andreas Kraemer）向我解釋德國對汽車的痴迷。他從歷史開始剖析。一八七六年，工程師奧托（Nikolaus Otto）發明了新一代的內燃機，這是現代汽油引擎的前身。後來他與設計師戴姆勒（Gottlieb Daimler）合作，但兩人後來分道揚鑣，還成為激烈的競爭對手——之後的歷史，套句他倆的話，之後的歷史就是德國汽車工業的歷史。十七年後，德國工程師迪塞爾（Rudolf Diesel）提出了另一種更省油的發動機原型，這台發動機也以他的名字稱霸了一個多世紀，現在卻成了恥辱的對象：柴油引擎。克雷默認為，要想了解汽車作為身分象徵的心理，最佳觀察地點是公司停車場。「在許多職業都是如此，人們認為：『如果我不開著最新款的BMW上班，我就不會受到重視。』」汽車建立了啄食順序（peaking order），分別了權勢等級。它還象徵堅固可敬的特質。醫生對病人說，建築工程師對他的商業夥伴說：「你可以相信我，我開的是賓士。」克雷默說：「幾十年來，汽車一直是德國的成人禮。它象徵自由，是驕傲的來源。」

超過一半的德國家庭是汽車協會ADAC的成員。會刊印刷量為一千一百萬份，是德國迄今發行量最大的出版物。德國年輕人到了十八歲成年，或通過德國Abitur中學會考，汽車是他們的標準成年禮或畢業禮物。年輕人會在十七歲時先去考駕照，這是既定的。但現在情況正在改變，克雷默說，他的女兒和她的朋友更想要一台電腦或出國旅行，但這種變化只發生在主要大都市區。正如在紐約、巴黎或倫敦一樣，在柏林開車也壓力大、速度慢且費用昂貴，若在小城鎮和村莊，就一切如常。

只有在高速公路上，德國令人窒息的規則就拋在一邊。一萬兩千公里的混凝土直線跑道為許多人提供了一種不經歷一次就不知道的自由，尤其對老一輩的人來說。要求公路設置限速的議案多次提出，也多次遭到拒絕，至今都是如此。為了抑制噪音、保障安全，城市的道路才有速度限制，但設有速限的地方只覆蓋不到三十%的公路網絡。但在有設速限的地方，死亡率降低四分之一。「在所有個人能力所及的事項中，這是對環境影響最大的一項。而且它不花錢。」非營利環保組織「德國環境援助」（Deutsche Umwelthilfe）的薩爾（Dorothee Saar）這樣說。「但只要一談到車，辯論往往就變得不理性。」[4] 長期支持綠色環保的議員克萊默（Michael Cramer）把美國和德國做了比較：這是我從別人那裡聽來的，尤其年輕人都這樣說，「對於美國人來說，老大是步槍，是槍支遊說團體；對於德國人來說，老大就是油門踏板，汽車遊說團題。」[5]

德國商界領袖、政界人士和經濟學家一致認為，如果汽車業不景氣，德國經濟就不景氣。汽車業被視為國家經濟健康狀態的晴雨表，遠遠超過金融服務業對美國和英國的影響。只有從這個角度，人們才能開始理解福斯汽車的爭議。「汽車公司認為政府依賴他們，而不是他們依靠政府，因此出現了一種所向無敵的光環。」德國工業聯合會（BDI）的梅爾（Stefan Mair）這樣說。許多德國政商界人士和許多消費者仍然否認福斯汽車有作假。如果沒有美國人，可能連排放醜聞都不會被發現。二〇一五年九月，美國環保署（EPA）發現有些柴油車被人操弄了，安裝了軟體，讓這些車的廢氣排放控制僅在實驗室做測試時有作用。一旦車子上路，排放就不再受限了，致使有害的氮氧廢氣排放量超過美國監管機構允許的上限。這種安裝了「作弊軟體」的汽車，福斯在全球市場六年時間裡售出了約一千一百萬輛。[6]

福斯汽車執行長溫特康（Martin Winterkorn）引咎辭職。他被美國人指控欺詐和共謀罪，但無法引渡去美國接受審判。但德國檢察官繼續追查，最後還逮捕了福斯姊妹廠奧迪汽車的執行長施泰德（Rupert Stadler）。溫特康還有他的繼任者及公司董事長後來都遭檢方以隱匿醜聞、操縱股市的罪名起訴。檢察官聲稱，溫特康至少在事件曝光一年前就知道作弊行為。辯方律師堅稱，雖然溫特康可能收到相關電子郵件，但他可能沒有閱讀。迄今為止，福斯汽車已花了三百億歐元繳交全球各地的罰款和賠償。7 二〇一九年九月，福斯汽車面臨前所未有的法律挑戰，德國司法系統第一次走上美式集體訴訟的道路。德國聯邦消費者保護總會（VZBV）提起一項訴訟，上萬客戶起訴福斯公司不當銷售，蓄意傷害車主。福斯拒絕支付作弊車輛做技術性修復的費用，到現在部分費用還是由政府支付。像這樣的醜聞會摧毀許多公司，但福斯與其旗下機構雖受影響，但影響層面不大。

德國車業屈服於自滿，這是對德國車業的未來遠景做的最大傷害。它自以為將永遠保持世界領先地位，而忘記了還有競爭。在美國和亞洲，混合動力和電動汽車的研發步伐這麼快，而福斯、賓士、BMW、奧迪還在睡。十年過去了，德國品牌雖已在新技術領域獲得市場地位，但他們仍面臨著艱苦鬥爭。美國高級車市場的叛逆者特斯拉正全力在柏林東部建造一座「超級工廠」。對這項興建工程，社會有分歧意見。支持者指出，利用最新環保技術可以創造一萬二千個工作崗位和五萬輛汽車；反對者抗議這項工程會砍伐大片森林，造成其他環境破壞。美國在德國中心建造下一代汽車的想法對德國人來說很痛苦，但事實證明，這些車很受德國消費者歡迎。

德國數十個城市的空氣品質拉警報，法院對柴油車行使臨時禁令。受到空氣污染影響最大的城市是汽車聖地斯圖加特。二〇〇四年，公民採取法律行動尋求救濟，而後地方政府禁止柴油車進入市區中心。但對空氣的改善效果不大，人民提起更多訴訟，但幾乎沒有起訴成功。而輿論是分裂的，有人對空氣品質感到擔憂，就有人對禁駛柴油車的規定感到憤怒。二〇一三年，斯圖加特選出一位環保市長。他開始採取行動，引入「細懸浮微粒警報系統」。如果遇到空氣污染超過歐盟標準的日子，則希望居民停用燃木壁爐，鼓勵民眾不要開車，利用公共交通工具；作為獎勵，車票半價。同樣地，這些辦法也沒有達到要求。二〇一八年，斯圖加特有六十三天的懸浮微粒PM10超過歐盟每日容許的標準，有三十五天幾乎超標兩倍。8 也許斯圖加特是個例外，在這個三面環山的盆地，沒有環狀公路疏導交通，但德國其他城市也遇到過類似問題，而狀況也沒有好到哪裡去。現在，大城市的SUV車主或其他高油耗車的車主經常會在車上收到標語紙片，例如「你的車太大了」或「你的自我需要這麼華麗的車嗎？」之類的。

在德國，環境議題一直是重要的政治問題，而現在處於文化戰爭的前線。二〇一八年八月，就在環保少女桑伯格（Greta Thunberg）在瑞典開始罷課後的幾天，「為未來週五罷課」（Fridays For Future）運動就開始在年輕人中風起雲湧。這個活動在德國推行的最成功，是全球最大分支，在主要城市定期舉行示威活動。二〇一九年十一月，在一個黑色星期五、正是漫消費主義狂潮之時，數十萬人參加了德國五百多個城鎮的抗議活動。桑伯格經常到訪，她不僅在示威場合發表演講，還直接參加抗議行動，例如現身在科隆以西的漢巴赫阻止古老森林被摧毀。無論她走到哪裡，都受到人群的崇拜，但德國也有自己的超級社運明星，一個自信的二十三歲女孩，諾伊鮑爾（Luisa Neubauer）。諾伊鮑爾的影響力非常大，以致二〇二〇年一月跨國企業西門子的執行長凱瑟公開邀請她加入西門子新成立的永續發展委員會。但她同樣公開拒絕，指出西門子不久前才同意加入世上最大的澳洲煤礦開採計畫，而澳洲大部分地區正被氣候變遷引起的森林大火蹂躪。無論如何，她不想在理念上妥協。德國企業迅速加入潮流，急著展示新發現的環保證書。桑伯格在推特上向她的五百萬粉絲發了一張照片，照片裡的她搭乘德國火車，擁擠到只能坐在火車地板上，而她才剛結束馬德里聯合國氣候會議，搭火車回她在瑞典的家需要長途拔涉三十小時。德國鐵路公司立刻發聲明，堅持說他們給桑伯格的是頭等艙座位。但鐵路運輸狀況顯示乘客人數持續增加，很大程度是受了氣候抗議活動影響支持環保。二〇一九年的火車總運輸量為一．五億人次，四年內增長了二十五％，加重原本已不堪負荷的系統壓力，與此同時，國內航空旅行下降了十二％。[9]

德國週五的罷課集會慷慨激昂但有秩序，好心的地方政府還幫忙搭舞台，出借音響設備。參加集會的孩子需要家長寫同意書，老師、藝術家和科學家也會參加。這樣的抗議活動第一次是在榮軍公園舉辦，那裡是孕育歷史的地方，以前這個地方是守柏林圍牆的東德警察（VoPos）的營房。而現在，氣候部門、交通部門以及許多經濟科學研究中心都在附近。「這裡是柏林的智囊團。」自然歷史博物館館長沃格爾（也就是留車把鬍鬚的國會議員）這樣說，還笑著指出，德國情報局BND的監視培訓中心也在附近。沃格爾非常自豪他的博物館在氣候運動中發揮一定作用。每次集會之後會舉辦氣候辯論，由「為未來週五罷課」與「未來科學家」（Scientists for Future）兩個團體一起參與。「年輕的抗議者與科學家聚在一起，每次都有四小時的密集討論。他還要求博物館舉辦國際新聞發表會，由這些社運領導人主持，讓這個活動登上黃金時段的晚間電視新聞，他表示：「現在這座公園是紀念革命的地方。」

現在除了「為未來週五罷課」社團，還出現「週五為汽車馬力而戰」（Fridays for Horse-power）群組。這個臉書社群是由汽車修理工格勞（Christopher Grau）發起的，他自稱「汽油狂」（petrolhead），發布一段影片，表達他對氣候抗議活動的不滿。畫面搖晃厲害，聲音可怕，但這並沒有阻止超過十五萬人觀看他長達一小時的謾罵。根據該組織的描述，他們打算「用一些樂趣來應對猖獗的氣候風潮」。他的私人粉絲團在幾天內就加入了五十多萬成員。格勞接受一連串媒體採訪，忽然爆紅。這個團體認為電氣化不是未來的方向；相反地，應該改用氫燃料或生物柴油等替代能源。他們堅持認為，這些能源對氣候更友好，且可以繼續利用傳統引擎。他之所以會紅，原因出在背景結合了自由意志主義（「讓國家少在我們背後管東管西」①）和反大都市主義。他的「野獸工廠」汽車修理廠位於諾德興基小鎮外，距離最近的火車站六．五公里，要到那裡只能搭不可靠的志願公車；向南往多特蒙德、北到明斯特都有一段距離：換句話說，那裡是個狗不拉屎、鳥不生蛋的荒涼地帶。「你在這裡需要車，否則根本出不去。」格勞說，對汽車設限是對他生活方式的攻擊。他否認自己是氣候變遷的否認者，也否認他的社群已被另類選擇黨滲透。即使不是他的本意，但很確定，他也被他們收養了。

他的提議可能相對無害，但其他人則不然，桑伯格、諾伊鮑爾和其他環保人士受到無情的謾罵攻擊。另類選擇黨的工作方針是，在移民問題和歐元爭議後，氣候是建立黨基礎的第三個重要議題。一份黨內文件指出，只要大都會的環保主義者站出來支持某事時，「另類選擇黨必然會自動反對——反之亦然。」**10**

現在，否認氣候變遷者已經找到自己的年輕人偶像。她叫塞布特（Naomi Seibt），十九歲，來自明斯特，在YouTube發布影片表達她反社會主義、反女權主義和反對某些人「對氣候變遷歇斯底里」後，已成為美國、德國和其他地方右翼組織的寵兒。二〇二〇年二月，她應美國右翼智庫哈德蘭學會（Heartland Institute）的邀請，在馬里蘭州的美國保守黨大會上發表演講。美國總統川普和副總統彭斯（Mike Pence）共同出席盛會。美國

① 譯註：極右派的口號「get the state off out back」，此句出自雷根在一九八〇年參與競選時，與卡特總統在電視的辯論，原文為「get the government off the backs of the great American people」（別讓政府在偉大的美國民眾背後管東管西）。

和德國一樣，石油化工燃料遊說團體和另類右翼找到了共同的追捧偶像。

位於德國偏遠東方的科特布斯擁有古色古香的老城區和令人印象深刻的美術館，館長靈活有創意，但似乎無用武之地。當地最著名的建築位於城外，靠近波蘭邊境。你可以從周圍的地方看到它的效果——一片厚厚白雲懸掛在天空。這是延施瓦爾德發電廠，用燃燒褐煤做電力來源。據估計，施瓦爾德的二氧化碳排放量在歐洲排名第四。[11] 此外，根據一份報告，歐盟污染最嚴重的五個工廠有四個在德國。關閉施瓦爾德的環保案例是無可爭辯的，但這正是政治力介入的地方。沿路上是貝利羅塞（Lieberose）太陽能發電廠，這是德國最大的太陽能發電廠之一，十年前開始運作。這裡原來是德國最大的軍事訓練場，占地面積超過二十個足球場。它生產的乾淨電力足以滿足一個有一萬五千戶家庭的小鎮需求。合約上這裡的設備還可再放十年，之後它應該會被拆除，土地變成草地。經濟議題一直是私人利益和公眾利益間的糾結取捨。至此，有環保如有道德。問題是整個太陽能發電廠只需要十幾名工人就可以維持運轉。相比之下，有八千多個勞工要靠延施瓦爾討生活。

德國（或更確切地說是西德）在一九七〇年代開始擺脫對煤炭的依賴，但預計要到二〇三八年才能擺脫乾淨。褐煤礦區主要有三地：科特布斯所在的勞西斯礦區、德國中部的哈茨區，以及西部高度工業化的魯爾區。當地人民很窮，非常容易被政治煽動。如果沒有國家補貼，未來五到十年所有礦區都會倒閉，但因為在那些地區很難找到可以養活自己的工作，政府為了保住工作機會，礦區的壽命都被延長了。這是世界各地都熟悉的故事。真男人幹正活，但當某家著名的德國連鎖藥店關閉，導致一萬名女性失業時，政客或媒體幾乎沒有發出任何抱怨。

儘管德國大肆吹噓能源改革，但德國目前絕對沒有達標——與一九九〇年的碳排放量相比，要到二〇三〇年二氧化碳總排放量才會減少四十％。柏林幾乎放棄了最初目標，認為能達到減三十％就很滿足了。過去十年的碳排放量沒有減少；自一九九〇年以來，交通廢氣排放量一直沒有下降。德國仍然是世界第六大二氧化碳排放國，碳排量約占全球的二％。「我們必須制定一份不要自欺欺人的碳排統計表。事實上，我們現在已經失去了整整十年。」[12] 波茨坦氣候影響研究所所長艾登霍夫（Ottmar Edenhofer）如此表示。近年來，即使是公認的耗油大戶美國，碳排放量的減少幅度也超過德國。[13]

民粹政治和科學正互相對抗。德國擁有世界上歷史最悠久、最受尊敬的環境智庫。據說現在有一千多名研究人員在非政府的政策機構從事環境氣候方面的工作，這一數目比任何國家都多，與在大學工作的人數相當。早在一九七七年西南小鎮弗萊堡出現反核運動後，第一個環境組織：德國歐克應用生態研究所（Öko-Institut）就出現了。三年後，它發明了一個遠遠超前時代的語詞——Energiewende——「能源轉型」，預示一個沒有石油和鈾的發展榮景。想到「轉型」一詞也用來描述兩德統一時期，那可是一段充滿風險和重大變革的時代。

究竟發生了什麼事？梅克爾不是稱為「氣候總理」嗎？德國政府不是有綠黨參與的政府嗎？德國不是最早「走向綠色」並擁抱再生能源、做回收、做資源循環，不是各種環保事物無役不與的國家嗎？

部分原因是沒有迫在眉睫的急迫威脅。多年來，德國境內氣候變化的影響並不是主要問題，遠遠不到火燒眉毛的程度。德國最急迫的危險是海平面上升，即使這問題對北部與西部鄰國，如丹麥和荷蘭的影響更大。環保議題在德國遇到的多數阻礙是政治力。梅克爾面臨許多阻力：核能遊說團體、汽車遊說團體、煤炭遊說團體。兩德統一使計畫倒退，政策重新排定優先次序。為了德東，政府把政治與經濟的焦點重新集中在保住就業機會和維持社會穩定上，幾乎不惜一切代價。同時間，總理的結盟夥伴社民黨分裂了，他們必須保住他們的基本盤，一方面要穩住工人選區的選票，同時又不能疏遠更年輕、更都市化的選民。

德國能源匱乏，人口稠密。她與殖民大國不同，過去的她無法像英國、法國、西班牙、葡萄牙、荷蘭等國依賴殖民地的無限資源供應。戰前，煤炭是她唯一可以依賴的戰略儲備，這是天然的寶藏，也是使這個國家偉大的原因。可是從一九四五年開始，美國人讓德國變成需要依賴石油和天然氣的國家，而兩者都來自她無法控制的西方航線，只能與西方聯盟綁在一起。能源安全對所有國家來說都至關重要，對於在一世紀內兩次目睹毀滅和懲罰的民族來說，早就懂得珍惜所有，物盡其用。

二〇〇〇年，德國成為第一個全面押注風能和太陽能的大型經濟體，通過了一項大型法案，為再生能源提供有保證的收購稅捐制度。這項立法與氣候變遷無關，更多的是為了擺脫核電的禍害。兩年後，經過與核電廠營運商的長期談判，「結構性逐步淘汰核能用於商業發電的法案」生效。法律規定到二〇二一年將關閉所有核設施；還有幾家核電廠必須提前關閉，但大致與預期的營運壽命和安全紀錄相符。14 二〇〇五年，再生能源僅占電力生產的十％。15 投資者爭先恐後地在陸地和海上興建風力發電場，安裝了超過一百五十萬個太陽能裝置，這是相當樂觀的時期。這麼樂觀的一部分是有道理的，再生能源的產量穩步攀升，現在占電力生產的四十％以上，是世界上再生能源比例最高的國家。目標是到了二〇三〇年再生能源比例將提高到六十五％，到了二〇五〇年提高到八十％。但這個計畫需要花錢，每年約要補貼兩百五十億歐元給再生能源，多半是補助在消費者使用再生能源的花費。16

目前僅在風力發電這行就有十六萬就業人口，是煤炭業雇用工人的八倍，儘管靠煤謀生是德國自我意識中的固有特徵，但也意味著人們不會再從政客的宣言中聽到這一點。再生能源的繁榮與壓力同時出現。二〇〇〇年代中期，隨著普丁與西方的對抗之勢，德國政府開始懷疑是否可以繼續安全地依賴俄羅斯的天然氣和電力。太陽能和風能無法填補能源缺口，他們開始質疑放棄核能是否明智。二〇〇八年，《明鏡周刊》在封面上宣稱：核能──恐怖又捲土重來。17 梅克爾和聯盟夥伴、中間派的自民黨，在二〇一〇年底突然宣布立法，延長那些服役中核電廠的運行期限。這種耍花槍的招數在環保團體眼中視為大背叛、大伏擊，引發更多抗議活動，更多案件告上法院。這條法律因違憲而受到質疑，因為部長並沒有與各邦協商，而是在聯邦議會匆忙通過。綠黨人氣飆升，在民意調查中以三十%的得票率領先，這在世上其他地方都是前所未聞的。四分之三的選民告訴民意測驗專家他們反對核電，甚至連政府單位的專家也譴責這一舉措。

然後是福島，日本的核災給了梅克爾一個挽回面子的機會。三個月後通過一項新法案，為放棄核能設定固定時間：二〇二一年。人民氾濫著對核電根深蒂固的敵意，也因政治上的反彈，梅克爾別無選擇。但關核電廠對改善氣候變遷來說是錯誤政策，德國應該先關閉煤炭和其他排碳密集的產業。目前在減碳方面表現優於德國的國家如英國、法國和瑞典都有核能。總理將政策轉彎描述為激進主義的行為，但她是被迫的。

據環保運動人士表示，還有一項重要的未完成工作：蒂昂日及其附近的核電廠。即使在德國走向非核家園的同時，歐盟國家約有三十%的能源來自核能，十四個國家有一百三十座核電站。歐洲原子能共同體條約（Euratom）是歐洲對發展和平核能的承諾，由歐洲經濟共同體的創始成員於一九五七年簽署，目的是「促進合作」並提出各國兼容的安全標準。歐洲原子能共同體條約和其他國際協議也規範了核災事故的跨境責任。但社運人士爭論說，為什麼不在二〇二一年最後一家德國核電廠關閉時退出這些條約呢？萬一法國或比利時發生事故又碰到逆風，受害的是德國，為什麼德國政府要剝奪德國公民提起訴訟要求其他兩國賠償的權利？然而，退出歐洲條約非常不像德國會做的事。

二〇一八年夏天，人們首次了解到氣候危機的嚴重程度。德國氣溫飆升到危險境地，悶熱難耐。莊稼毀了，河流乾涸。下半年，水位低到萊茵河停止貨物運輸，這在人們記憶中第一次發生。停工影響了工業中心地帶，因為河流流量減少導致水溫升高，主導魯爾區的重工業公司、蒂森克虜伯鋼鐵廠必須減產，化工跨國公司巴斯夫和拜耳被迫在工廠引入備用冷卻系統。同年，發生德國從未見過的森林大火。對於很多之前對氣候變遷漠不關心的德國人來說，森林被燒了是改變的關鍵。森林在德國人心中的地位再高不過了。從塔西佗對日耳曼尼亞的記述②，日耳曼人在條頓堡森林戰役中戰勝羅馬人；聽著格林兄弟的故事，再到馮．艾興多夫的浪漫主義詩歌，他談到「靈魂的虔誠居所」，森林幾乎被視為原始聖靈的領域。

梅克爾看著這片祖上傳下來的基業，知道是時候該採取行動了。她說，這件事再也不能當Pillepalle（小事）了，不能等閒以對了。梅克爾在二〇一九年六月在議會向各政黨發表講話：別再胡鬧了。北極永凍層融化、森林大火、洪水氾濫、熱浪襲人，還有威

② 譯註：塔西佗（Tacitus），羅馬帝國時期的執政官、歷史學家，所寫的《日耳曼尼亞志》記錄日耳曼民族的起源與分布，成為德國追尋身分的聖經。

脅生命的空氣污染，我們卻未能對氣候緊急情況採取行動——這是奇怪的政策選擇。也許這些批評是說給她自己聽的。

《氣候保護法》的目的是在增加總理的環保信用資產。一如既往，為了達成共識，政府首先要求委員會進行調查。委員會提議到二〇三八年關閉所有燃煤發電廠。到二〇二二年，電力公司必須關閉二十個大型發電站。到了二〇三〇年，燃煤發電將減少一半以上。二〇一九年九月，經過政黨聯盟長達十五小時的談判直至深夜，梅克爾宣布通過一項五百四十億歐元的措施。內容包山包海：生產及販賣汽油、煤炭、取暖油和類似燃料的公司必須購買碳權認證才能抵消產品的碳排量。這種購買碳權的機制在歐盟體系已經存在，但只針對重工業、航空和能源部門。然而，德國的碳價明顯更低。碳權價格將從二〇二一年的每噸十歐元開始，到二〇二五年將上漲至三十五歐元。基社盟成功堅守一開始從每噸二十歐元開始漲價。還通過其他辦法鼓勵公司和家庭減少碳排放：例如利用退稅機制，鐵路旅行將變得更便宜，而機票將被徵收更高的稅；從二〇二六年起，新建築將禁止使用燃油供暖系統；對於污染嚴重的車輛將提高稅金，而電動汽車將獲得更優惠的待遇。到二〇三〇年將安裝一百萬個電動車充電站，重新造林也是這項計畫的主要部分。每個經濟部門如無遵守規約有法律責任，而政府部門負責監督執行過程。

這些包山包海的措施很複雜，也不確定各項內容是否能通過表決成為正式法律。但政府希望能擴大影響，大張旗鼓高調宣布各項措施。環境部長舒爾茲（Svenja Schulze）

將這些施行辦法描述為「德國氣候政策的新開端」。18許多人認為政府錯過了大刀闊斧的機會，尤其是碳稅從十歐元開始收，他們認為碳稅定這麼低，不會改變消費者的行為。專家列舉了其他不足之處，包括，對燃煤的持續補貼會讓電力生產過剩，以致向鄰國出口廉價能源。討論較少的問題是陸上的風力發電生產放緩。當地居民一直在迫使各地修改法律，確保風力渦輪機不會「定居」在一公里範圍內——這是故意模糊的詞彙。因為許多第一代的風力渦輪機已近壽命使用年限，可能無法進行更換，現在只能強調由跨國大公司建造海上的離岸設備了。

梅克爾在二〇二〇年的新年致辭中，著眼於國家永續，承諾將氣候緊急情況作為她最後任期的首要任務。她告訴全國：「我六十五歲了，到了這把年紀，就算政客不採取行動，我個人也不會受到氣候變遷的所有後果，但我們的子孫後代必將承受我們今天所做或不做的後果。這就是為什麼我會竭盡全力讓德國在生態、經濟和社會各層面都能對改善氣候變遷做出貢獻。」19在談話中，梅克爾似乎暗示她知道近年來民眾對她失望，在她剛上任的時候，她是綠色議題的先鋒。

無論煤炭產業和汽車遊說團體如何強勢，無論德東政治右翼壓力如何，梅克爾的繼任者都知道德國有機會開闢一條新路。德國具有技術實力，有政治結構。儘管失去所有動力，但德國人已將環保主義融入社區核心，很少有國家能做到這點。

最重要的是，在梅克爾卸任後，德國很可能、非常有可能，會選出第一位綠黨主席作為新時代的總理。哈貝克（Robert Habeck）和貝爾博克（Annalena Baerbock）自兩年前共同掌管綠黨以來，見證了綠黨的人氣飆升。綠黨現在經常在地區選舉中勝過社民黨，並在全國民意調查中領先社民黨。然後他們將面臨兩難選擇，要由這兩位黨主席哪一位角逐總理。美國期刊《外交政策》（*Foreign Policy*）最近將哈貝克稱為「德國對馬克宏的回應」，20 這種描述可能有些牽強，卻證明對綠黨的看法發生多大的變化。哈貝克與許多德國政治家一樣，並不因學術背景而感到尷尬，而這一點就與英美政治家不同。他有一篇關於文學美學的論文，並出版一本關於啟蒙時代詩人伯倫多夫（Casimir Ulrich Boehlendorff）的書。他寫小說，一直寫到二〇〇九年，不久後，他選上什勒斯維希－霍爾斯坦邦的議員，在這個北部農村地區做了副邦總理和能源部長。他談到在開放和封閉的政治體系間重新定義政治：「我們現在試圖成為新的組織者〔…〕綠黨還可以解決政治上的核心問題，可以避開傳統政治光譜非左即右的問題。我們如何在多元化的社會中建立共識？」21 他補充說，氣候緊急情況不會藉由武斷判斷或對人們生活過度干預來解決。「沒有不設禁令的政治，我們有高速公路法、民法：世界上充滿為保障我們自由而存在的禁令。如果你在更廣泛的政治層面制訂標準，那是一件好事。如果你告訴人們他們對動物蛋白有個人卡路里限制，那就不是個好主意。」22 而貝爾博克更像是幕後操盤者，她是國際法專家。自二〇一三年以來，她一直是波茨坦的聯邦議員，獲得有史以來最高票，以九十七．一得票率當選為綠黨主席。

他們其中一人成為德國領導者的可能性仍然很小，但也不無可能。無論綠黨是否成為最大的政黨，但幾乎肯定會成為下一屆政府的重要組成，這是自上世紀九〇年代末到二〇〇〇年代初、施洛德和科索沃戰爭以來，綠黨首次進入執政團隊。

更激進的年輕環保主義者指責綠黨變得軟弱，走向主流。他們當然接受了德國的政治精神：一種妥協和可能的藝術。與此同時，德國企業正被迫（通常是不情願地）重新考慮他們的模式。一個陷入恥辱的汽車行業加緊直追趕上電氣化，但它還有很多工作要做。這是率先解決環境危機並將國家永續納入政治和社會主流的國家，可能會恢復信譽。隨著綠黨成為新的權力掮客，在這些黑暗時期，很少有國家能講述類似的積極故事，很少有國家能像德國這樣認真對待政治。

結語：為什麼德國人做得更好

盡數戰後任何時間，沒有一段時間如同現在這樣是處處威脅的世界。德國人環顧四周，他們看到民粹主義、流行病、氣候改變的緊急災難就在自家門前上演。新冠疫情造成的傷害可能延續數年；之後數十年還有環境危機。從第二次世界大戰結束以來，德國人經歷了分裂、柏林圍牆分隔東西，之後是冷戰；但他們總有人可靠，有人可以保障他們的安全。現在，外在的穩定感已消失了。事實上，現在反倒是外面世界的人都在看著他們。

當代德國大部分的韌性都體現在一位女性的個性上：梅克爾。她宣布她不會在二〇二一年任期屆滿時，繼續競選下一任總理，此話說出不久前，她才說，德國「需要譜寫新的篇章」。1 選舉失利後她沒有立即下台，導致外界批評聲浪不斷，說她已經不受歡迎了。然而，在那個所謂不再受歡迎的時期，她的個人支持率仍然是世上所有領導人中最高的，並且遠遠超過她自己所屬政黨基民盟的政黨支持率。當被問及她的歷史定位時，她只是說：「我不考慮我在歷史上的角色，我只是做我的工作。」2 環境變得越艱難，梅克爾的冷靜就越讓她有別世上其他領導人。有些人可能覺得她冷酷，但大多數人覺得她盡忠職守，這就是她的行事風格，她不會改變的。

新一代德國領導人肩負的責任將是巨大的，他們將帶領什麼樣的德國？如果說過去幾年的全球動盪教會了我們什麼，那就不需做出籠統的預測。然而，前路艱難；二〇二一年是德國的「超級競選年」，地區選舉連串舉行，最後將在九月的大選中達到高潮——這對梅克爾這一代人來說是第一次。她的政黨走到今日仍不知道誰能接替梅克爾的位子。

受到新冠肺炎疫情多次推遲後，基民盟終於在二〇二一年一月舉行了黨主席選舉。人口最多的北萊茵－西伐利亞邦邦總理拉謝特（Armin Laschet）以些微優勢獲勝，以極少票數打敗更具爭議的保守派領袖梅爾茨（Friedrich Merz）。這表示基民盟對前進的道路不確定，對選舉結果也不振奮。他們會讓他參選總理嗎？拉謝特符合德國政治家的傳統形象，會磋商，懂交易。他聰明地邀請另一位競爭者史潘（Jens Spahn）加入自身陣營，輕鬆過關。兩人分別代表基民盟的兩翼，史潘代表右翼，而拉謝特是中間派。史潘曾在難民湧入的高峰期批評德國的門戶開放政策，曾經激怒梅克爾，但兩人很快沒事，梅克爾將他帶入決策核心。史潘才四十歲，有的是時間等待，且在疫情大流行期間他擔任衛生部長，面對危急時刻的應變能力也讓他奠定一定的政治基礎。

與梅克爾一樣，拉謝特擅長結盟，無論是在組建政府的確切意義上，還是在更廣泛的政治生活領域上都是如此。一九九〇年代，他當國會議員時就組了「披薩連線」

（Pizza-Connection），由基民盟和綠黨黨員組成，他們會在波昂一家義大利餐廳的酒窖會面，確定各方的共同想法。那時德國的聯邦議會還在波昂，這樣的作為被視為離經叛道，甚至具有顛覆性。現在看來卻似乎很有創意，雙方政黨都積極地在政府共謀討生活。他也很拉拔他的披薩連線成員，很多參加的政客現在都擔任重要職務。在歐洲議會和聯邦議院任職一段時間後，拉謝特於二〇一七年選上北萊茵－西伐利亞邦的邦總理，與較小的自民黨一起執政。他可靠的風格為他贏得喝采。北萊茵－西伐利亞邦的GDP高於許多歐洲國家，治理這樣的邦也為他是否具有國家領導力提供有利的試運行。

基民盟若在梅爾茨領導下必會出現更多定義，他可能會帶回一些心懷不滿而轉向另類選擇黨的右翼選民，但他也會讓很多中間選民近而遠之。未來的另一位重要人物是巴伐利亞邦的邦總理、基民盟的姊妹黨基社盟的領導人索德（Markus Söder）。依照傳統，這兩個政治團體會結盟，共同推派總理候選人。結果將在二〇二一年四月確定，如果拉謝特的民意調查支持度不高，受到鼓勵的索德將會宣布參選。

然後有股默不作聲的懷疑在梅克爾擔任總理的最後幾個月悄然興起，也許梅克爾——因為她在疫情中的果斷應對，民意調查比多年來更好——但此事最終沒有成，不過是一廂情願的想法。德國正面臨天翻地覆的改變，但不會是梅克爾來領導了，許多人擔心**老媽**下台後德國人的生活，他們是對的。

在英國，政府部長和媒體為了不想公開展現焦慮，都高聲稱頌英國的大轟炸精神

（Blitz Spirit）可以「擊敗」新冠病毒。如同第二次世界大戰的言論，英國人的痴迷又回來了——這次兩者必定有顯著的關聯性。更感人的是，女王引用林恩（Vera Lynn）的戰時歌曲〈我們會再相聚〉（We'll Meet Again）激勵人心。疫情持續得越久，懷舊氛圍就越濃厚，一九三九到四五年的時代感就越明顯，那時是英國最後一次全國大團結的時候，現在這樣的情緒會回來嗎？這一世代的政治領導人加劇了英國的經濟分歧，賣空了對社群渴望與他國無異的人民。

到了二〇二〇年夏天，一些以前根本不會對德國發表正面評論的英國報紙開始出聲了（除了會說他們在足球賽罰球的能力看來還可以）——他們痛苦地提出一個問題：為什麼德國人在防疫方面做得更好？德國人的生活慢慢開始恢復正常，疫情全球大流行放大了英國的困境。人們看到一些表現最差的國家，如美國和巴西，他們的領導人都具有相似的民粹主義魅力。這些領導人——強生、川普、波索納洛——以競選者的身分拿到權力，在國內外開展文化戰爭。他們知道如何分裂認同；他們不想讓人民團結。德國人早就習慣聽到別人批評他們慎重的政治文化很乏味，疫情讓他們再次意識到自己的優點。

德國人在戰後建立的民族意識是基於納粹遺留的恐怖恥辱以及得到的教訓，幫助德國度過了這幾十年來面臨的各種危機。二十一世紀剛開始的三十年間，被盎格魯撒克遜世界不斷斥為過時的價值觀——如家庭、責任和國家角色——在德國從未恢復。因為它們根本沒離開過。

在金融方面，本已疲軟的經濟將更受影響，但德國有其他國家沒有的保險政策。在「黑零」政策下，要求財政緊縮，聯邦政府與各邦必須平衡收支，因此國庫出現巨額盈餘。梅克爾多年來因為沒有增加支出而受到攻擊，即使德國經濟正在蓬勃發展。而她就是不增加，節儉是她的口號。正如每個人都應該盡可能地儲蓄一樣，國家也應如此——因為有緊急情況，就像遭遇疫情大流行的危機，政府一開始就能投入七百五十億歐元來支撐經濟，這是驚人的數字——但比起那些以前揮霍無度的國家，德國相對更能吸收衝擊。黑零政策可能搖搖欲墜，但梅克爾做得實在太正確了。隨著疫情席捲整個歐洲，各地人們都在關注德國為什麼可以比其他國家應對得更好？德國用包機運送外國公民回家；她治療生病的義大利人、西班牙人和法國人；她的病毒檢測速度讓其他國家汗顏。若問英國政客這樣的問題，對他們來說是痛苦的：為什麼德國人做得更好？

與其他鄰國一樣，德國誓言盡可能挽救因疫情而面臨倒閉的企業，不同之處在於她有更多的迴旋空間，因此能以較小的經濟損失和社會傷害在全球動盪之中倖存下來。團結的情緒可能打擊到極端主義，削弱另類選擇黨勢不可擋的崛起。二〇二〇年唯一的地方選舉是二月在德國邦級城市漢堡的地方選舉，這是極右翼政黨和社民黨／綠黨聯盟的尋求連任的首次挫敗。幾週後發布了一項重要公告，但在疫情初起的危急中，這份公告少人注意。聯邦憲法辦公室決定將另類選擇黨最激進的派系「羽翼」（Wing）列入官方監控名單，隨後該組織迅速解散。這是自由民主國家第一次反擊，現在宣布另類選擇黨垮台還為時過早——長期的經濟低迷對它再次有利——但它也可能已經過了最高點。

德國的長期挑戰一如既往地清晰，有條有理的經濟模型正在努力擁抱下一個科技世代。德國是否有能力在電動車、人工智慧和資訊學習上有進步發展，一舉趕上美國和中國？

她在世上的地位又是如何呢？梅克爾在任期的最後幾個月，《外交政策》雜誌對她的任期表示不滿，反映了華盛頓環城公路保守派的傳統智慧，他說這是「沒有愛的大聯盟」主持著一項「神祕」的外交政策。3 部分批評是有道理的，至少與梅克爾的第四任也是最後一任政府有關。隨著川普造成的混亂，脫歐後的英國成為更邊緣化的大國，而德國卻開闢了一條更能維護自己的道路，不僅是在國家利益方面，更是作為道德領袖。梅克爾在一定程度上做到了這一點，但可以再多做一點，且未來必定需要做更多。至於俄羅斯和中國，她們各自構成不同卻重大的威脅，德國無法以含糊其辭帶過。梅克爾對俄羅斯強硬，對中國軟弱。令人擔憂的是，拉謝特似乎對莫斯科更寬容，對北京卻更強硬。

至於英國脫歐問題，德國前經濟部長巴利（Katarina Barley）的警告比任何人想像的更快成為現實。在英國脫歐發生後的幾週內，德國和法國開始限制英國在安全議題上的接觸，儘管之前德法英三人俱樂部合作良好。英國從德國的第三大出口市場跌至第七大出口市場。英國曾經是戰後德國的典範，而今不過是離岸的煩惱。英國的對抗性政治只會讓德國和其他二十六個仍然團結的歐盟國家變得更加強硬。脫離這個被川普稱為「敵人」的歐洲大陸[4]，卻沒有帶來特殊關係的復活，英國迫切依賴這種關係來獲得國際價值。

同時，早期強生政府幼稚地對BBC、公務員、大學教授等專家、「菁英」的攻擊，如今被危機管理的現實所取代。什麼時候才能再次發現更加開明的英國；重新找到那個被幾代德國人推崇的寬容、創新、富有同情心、開放的社會？希望不久之後有此可能。在英國離開歐盟的那天，德國作家舒爾茨（Bettina Schulz）在德國《時代周報》寫道：「當我三十年前去到英國時，倫敦對我來說是自由的，是活生生的烏托邦，是人們該如何生活的典範。全世界都可以一起生活、一起工作、一起相愛。沒有外國人，每個人都是自己人。」[5]德國人對英國脫歐時期的混亂表示哀嘆，但哀嘆的對象是政治，而不是人民。

這個新時代的政治，包括德國在內的所有國家無論如何都將更混亂。她會繼續犯錯。Langsam aber sicher……緩慢但確定，這就是德國人的作風。打著規則的旗號管東管西，立刻讓人心生反感；不願創新，不願冒險，不願拋開謹慎放手一博。然而，這種一絲不苟、審慎小心的做法成為保護，防止了突然的顛簸，度過了德國戰後歷史上的四個關鍵時刻。它幫助國家在納粹恐怖時代後重建，通過一九四九年的基本法，植入新的民主。從一九六八年的抗議運動到一九八九年的柏林圍牆倒塌，再到二〇一五年的難民危機，它一直是避震器，應對德國在剛起步的十年中面臨的挑戰。

在新冠疫情發生幾週後的電視談話中，梅克爾做了德國領導人很少做的事情。她引用戰爭，但這次並沒有強調罪惡感：「自統一以來，我們的國家從沒有遇過比此次疫情更大的挑戰——不，自第二次世界大戰以來——要想度過，很大程度上要靠我們所有人團結一致。」[6] 然後，她嚴肅地談到街上會有限制，將召集軍隊，以及國家將監視人們的行蹤。「讓我向你保證：對於像我這樣的人來說，行動自由是得之不易的權利，做出限制是因為絕對必要，決不能掉以輕心，只能在民主制度下暫時實施，但現在它們對於挽救生命至關重要。對於經歷過共產主義和柏林圍牆的女性來說，頒布緊急措施並不容易。

然而，默然接受焦慮和深思熟慮後的決定是對未來更好的保險政策，而不是像其他國家那些自認為知道很多但實際上並不了解的人，滿口牛皮，吹破就狂妄自大地不當一回事。正如英國建築師齊博非對我說的那樣：「德國人表達了我們所有人都應該有的焦慮。」或如柏林藝術大學前校長倫納特的一段話，這位在德國生活了三十五年的布魯克林猶太人是這麼說的：「即使有各種缺點，我還是很欽佩這裡解決事情的方法、做決策的明智。也許做的決定並不一定對，但過程讓人安心。」或如前英國駐德國大使利弗

（Paul Lever）的話：「生活在今日的德國就是體驗歐洲和西方文明的優點，這五年多來，我非常幸運。」

德國人仍然無法接受這樣的說法，即使從各方面來看，他們**確實**做得更好。他們對自己是別人榜樣的想法感到震驚。我承認，當我首次提出這個想法時，對我而言，這更像是需要檢驗的命題，而不是事實陳述。但我越了解德國人如何對應他們近代的歷史，他們的政治作風，他們做生意的方法，他們應對危機的方式，他們對彼此和對外在世界的態度，我就越相信這個命題是事實。尤其是在這些困難時期，如果其他國家忽視德國情感上的成熟和穩健，那將是愚蠢的。

總而言之，過去七十五年的德國是非凡的成功故事。她設定新的穩定典範，讓其他國家，如美國、法國和我的國家英國，基於不同原因努力達成德國樹立的目標。與當前處境對抗的國家從懷舊中得到安慰，無論那段過去輝煌是真實的，還是想像的。而德國，基於她的歷史，她無法這樣。

在這個民族主義盛行、反智和恐懼的時代，德國是歐洲最大的希望。英國一直被視為燈塔，美國也是，但兩國都放棄了對廣大世界的大部分責任。誰將在瞬息萬變的世界中代表歐洲價值觀？誰會反抗獨裁政權？誰將為自由民主辯護？答案是德國，因為她知道當國家未能記取歷史教訓時會發生什麼。

致謝

我於一九八〇年代和九〇年代住過的德國已經改變。過去那些年，日子不僅刺激，也帶給我極大的快樂，很高興能在德國度過這麼多美好時光。

正如我在前言指出的，當我告訴老朋友、新朋友我這本書的主題時，他們都大吃一驚。德國人尤其相信，我在德國待的時間越長，就會越鄙夷那裡。我讓證據說話，我到處採訪，去認識新朋友，到處參加活動，我參觀了以前沒去過的地方，也重訪了老地方。

許多來自各行業各階層的人用他們的經驗、智慧和意見指導我，協助我，提供人脈和線索。沒有他們，我不可能寫出這本書。

如果以下我遺漏了任何人，我先致歉。

我要感謝英國的朋友：Cathy Ashton、Jonathan Charles、David Chipperfield、Christoph Denk、Alan Duncan、Anthony Dworkin、Nigel Edwards、Jan Eichhorn、Alex Ellis、Dorothy Feaver、Peter Foster、Susanne Frane、Ulrike Franke、Simon Fraser、Charles Grant、Stephen Green、John Gummer、David Halpern、Nick Hillman、Sian Jarvis、Hans

Kundnani、Paul Lever、Neil MacGregor, Michael Maclay、Jürgen Maier、John Major、David Manning、Andrew Peters、Vicky Pryce、Katharina von Ruckteschell-Katte、Nigel Sheinwald、Phil Thomas、Marc Vlessing、Peter Wittig。

我要感謝在德國的朋友：Thomas Bagger、Ronan Barnett、Annette von Bröcker、Alastair Buchan、Frank Alva Bücheler、Tobias Buck、Robbie Bulloch、Barbara Burckhardt、Hardy Schmitz、Katy Campbell、Martin Eyerer、Andreas Fanizadeh、Uwe Fechner、Jens Fischer、Heinz Schulte、Marcel Fratzscher、Benjamin Görlach、August Hanning、Anke Hassel、Wolfgang Ischinger、Max Jarrett、Joe Kaeser、Rachel King、Andreas Krämer、Rüdiger Lenz、Stefan Mair、Claudia Major、Susan Naiman、Johannes Noske、Tom Nuttall、Philip Oltermann、Hermann Parzinger、Alan Posener、Martin Rennert、Wiebke Reed、Konstantin Richter、Norbert Röttgen、Sophia Schlette、Carina Schmid和Janusz Hamerski、Bettina Schmitz、Ulrich Schmitz、Julie Smith、Rebecca Stromeyer、Jan Techau、Bettina Vestring與Judy Dempsey、Johannes Vogel與Sarah Darwin、Beate Wedekind、Jan Weidenfeld、Thomas Wiegold、Sebastian Wood、Katharina Wrohlich、Astrid Ziebarth。

還有他們：Ulrich Wilhelm、Matthias Mühling、Alex Schill、Klaus Goetz（Munich）、Antje Hermenau、Helmut Haas、Thomas Weidinger、Alf Thum、Paula Güth（Leipzig）、Dirk Burghardt、Marcel Thum（Dresden）、Ulrike Kremeier

（Cottbus）、Hermann Mildenberger（Weimar）、Frederik Fischer（Wittenberge）、Bettina Leetz（Potsdam）、Nick Jefcoat、Rolf Kraemer、Johannes Lindner、Andrej Kupetz、Amanda Diel、Eric Menges（Frank- furt）、Andreas Rödder（Mainz）、Tina Grothoff、Wolfgang Wähner-Schmitz（Bonn）、Tom Bolzen、Roger Brandts、Tim Hörnemann（Mönchengladbach）、Eric Schöffler（Düsseldorf）、Johannes Pflug、Martin Ahlers（Duisburg）、Manfred von Holtum、Günter Schulte（Aachen）、Cihan Suegur（Stuttgart）、Markus Schill（Mannheim）、Olaf Bartels（Hamburg）、Catherine Myerscough（Hannover）、Heather Grabbe（Brussels）、Andreas Schleicher（Paris）。

特別要感謝給我意見的朋友，他們在成書過程中不斷給我建議，不斷對各種修改版本提出建議，多謝Robert與Monika Birnbaum夫婦、Stefanie Bolzen、Guy Chazan、Rupert Glasgow、Cornelius Huppertz、Reiner Kneifel-Haverkamp、Benedetta Lacey、Christian Odendahl、Daniel Tetlow以及Stewart Wood。

這是我二十五年來的第六本書。這麼多年來Andrew Gordon一直陪伴我，他從我寫《布萊爾的戰爭》時擔任我的編輯，而後成為我在David Higham Associates文化集團的經紀人，撮合我之後的三本書。我很高興能與Atlantic出版社合作，更感謝我的編輯Mike Harpley。非常感謝Will Atkinson和他的行銷團隊：Kate Straker、Jamie Forrest、Alice Latham、Mike Jones、David Inglesfield和James Pulford，非常謝謝他們在疫情如此嚴峻時還能順利完成任務。

我要向我的研究助理Sam Fitz-Gibbon致上最大謝意，他埋首檔案文件，修訂訪問稿，在每個階段的手稿完成後提出建議。他是了不起的人才。

最後謝謝我的家人Lucy、Alex與Constance，謝謝你們支持我完成此書。

參考資料

前言

1 Quoted in G. Wheatcroft, 'England Have Won Wars Against Argentina and Germany. Football Matches, Not So Much.', *New Republic*, 12 July 2014, newrepublic.com/article/118673/2014-world-cup-england-have-won-wars-against-both-argentina-germany (accessed 10 September 2019).

2 P. Morgan, 'Mirror declares football war on Germany', *Daily Mirror*, 24 June 1996.

3 M. Sontheimer, 'Gefangene der Geschichte', *Spiegel*, 16 December 2002, spiegel.de/spiegel/print/d-25940368.html (accessed 25 September 2019).

4 D. Woidke, speaking at Chatham House conference, Berlin, 7 November 2019.

5 P. Oltermann, 'Beach towels and Brexit: how Germans really see the Brits', *Guardian*, 30 September 2019, theguardian.com/world/2019/sep/30/beach-towels-and-brexit-how-germans-really-see-the-brits (accessed 30 September 2019).

6 S. Schama and S. Kuper, 'Margaret Thatcher 1925–2013', *Financial Times*, 12 April 2013, ft.com/content/536e095c-a23e-11e2-8971-00144feabdc0 (accessed 5 October 2019).

7 F. O'Toole, 'The paranoid fantasy behind Brexit', *Guardian*, 16 November 2018, theguardian.com/politics/2018/nov/16/brexit-paranoid-fantasy- fintan-otoole (accessed 20 November 2019).

8 Nicholas Ridley, in an interview with Dominic Lawson, then editor

of the *Spectator*. See J. Jones, 'From the archives: Ridley was right', *Spectator*, 22 September 2011, spectator.co.uk/article/from-the-archives-ridley-was-right (accessed 28 October 2019).

9 Quoted in A. Hyde-Price, 'Germany and European Security before 1990', in K. Larres (ed.), *Germany since Unification: The Development of the Berlin Republic*, Basingstoke, Palgrave, 2001, p. 206.

10 H. Young, *This Blessed Plot: Britain and Europe from Churchill to Blair*, London, Macmillan, 1998, p. 359.

11 M. Thatcher, *The Downing Street Years*, London, HarperCollins, 1993, p. 813.

12 D. Auer, D. Tetlow, Guest Blog: More Britons willing to leave UK to escape Brexit uncertainty, 28 October 2019, https://www.compas.ox.ac.uk/2019/brexit-uncertainty-motivates-risk-taking-by-brits-who-decide- to-leave-the-uk-and-theres-usually-no-turning-back/#_ftn1 (accessed 1 November 2019)

13 G. Will, 'Today's Germany is the best Germany the world has seen', *Washington Post*, 4 January 2019, washingtonpost.com/opinions/global-opinions/todays-germany-is-the-best-germany-the-world-has-seen/2019/01/04/abe0b138-0f8f-11e9-84fc-d58c33d6c8c7_story.html (accessed 5 October 2019).

1 重建與記憶

1 F. Stern, *Five Germanys I Have Known*, New York, Farrar, Straus and Giroux, 2006, p. 425.

2 Ibid., p. 4.

3 A. J. P. Taylor, *The Course of German History: A Survey of the Development of Germany since 1815*, London, Hamish Hamilton, 1945, p. 13.

4 4 E. Apperly, 'Stumbling stones': a different vision of Holocaust remembrance, 18 February 2019, theguardian.com/cities/2019/feb/18/stumbling-stones-a-different-vision-of-holocaust-remembrance.

5 G. Orwell, 'Creating Order out of Cologne Chaos', *Observer*, 25 March 1945.

6 N. MacGregor, *Germany: Memories of a Nation*, London, Allen Lane, 2014, p. 484.

7 Ibid.

8 Quoted in ibid., p. 484.

9 Quoted in S. Crawshaw, *Easier Fatherland: Germany and the Twenty First Century*, London, Continuum, 2004, pp. 23–24.

10 J. F. Byrnes, Restatement of Policy on Germany, Stuttgart, 6 September 1946, usa.usembassy.de/etexts/ga4-460906.htm (accessed 15 October 2019).

11 G. C. Marshall, 'The Marshall Plan Speech', Harvard University, Cambridge, MA, 5 June 1947, marshallfoundation.org/marshall/the-marshall-plan/marshall-plan-speech (accessed 1 November 2019).

12 T. Wurm, H. C. Asmussen, H. Meiser et al., 'Stuttgarter Schulderklärung', Evangelischen Kirche in Deutschland, 19 October 1945, ekd.de/Stuttgarter-Schulderklarung-11298.htm (accessed 1 November 2019).

13 D. R. Henderson, 'German Economic Miracle', in D. R. Henderson (ed.), *The Concise Encyclopedia of Economics*, Liberty Fund, 2007, econlib. org/library/Enc/GermanEconomicMiracle.html (accessed 5 November 2019).

14 U. Greenberg, 'Can Christian Democracy Save Us?', *Boston Review*, 22 October 2019, bostonreview.net/philosophy-religion/udi-greenberg-christian-democracy (accessed 30 Novmber 2019).

15 H. Lübbe, 'Der Nationalsozialismus im Bewußtsein der deutschen Gegenwart', *Frankfurter Allgemeine Zeitung*, 24 January 1983.

16 S. Friedländer, *Memory, History and the Extermination of the Jews of Europe*, Bloomington and Indianapolis, Indiana University Press, 1993, p. 8.

17 See K. Kuiper, *The 100 Most Influential Women of All Time*, Britannica Educational Publishing, New York, NY, 2009, p. 277; S. Kinzer, 'Dietrich Buried in Berlin, and Sentiment Is Mixed', *New York Times*, 17 May 1992, nytimes.com/1992/05/17/world/dietrich-buried-in-berlin-and-sentiment-is-mixed.html (accessed 20 November 2019).

18 R. Gramer, 'Sales of Hitler's "Mein Kampf" Skyrocketing in Germany – But It's Not Why You Think', *Foreign Policy*, 3 January 2017, foreignpolicy.com/2017/01/03/sales-of-hitlers-mein-kampf-skyrocketing-in-germany-but-its-not-why-you-think (accessed 19 November 2019).

19 H. Arendt, 'Eichmann in Jerusalem – V', *New Yorker*, 16 March 1963.

20 K. Wiegrefe, 'The Holocaust in the Dock: West Germany's Efforts to Influence the Eichmann Trial', *Spiegel*, 15 April 2011, spiegel.de/international/world/the-holocaust-in-the-dock-west-germany-s-efforts- to-influence-the-eichmann-trial-a-756915.html (accessed 20 November 2019).

21 F. Kaplan, 'A Match That Burned the Germans', *New York Times*, 12 August 2009, nytimes.com/2009/08/16/movies/16kapl.html (accessed 20 November 2019).

22 W. Brandt, *Erinnerungen*, Propyläen-Verlag, Frankfurt am Main, 1989, p. 214.

23 R. von Weizsäcker, Speech during the Ceremony Commemorating the 40th Anniversary of the End of War in Europe and of National-

Socialist Tyranny, Bonn, 8 May 1985.
24 J. M. Markham, 'Facing Up to Germany's Past', *New York Times*, 23 June 1985, nytimes.com/1985/06/23/magazine/facing-up-to-germany-s-past. html (accessed 20 November 2019).
25 'Hausbacken, aber erfolgreich', *Spiegel*, 19 November 1990.
26 H. Kohl, speech to the Knesset, Jerusalem, 24 January 1984.
27 E. Nolte, 'Vergangenheit, die nicht vergehen will: Eine Rede, die geschrieben, aber nicht mehr gehalten werden konnte', *Frankfurter Allgemeine Zeitung*, 6 June 1986.
28 M. Stürmer, 'Geschichte in einem geschichtslosen Land', *Frankfurter Allgemeine Zeitung*, 25 April 1986.
29 Quoted in R. J. Evans, *In Hitler's Shadow: West German Historians and the Attempt to Escape from the Nazi Past*, New York, Pantheon Books, 1989, pp. 103–4.
30 H. Engdahl, Permanent Secretary of the Swedish Academy, 'Günter Grass', Nobel Prize for Literature 1999, 30 September 1999, nobelprize.org/prizes/literature/1999/press-release (accessed 10 November 2019).
31 'Zeitgeschichte: "Ein bisschen Spät"', *Spiegel*, 14 August 2006.
32 P. Lever, *Berlin Rules: Europe and the German Way*, London, I.B.Tauris, 2017, p. 45.
33 A. Beevor, 'Letter to the Editor: A Woman in Berlin', *New York Times*, 25 September 2005.
34 W. G. Sebald, *On the Natural History of Destruction*, trans. A. Bell, London, Penguin, 2004, p. viii.
35 J. Banville, 'Amnesia about the Allied bombing', *Guardian*, 6 March 2003.

2 老媽的溫暖擁抱

1 'Mitschrift Pressekonferenz: Podiumsdiskussion mit Bundeskanzlerin Merkel an der Prälat-Diehl-Schule', Groß-Gerau, 30 September 2014, www.bundesregierung.de/breg-de/aktuelles/pressekonferenzen/podiumsdiskussion-mit-bundeskanzlerin-merkel-an-der-praelat-diehl- schule-845834 (accessed 28 April 2020).

2 Ibid.

3 K. Connolly, 'Angela Merkel: I took a sauna while Berlin Wall fell', *Guardian*, 5 November 2009, theguardian.com/world/2009/nov/05/merkel-berlin-wall-sauna-1989 (accessed 24 November 2019).

4 'Sauna and oysters: Merkel remembers Berlin Wall fall', The Local (AFP), 8 November 2019, thelocal.de/20191108/sauna-and-oysters-merkel- recalls-berlin-wall-fall (accessed 28 April 2020).

5 Connolly, 'Angela Merkel: I took a sauna while Berlin Wall fell'.

6 Ibid.

7 M. Amann and F. Gathmann, 'Angela Merkel on the Fall of the Wall: "I Wanted to See the Rockies and Listen to Springsteen"', *Spiegel*, 7 November 2019, spiegel.de/international/europe/interview-with- angela-merkel-on-the-fall-of-the-berlin-wall-a-1295241.html (accessed 20 November 2019).

8 R. Pfister, 'The Reckoning: Kohl Tapes Reveal a Man Full of Anger', *Spiegel*, 14 October 2014, spiegel.de/international/germany/helmut-kohl-tapes-reveal-disdain-for-merkel-and-deep-sense-of-betrayal-a-997035.html (accessed 5 November 2019).

9 M. Orth, 'Angela's Assets', *Vanity Fair*, January 2015.

10 Ibid.

11 See C. Drösser, 'Gorbis Warnung', *Zeit*, 13 October 1999, zeit.de/stimmts/1999/199941_stimmts_gorbatsc (accessed 25 November

2019); 'Die Geduld ist zu Ende', *Spiegel*, 9 October 1989, spiegel.de/spiegel/ print/d-13497043.html (accessed 25 November 2019).

12 C. Drösser, 'Geflügeltes Wort', *Zeit*, 5 November 2009, zeit.de/2009/46/Stimmts-Brandt-Zitat (accessed 26 November 2019).

13 H. A. Winkler, *Germany: The Long Road West, Volume 2: 1933–1990*, trans. A. J. Sager, Oxford, Oxford University Press, 2007, p. 468.

14 F. Stern, *Five Germanys I Have Known*, New York, Farrar, Straus and Giroux, 2006, p. 470.

15 H. Kohl, 'Der entscheidende Schritt auf dem Weg in die gemeinsame Zukunft der Deutschen', Presse- und Informationsamt der Bundesregierung, Bulletin No. 86, pp. 741–2, 3 July 1990, www.bundesregierung.de/breg-de/service/bulletin/der-entscheidende-schritt-auf-dem-weg-in-die-gemeinsame- zukunft-der-deutschen-fernsehansprache-des-bundeskanzlers-zum- inkrafttreten-der-waehrungsunion-am-1-juli-1990-788446 (accessed 26 November 2019).

16 Interview with Angela Merkel, *Bild*, 29 November 2004. See M. Ottenschlaeger, 'Sind wir noch ganz dicht?', *Zeit*, 9 December 2004, zeit. de/2004/51/Sind_wir_noch_ganz_dicht_ (accessed 27 April 2020).

17 C. Rietz, 'Großbritannien: Fürs Heizen zu arm', *Zeit*, 28 November 2013, zeit.de/2013/49/grossbritannien-heizungsarmut-boiler-energie (accessed 17 November 2019).

18 C. Kohrs and C. Lipkowski, '40 Jahre Grüne: Von der Protestpartei in die Mitte der Gesellschaft', *Süddeutsche Zeitung*, 11 January 2020, sueddeutsche.de/politik/gruene-buendnis-90-parteigeschichte-1.4750533 (accessed 15 January 2020).

19 Rezo, 'Die Zerstörung der CDU', YouTube, 18 May 2019, youtube.com/

watch?v=4Y1lZQsyuSQ&t=830s (accessed 20 September 2019).
20 'Birgit Breuel: Frühere Treuhandchefin räumt Fehler ein', *Zeit*, 21 July 2019, zeit.de/politik/deutschland/2019-07/birgit-breuel-treuhand-chefin-fehler-privatisierung-ddr-betriebe (accessed 30 July 2019).
21 T. Buck, 'Lingering divide: why east and west Germany are drifting apart', *Financial Times*, 29 August 2019, ft.com/content/a22d04b2-c4b0- 11e9-a8e9-296ca66511c9 (accessed 29 August 2019).
22 S. Neiman, *Learning from the Germans: Race and the Memory of Evil*, London, Allen Lane, 2019, p. 82.
23 Ibid.
24 G. Grass, trans. D. Dollenmayer, 'On Christa Wolf', *New York Review of Books*, 17 January 2012, nybooks.com/daily/2012/01/17/gunter-grass- christa-wolf-what-remains (accessed 10 November 2019).
25 M. Leo, trans. S. Whiteside, *Red Love: The Story of an East German Family*, London, Pushkin Press, 2003, p. 230.
26 Ibid.
27 A. Riding, 'Behind the Berlin Wall, Listening to Life', *New York Times*, 7 January 2007, nytimes.com/2007/01/07/movies/awardsseason/07ridi.html (accessed 30 October 2019).
28 'Germans still don't agree on what reunification meant', *Economist*, 31 October 2019.

3 多元文化

1 See 'Global Trends: Forced Displacement in 2018', UNHCR, 20 June 2019, unhcr.org/5d08d7ee7.pdf (accessed 10 October 2019).
2 See J. Delcker, 'The phrase that haunts Angela Merkel', Politico, 19 August 2016, politico.eu/article/the-phrase-that-haunts-angela-merkel (accessed 2 February 2020).

3 See ‘One in every four German residents now has migrant background’, The Local, 1 August 2018, thelocal.de/20180801/one-in-every-four-german-residents-now-has-migrant-background (accessed 30 November 2019); L. Sanders IV, ‘Germany second-largest destination for migrants: OECD’, Deutsche Welle, 18 September 2019, dw.com/en/germany-second-largest-destination-for-migrants-oecd/a-50473180 (accessed 30 November 2019).
4 S. Boniface, ‘It’s starting to look like Germany won WW2 in every way bar the fighting’, *Mirror*, 7 September 2015, mirror.co.uk/news/uk-news/ its-starting-look-like-germany-6397791 (accessed 1 December 2019).
5 Ibid.
6 A. Taub, ‘Angela Merkel should be ashamed of her response to this sobbing Palestinian girl’, Vox, 16 July 2015, vox.com/2015/7/16/8981765/merkel-refugee-failure-ashamed (accessed 29 April 2020).
7 ‘Pressekonferenz von Bundeskanzlerin Merkel und dem österreichischen Bundeskanzler Faymann’, Berlin, 15 September 2015, www.bundesregierung.de/breg-de/aktuelles/pressekonferenzen/pressekonferenz-von-bundeskanzlerin-merkel-und-dem-oesterreichischen-bundeskanzler-faymann-844442 (accessed 1 December 2019).
8 K. Richter, ‘Germany’s refugee crisis has left it as bitterly divided as Donald Trump’s America’, *Guardian*, 1 April 2016, theguardian.com/commentisfree/2016/apr/01/germany-refugee-crisis-invited-into-my-home-welcoming-spirit-divided (accessed 1 December 2019).
9 Ibid.
10 ‘Ausgelassene Stimmung – Feiern weitgehend friedlich’, POL-K: 160101- 1-K/LEV, 1 January 2016, presseportal.de/blaulicht/

pm/12415/3214905 (accessed 29 April 2020). See also '"Ausgelassene Stimmung – Feiern weitgehend friedlich"', *Süddeutsche Zeitung*, 5 January 2016, sueddeutsche.de/panorama/uebergriffe-in-koeln-ausgelassene- stimmung-feiern-weitgehend-friedlich-1.2806355 (accessed 2 December 2019).

11 'Germany shocked by Cologne New Year gang assaults on women', BBC, 5 January 2016, bbc.co.uk/news/world-europe-35231046 (accessed 2 December 2019).

12 See Y. Bremmer and K. Ohlendorf, 'Time for the facts. What do we know about Cologne four months later?', Correspondent, 2 May 2016, thecorrespondent.com/4401/time-for-the-facts-what-do-we-know- about-cologne-four-months-later/1073698080444-e20ada1b (accessed 2 December 2019).

13 Ibid.

14 Journalist speaking at 'Brown Bag Lunch: "Populism and its Impact on Elections: A Threat to Democracy?"', Aspen Institute, Berlin, 4 September 2019.

15 T. Abou-Chadi, 'Why Germany – and Europe – can't afford to accommodate the radical right', *Washington Post*, 4 September 2019, washingtonpost.com/opinions/2019/09/04/why-germany-europe-cant- afford-accommodate-radical-right (accessed 20 November 2019).

16 See M. Fiedler, 'Alexander Gauland und der "Vogelschiss"', *Tagesspiegel*, 2 June 2018, tagesspiegel.de/politik/afd-chef-zum-nationalsozialismus-alexander-gauland-und-der-vogelschiss/22636614.html (accessed 3 December 2019).

17 J. Wells, 'Leader of German Anti-Muslim Group Reinstated After Hitler Photo Controversy', BuzzFeed News, 23 February 2015, buzzfeednews. com/article/jasonwells/leader-of-german-anti-muslim-

group- reinstated-after-hitler-p (accessed 29 April 2020).
18 'Pegida mobilisiert Tausende Demonstranten', *Süddeutsche Zeitung*, 6 October 2015, sueddeutsche.de/politik/dresden-pegida-mobilisiert-tausende-demonstranten-1.2679134 (accessed 29 April 2020).
19 M. Bartsch, M. Baumgärtner et al., 'Is Germany Lurching To the Right?', *Spiegel*, 31 July 2018, spiegel.de/international/germany/german-immigration-discourse-gets-heated-after-footballer-s-resignation-a-1220478.html (accessed 3 December 2019).
20 C. Erhardt, 'Hasswelle: Kommunalpolitik – Aus Hetze werden Taten', Kommunal, 25 June 2019, kommunal.de/hasswelle-alle-Zahlen (accessed 3 December 2019).
21 In an interview with the *Guardian*: P. Oltermann, 'Germany slow to hear alarm bells in killing of Walter Lübcke', *Guardian*, 2 July 2019, theguardian.com/world/2019/jul/02/germany-slow-to-hear-alarm-bells-in-killing-of-walter-lubcke (accessed 3 December 2019).
22 Thomas Haldenwang, speaking at a press conference for the presentation of the annual Report on Constitutional Protection (Verfassungsschutzbericht), Berlin, 27 June 2019. See H. Bubrowski and J. Staib, 'Mord an Walter Lübcke: Versteckt im braunen Sumpf', *Frankfurter Allgemeine Zeitung*, 28 June 2019, faz.net/aktuell/politik/inland/was-der-mord-an-luebcke-mit-dem-nsu-zu-tun-hat-16257706.html?printPagedArticle=true#pageIndex_2 (accessed 3 December 2019).
23 M. Hohmann, MdB, 'Hohmann: Ein missbrauchter politischer Mord', 25 June 2019, afdbundestag.de/hohmann-ein-missbrauchter-politischer-mord (accessed 3 December 2019).
24 P. Oltermann, 'Germany slow to hear alarm bells in killing of Walter Lübcke', *Guardian*, 2 July 2019, theguardian.com/world/2019/jul/02/

germany-slow-to-hear-alarm-bells-in-killing-of-walter-lubcke (accessed 3 December 2019).

25 See M. Eddy, 'German Lawmaker Who Called Muslims "Rapist Hordes" Faces Sanctions', *New York Times*, 2 January 2018, nytimes.com/2018/01/02/world/europe/germany-twitter-muslims-hordes.html (accessed 4 December 2019).

26 J. C. M. Serrano, M. Shahrezaye, O. Papakyriakopoulos and S. Hegelich, 'The Rise of Germany's AfD: A Social Media Analysis', SMSociety '19: Proceedings of the 10th International Conference on Social Media and Society, July 2019, 214–23, p. 3, doi.org/10.1145/3328529.3328562 (accessed 4 December 2019). See also J. Schneider, 'So aggressiv macht die AfD Wahlkampf auf Facebook', *Süddeutsche Zeitung*, 14 September 2017, sueddeutsche.de/politik/gezielte-grenzverletzungen-so-aggressiv-macht-die-afd-wahlkampf-auf- facebook-1.3664785-0 (accessed 4 December 2019).

27 Heute Journal, ZDF, 15 August 2017. See also T. Escritt, 'In Charlottesville, Germans sense echoes of their struggle with history', Reuters, 18 August 2017, reuters.com/article/us-usa-trump-germany/in-charlottesville-germans-sense-echoes-of-their-struggle-with-history- idUSKCN1AY1NZ (accessed 3 December 2019).

28 See P. McGee and O. Storbeck, 'Fears over far-right prompt Siemens chief to rebuke AfD politician', *Financial Times*, 20 May 2018, ft.com/content/046821ba-5c17-11e8-9334-2218e7146b04 (accessed 3 December 2019).

29 Joe Kaeser, @JoeKaeser, Twitter, 20 July 2019, twitter.com/JoeKaeser/status/1152502196354859010 (accessed 22 July 2019).

30 See K. Proctor and S. Murphy, 'Andrew Sabisky: Boris Johnson's ex-adviser in his own words', *Guardian*, 17 February 2020, theguardian.

com/politics/2020/feb/17/andrew-sabisky-boris-johnsons-ex-adviser-in-his-own-words (accessed 17 February 2020).

31 Mesut Özil, @MesutOzil1088, Twitter, 22 July 2018, twitter.com/MesutOzil1088/status/1021093637411700741 (accessed 6 December 2019).

32 J. Spahn, 'Berliner Cafés: Sprechen Sie doch deutsch!', *Zeit*, 23 August 2017, zeit.de/2017/35/berlin-cafes-hipster-englisch-sprache-jens-spahn (accessed 6 December 2019).

33 G. W. Leibniz, 'Ermahnung an die Deutschen, ihren Verstand und Sprache besser zu üben, samt beigefügten Vorschlag einer Deutsch-gesinten Gesellschafft', *Sämtliche Schriften*, vierte Reihe, dritter Band, Berlin, Akademie-Verlag, 1986, p. 798.

34 W. Thierse, 'Von Schiller lernen?', Die Kulturnation, *Deutschlandfunk Kultur*, 3 April 2005.

35 S. Hattenstone, 'Ai Weiwei on his new life in Britain: "People are at least polite. In Germany, they weren't"', *Guardian*, 21 January 2020, theguardian.com/artanddesign/2020/jan/21/ai-weiwei-on-his-new-life- in-britain-germany-virtual-reality-film (accessed 21 January 2020).

36 'Antisemitismus: "Kann Juden nicht empfehlen, überall die Kippa zu tragen"', *Zeit*, 25 May 2019, zeit.de/gesellschaft/zeitgeschehen/2019-05/judenfeindlichkeit-antisemit-felix-klein-kippa (accessed 6 December 2019).

37 Ibid.

38 A. Merkel, 'Rede zum zehnjährigen Bestehen der Stiftung Auschwitz-Birkenau', Auschwitz, 6 December 2019, www.bundesregierung.de/breg-de/aktuelles/rede-von-bundeskanzlerin-merkel-zum-zehnjaehrigen-bestehen-der-stiftung-auschwitz-birkenau-am-6-

dezember-2019-in-auschwitz-1704518 (accessed 7 December 2019).
39 E. Reents, 'Morde in Hanau: Böser, als die Polizei erlaubt', *Frankfurter Allgemeine Zeitung*, 20 February 2020, faz.net/aktuell/feuilleton/morde- in-hanau-jetzt-ist-der-staat-am-zug-16644270.html (accessed 28 February 2020).
40 'Bundesinnenminister Seehofer: "Wir müssen den Rassismus ächten"', Bundesministerium des Innern, für Bau und Heimat, 21 February 2020, bmi.bund.de/SharedDocs/kurzmeldungen/DE/2020/02/pk-hanau.html (accessed 23 February 2020).

4 不再是孩子

1 See T. Barber, 'Germany and the European Union: Europe's Reluctant Hegemon?', *Financial Times*, 11 March 2019, ft.com/content/a1f327ba-4193-11e9-b896-fe36ec32aece (accessed 10 December 2019); H. W. Maull, 'Germany and Japan: The New Civilian Powers', *Foreign Affairs*, vol. 69, no. 5, Winter 1990/91, foreignaffairs.com/articles/asia/1990-12-01/germany-and-japan-new-civilian-powers (accessed 10 December 2019).
2 Quoted in G. Will, 'Today's Germany is the best Germany the world has seen', *Washington Post*, 4 January 2019, washingtonpost.com/opinions/ global-opinions/todays-germany-is-the-best-germany-the-world-has- seen/2019/01/04/abe0b138-0f8f-11e9-84fc-d58c33d6c8c7_story.html (accessed 5 October 2019).
3 'Schröder on Kosovo: "The Goal Was Exclusively Humanitarian"', *Spiegel*, 25 October 2006, spiegel.de/international/schroeder-on-kosovo- the-goal-was-exclusively-humanitarian-a-444727.html (accessed 15 December 2019).
4 J. Fischer in a speech to the Green Party Conference, Bielefeld, 13

May 1999. See 'Auszüge aus der Fischer-Rede', *Spiegel*, 13 May 1999, spiegel.de/politik/deutschland/wortlaut-auszuege-aus-der-fischer-rede-a-22143.html (accessed 13 December 2019).

5 See 'Stenographischer Bericht: 186: Sitzung', Deutscher Bundestag, Berlin, 12 September 2001, dipbt.bundestag.de/doc/btp/14/14186.pdf (accessed 15 December 2019).

6 G. Schröder, 'The Way Forward in Afghanistan', *Spiegel*, 12 February 2009, spiegel.de/international/world/essay-by-former-chancellor-gerhard-schroeder-the-way-forward-in-afghanistan-a-607205.html (accessed 15 December 2019).

7 J. Gauck, 'Speech to open 50th Munich Security Conference', Munich, 31 January 2014, bundespraesident.de/SharedDocs/Reden/EN/JoachimGauck/Reden/2014/140131-Munich-Security-Conference.html (accessed 16 December 2019).

8 F. Steinmeier, 'Speech by Foreign Minister Frank Walter Steinmeier at the 50th Munich Security Conference', Munich, 1 February 2014, auswaertiges-amt.de/en/newsroom/news/140201-bm-muesiko/259556 (accessed 16 December 2019).

9 'Schröder lobt Putin erneut', *Spiegel*, 11 December 2006, spiegel.de/politik/ausland/staatsaufbau-schroeder-lobt-putin-erneut-a-453795.html (accessed 15 December 2019).

10 H. Gamillscheg, 'Denkmalstreit in Tallinn eskaliert', *Frankfurter Rundschau*, 28 April 2007.

11 See T. Paterson, 'Merkel fury after Gerhard Schroeder backs Putin on Ukraine', *Telegraph*, 14 March 2014, telegraph.co.uk/news/worldnews/europe/ukraine/10697986/Merkel-fury-after-Gerhard-Schroeder-backs- Putin-on-Ukraine.html (accessed 15 December 2019); 'Der Altkanzler im Interview: Schröder verteidigt Putin und keilt gegen

Merkel', *Bild*, 22 December 2017, bild.de/politik/ausland/gerhard-schroeder/ vertraut-wladimir-putin-54277288.bild.html (accessed 15 December 2019).

12 'Das "Wall Street Journal" stellt eine unbequeme Frage: Warum gibt es keine Sanktionen gegen Schröder?', *Bild*, 18 March 2018, bild.de/politik/ inland/gerhard-schroeder/warum-gibt-es-keine-sanktionen-gegen- schroeder-55137570.bild.html (accessed 15 December 2019).

13 See S. S. Nelson, 'Why Putin's Pal, Germany's Ex-Chancellor Schroeder, Isn't on a Sanctions List', NPR, 18 April 2018, npr.org/sections/parallels/2018/04/18/601825131/why-putins-pal-germanys-ex-chancellor-hasnt-landed-on-a-sanctions-list (accessed 16 December 2019).

14 J. D. Walter and D. Janjevic, 'Vladimir Putin and Angela Merkel: Through good times and bad', Deutsche Welle, 18 August 2018, dw.com/ en/vladimir-putin-and-angela-merkel-through-good-times-and-bad/g-45129235 (accessed 18 December 2019).

15 See G. Packer, 'The Quiet German: The astonishing rise of Angela Merkel, the most powerful woman in the world', *New Yorker*, 24 November 2014, newyorker.com/magazine/2014/12/01/quiet-german (accessed 18 December 2019).

16 Ibid.

17 A. Merkel, Lowy Lecture, Sydney, 17 November 2014, www.lowyinstitute.org/publications/2014-lowy-lecture-dr-angela- merkel-chancellor-germany (accessed 19 December 2019).

18 C. Hoffmann, T. Lehmann, V. Medick and R. Neukirch, 'Relations with Moscow Emerge as German Election Issue', *Spiegel*, 29 July 2019, spiegel. de/international/germany/east-german-politicians-see-advantage-in- pro-putin-views-a-1279231.html (accessed 19

December 2019).
19 Ibid.
20 'White Paper 2016: On German Security Policy and the Future of the Bundeswehr', Berlin, Federal Ministry of Defence, 2016, p. 32.
21 S. Thévoz and P. Geoghegan, 'Revealed: Russian donors have stepped up Tory funding', Open Democracy, 5 November 2019, opendemocracy. net/en/dark-money-investigations/revealed-russian-donors-have- stepped-tory-funding (accessed 6 November 2019).
22 See Donald Trump, @realDonaldTrump, Twitter, 9 December 2015, twitter.com/realDonaldTrump/status/674587800835092480 (accessed 19 December 2019); S. B. Glasser, 'How Trump Made War on Angela Merkel and Europe', *New Yorker*, 17 December 2018, newyorker.com/magazine/2018/12/24/how-trump-made-war-on-angela-merkel-and-europe (accessed 19 December 2019).
23 Quoted in G. Will, 'Today's Germany is the best Germany the world has seen'.
24 I. Traynor and P. Lewis, 'Merkel compared NSA to Stasi in heated encounter with Obama', *Guardian*, 17 December 2013, theguardian.com/world/2013/dec/17/merkel-compares-nsa-stasi-obama (accessed 20 December 2019).
25 R. Hilmer and R. Schlinkert, 'ARD-DeutschlandTREND: Umfrage zur politischen Stimmung im Auftrag der ARD-Tagesthemen und DIE WELT', Berlin, 2013, infratest-dimap.de/fileadmin/_migrated/content_uploads/dt1311_bericht.pdf (accessed 19 December 2019). See also 'Bürger trauen Obama und den USA nicht mehr', *Spiegel*, 7 November 2013, spiegel.de/politik/deutschland/ard-deutschlandtrend-mehrheit-der-deutschen-ist-mit-obama-unzufrieden-a-932455.html (accessed 19 December 2019).

26 J. Borger and A. Perkins, 'G7 in disarray after Trump rejects communique and attacks "weak" Trudeau', *Guardian*, 10 June 2018, theguardian.com/world/2018/jun/10/g7-in-disarray-after-trump-rejects-communique-and-attacks-weak-trudeau (accessed 21 December 2019).

27 Donald Trump, @realDonaldTrump, Twitter, 18 June 2018, twitter.com/ realDonaldTrump/status/1008696508697513985 (accessed 19 December 2019).

28 K. Martin and T. Buck, 'US ambassador to Germany backs European right wing', *Financial Times*, 4 June 2019, ft.com/content/3b61a19e-67c7-11e8-b6eb-4acfcfb08c11 (accessed 19 December 2019).

29 J. Poushter and M. Mordecai, 'Americans and Germans Differ in Their Views of Each Other and the World', Pew Research Center, March 2020.

30 G. Allison, 'Less than a third of German military assets are operational says report', *UK Defence Journal*, 21 June 2018, ukdefencejournal.org.uk/less-third-german-military-assets-operational-says-report/ (accessed 22 December 2019). See also T. Buck, 'German armed forces in "dramatically bad" shape, report finds', *Financial Times*, 20 February 2018, ft.com/content/23c524f6-1642-11e8-9376-4a6390addb44 (accessed 22 December 2019).

31 L. Barber and G. Chazan, 'Angela Merkel warns EU: "Brexit is a wake-up call"', *Financial Times*, 15 January 2020, ft.com/content/a6785028-35f1- 11ea-a6d3-9a26f8c3cba4 (accessed 16 January 2020).

32 'PESCO: The Proof is in the Field', *European Defence Matters*, no. 5, 2018, eda.europa.eu/webzine/issue15/cover-story/pesco-the-proof-is-in-the-field (accessed 22 December 2019).

33 U. von der Leyen, 'Europe is forming an army', *Handelsblatt*, 1

October 2019, handelsblatt.com/today/opinion/ursula-von-der-leyen-europe-is-forming-an-army/23851656.html?ticket=ST-166577-7jifWCpsKUzfXhWetQ0v-ap2 (accessed 22 December 2019).

34 P. Köhler, 'China continues German shopping spree', *Handelsblatt*, 25 January 2018, handelsblatt.com/today/companies/international-investments-china-continues-german-shopping-spree/23580854.html?ticket=ST-5042-VvXmnInrGnIliTrJj0IW-ap5 (accessed 28 December 2019).

35 D. Weinland and P. McGee, 'China's Midea makes offer for German robotics group Kuka', *Financial Times*, 18 May 2016, ft.com/content/90f9f7ae-1cd4-11e6-b286-cddde55ca122 (accessed 28 December 2019).

36 S. Mair, F. Strack and F. Schaff (eds.), *Partner and Systemic Competitor – How Do We Deal with China's StateControlled Economy?*, Bundesverband der Deutschen Industrie, 10 January 2019. See also B. A. Düben, 'The souring mood towards Beijing from Berlin', The Interpreter, The Lowy Institute, 15 April 2019, www.lowyinstitute.org/the-interpreter/souring-mood-towards-beijing-berlin (accessed 29 December 2019).

37 'KfW erwirbt im Auftrag des Bundes temporär Anteil am deutschen Übertragungsnetzbetreiber 50Hertz', Bundesministerium für Wirtschaft und Energie, 27 July 2018, bmwi.de/Redaktion/DE/Pressemitteilungen/2018/20180727-kfw-erwirbt-im-auftrag-des-bundes-temporaer-anteil-am-deutschen-uebertragungsnetzbetreiber-50hertz.html (accessed 29 December 2019).

38 See '"Wir Europäer müssen unser Schicksal in unsere eigene Hand nehmen"', *Süddeutsche Zeitung*, 28 May 2017, sueddeutsche.de/ politik/g-7-krise-wir-europaeer-muessen-unser-schicksal-in-unsere- eigene-

hand-nehmen-1.3524718 (accessed 30 December 2019).
39 See L. Barber and G. Chazan, 'Angela Merkel warns EU'.
40 J. Lau and B. Ulrich, 'Im Westen was Neues', *Zeit*, 18 October 2017, zeit.de/2017/43/aussenpolitik-deutschland-usa-transatlantische-beziehungen-werte (accessed 30 December 2019).
41 T. Bagger, 'The World According to Germany: Reassessing 1989', *Washington Quarterly*, vol. 41, no. 4, 2018, p. 55.
42 K. Pfeiffer, 'Vortrag von Dr. Kurt Pfeiffer', Aachen, 19 December 1949, karlspreis.de/de/karlspreis/entstehungsgeschichte/vortrag-von-dr-kurt- pfeiffer (accessed 30 December 2019).
43 See L. Barber and G. Chazan, 'Angela Merkel warns EU'.

5 奇蹟

1 Quoted in R. Zitelamann, 'The Leadership Secrets of the Hidden Champions', *Forbes*, 15 July 2019, forbes.com/sites/rainerzitelmann/2019/07/15/the-leadership-secrets-of-the-hidden-champions/#54b7640e6952 (accessed 6 January 2020).
2 See D. R. Henderson, 'German Economic Miracle', in D. R. Henderson (ed.), *The Concise Encyclopedia of Economics*, Liberty Fund, 2007, econlib.org/library/Enc/GermanEconomicMiracle.html (accessed 5 November 2019).
3 H. C. Wallich, *Mainsprings of the German Revival*, New Haven, Yale University Press, 1955, p. 71.
4 'The sick man of the euro', *Economist*, 3 June 1999, economist.com/special/1999/06/03/the-sick-man-of-the-euro (accessed 6 January 2020).
5 C. Odendahl, 'The Hartz myth: A closer look at Germany's labour market reforms', Centre for European Reform, July 2017, p. 3, cer.

eu/ sites/default/files/pbrief_german_labour_19.7.17.pdf (accessed January 2020).

6 U. Deupmann and B. Kellner, 'Manche Finanzinvestoren fallen wie Heuschreckenschwärme über Unternehmen her', *Bild am Sonntag*, 17 April 2005.

7 V. Romei, 'Germany: from "sick man" of Europe to engine of growth', *Financial Times*, 14 August 2017, ft.com/content/bd4c856e-6de7-11e7-b9c7-15af748b60d0 (accessed 10 January 2020).

8 See E. von Thadden, 'Sind wir nicht die Reichsten?', *Zeit*, 27 March 2013, zeit.de/2013/14/europa-reichtum-werner-abelshauser (accessed 30 April 2020).

9 W. Martin, 'Workers at BMW, Mercedes and Porsche can now work a 28-hour week', Business Insider, 7 February 2018, businessinsider.com/german-workers-can-now-work-a-28-hour-week-2018-2?r=US&IR=T (accessed 11 January 2020).

10 G. Clark, *Question Time*, BBC One, 23 November 2017.

11 N. Adams, 'UK's Creative Industries contributes almost £13 million to the UK economy every hour', Department for Digital, Culture, Media and Sport, 6 February 2020, gov.uk/government/news/uks-creative-industries-contributes-almost-13-million-to-the-uk- economy-every-hour (accessed 12 February 2020).

12 'Germany's business barons are finding it harder to keep a low profile', *Economist*, 15 June 2019.

13 S. Bach , A. Thiemann and A. Zucco, 'Looking for the missing rich: Tracing the top tail of the wealth distribution', German Institute for Economic Research, 23 January 2018, diw.de/documents/publikationen/73/diw_01.c.575768.de/dp1717.pdf (accessed 15 January 2020). See also F. Diekmann, '45 Deutsche besitzen so viel wie

die ärmere Hälfte der Bevölkerung', *Spiegel*, 23 January 2018, spiegel.de/wirtschaft/soziales/vermoegen-45-superreiche-besitzen-so-viel-wie- die-halbe-deutsche-bevoelkerung-a-1189111.html (accessed 15 January 2020).

14 See R. Wearn, '"Drowning" in debt as personal borrowing tops £180bn', BBC News, 20 January 2016, bbc.co.uk/news/business-35361281 (accessed 15 January 2020).

15 'Merkel kritisiert Aufnahmestopp für Ausländer – Dobrindt widerspricht', *Zeit*, 27 February 2018, zeit.de/politik/deutschland/2018-02/tafel-essen-angela-merkel-aufnahmestopp-auslaender (accessed 17 January 2020).

16 See '"Wir lassen uns nicht von der Kanzlerin rügen"', *Süddeutsche Zeitung*, 1 March 2018, sueddeutsche.de/politik/debatte-um-essener-tafel-wir-lassen-uns-nicht-von-der-kanzlerin-ruegen-1.3888853 (accessed 17 January 2020).

17 See N. Sagener, trans. E. Körner, 'Minimum wage unlikely to remedy rising poverty in Germany', Euractiv, 20 February 2015, euractiv.com/section/social-europe-jobs/news/minimum-wage-unlikely-to-remedy-rising-poverty-in-germany (accessed 17 January 2020).

18 See N. Sagener, trans. S. Morgan, 'Child poverty in Germany increasingly the norm', Euractiv, 13 September 2016, euractiv.com/ section/social-europe-jobs/news/child-poverty-in-germany-increasingly-becomes-the-norm/ (accessed 17 January 2020).

19 'Pressemeldung: Paritätischer Armutsbericht 2019 zeigt ein viergeteiltes Deutschland', Der Paritätische Gesamtverband, 12 December 2019, der-paritaetische.de/presse/paritaetischer-armutsbericht-2019-zeigt-ein-viergeteiltes-deutschland (accessed 17 January 2020).

20 H. Morgenthau, 'Suggested Post-Surrender Program for Germany',

1944, Franklin D. Roosevelt Presidential Library and Museum, Hyde Park, NY. Scans of the memorandum can be viewed at docs.fdrlibrary.marist. edu/PSF/BOX31/t297a01.html (accessed 17 January 2020).

21 See 'Ackermann räumt Mitschuld der Bankmanager ein', *Spiegel*, 30 December 2008, spiegel.de/wirtschaft/finanzkrise-ackermann- raeumt-mitschuld-der-bankmanager-ein-a-598788.html (accessed 17 January 2020).

22 M. Hüther and J. Südekum, 'The German debt brake needs a reform', VoxEU, 6 May 2019, voxeu.org/content/german-debt-brake-needs-reform (accessed 17 January 2020).

23 'Sommerpressekonferenz von Bundeskanzlerin Merkel', Berlin, 19 July 2019, www.bundesregierung.de/breg-de/aktuelles/sommerpressekonferenz-von-bundeskanzlerin-merkel-1649802 (accessed 17 January 2020).

24 S. Wood, 'Whisper it softly: it's OK to like Germany', *Guardian*, 13 July 2014, theguardian.com/commentisfree/2014/jul/13/germany-world-cup-final-football (accessed 17 January 2020).

6 狗不吃狗

1 T. Fontane, 'Richmond', *Ein Sommer in London*, Dessau, Gebrüder Katz, 1854, p. 75.

2 'In Profile: The Federal Ministry of the Interior', Bundesministerium des Innerns, October 2016, bmi.bund.de/SharedDocs/downloads/DE/publikationen/themen/ministerium/flyer-im-profil-en.html (accessed 10 February 2020).

3 See M. Großekathöfer, 'Früher war alles schlechter: Zahl der Vereine', *Spiegel*, 15 April 2017, p. 50; A. Seibt, 'The German obsession with clubs', Deutsche Welle, 6 September 2017, dw.com/en/the-german-

obsession- with-clubs/a-40369830 (accessed 10 February 2020).
4 C. Dietz, 'White gold: the German love affair with pale asparagus', *Guardian*, 14 June 2016, theguardian.com/lifeandstyle/wordofmouth/2016/jun/14/white-gold-german-love-affair-pale-asparagus-spargelzeit (accessed 10 February 2020).
5 J. Major, 'Speech to the Conservative Group for Europe', London, 22 April 1993.
6 See 'Mixed Compensation Barometer 2019', Ernst & Young, November 2019, p. 4, ey.com/de_de/news/2019/11/gehaltseinbussen- fuer-deutsche-vorstaende (accessed 15 February 2020).
7 L. Himmelreich, 'Der Herrenwitz', *Stern*, 1 February 2013, stern. de/politik/deutschland/stern-portraet-ueber-rainer-bruederle-der-herrenwitz-3116542.html (accessed 17 February 2020).
8 'Kritik an Deutsche-Bank-Chef: Ackermann schürt die Diskussion um die Frauenquote', *Handelsblatt*, 7 February 2011, handelsblatt.com/unternehmen/management/kritik-an-deutsche-bank-chef-ackermann-schuert-die-diskussion-um-die-frauenquote/3824928.html?ticket=ST-957390-MTISlcC9d2pPjTw9uzYC-ap1 (accessed 20 February 2020).
9 See K. Bennhold, 'Women Nudged Out of German Workforce', *New York Times*, 28 June 2011, nytimes.com/2011/06/29/world/europe/29iht-FFgermany29.html?_r=1&src=rechp (accessed 20 February 2020).
10 J. Hensel, 'Angela Merkel: "Parität erscheint mir logisch"', *Zeit*, 23 January 2019, zeit.de/2019/05/angela-merkel-bundeskanzlerin-cdu-feminismus-lebensleistung (accessed 20 February 2020).
11 See 'The German Vocational Training System', Bundesministerium für Bildung und Forschung, bmbf.de/en/the-german-vocational-training-

system-2129.html (accessed 20 February 2020).

12 See F. Studemann, 'German universities are back in vogue for foreign students', *Financial Times*, 22 August 2019, ft.com/content/a28fff1c-c42a-11e9-a8e9-296ca66511c9 (accessed 21 February 2020).

13 G. Chazan, 'Oversupply of hospital beds helps Germany to fight virus', *Financial Times*, 13 April 2020, ft.com/content/d979c0e9-4806-4852-a49a-bbffa9cecfe6 (accessed 13 April 2020).

14 M. Diermeier and H. Goecke, 'Capital Cities: Usually an economic driving force', Institut der deutschen Wirtschaft, 20 October 2017, iwkoeln.de/presse/iw-nachrichten/beitrag/matthias-diermeier-henry-goecke-capital-cities-usually-an-economic-driving-force-366303.html (accessed 21 February 2020).

15 Quoted in R. Mohr, 'The Myth of Berlin's Tempelhof: The Mother of all Airports', *Spiegel*, 25 April 2008, spiegel.de/international/germany/the-myth-of-berlin-s-tempelhof-the-mother-of-all-airports-a-549685.html (accessed 21 February 2020).

16 C. Fahey, 'How Berliners refused to give Tempelhof airport over to developers', *Guardian*, 5 March 2015, theguardian.com/cities/2015/mar/05/how-berliners-refused-to-give-tempelhof-airport-over-to-developers (accessed 21 February 2020).

17 S. Shead, 'The story of Berlin's WWII Tempelhof Airport which is now Germany's largest refugee shelter', *Independent*, 20 June 2017, independent.co.uk/news/world/world-history/the-story-of-berlins-wwii-tempelhof-airport-which-is-now-germanys-largest-refugee-shelter-a7799296.html (accessed 21 February 2020).

18 See L. Kaas, G. Kocharkov, E. Preugschat and N. Siassi, 'Reasons for the low homeownership rate in Germany', Research Brief 30, Deutsche Bundesbank, 14 January 2020, bundesbank.de/en/publications/

research/research-brief/2020-30-homeownership-822176 (accessed 25 February 2020); 'People in the EU – statistics on housing conditions', Eurostat, December 2017, ec.europa.eu/eurostat/statistics-explained/ index.php/People_in_the_EU_-_statistics_on_housing_conditions#Home_ownership (accessed 25 February 2020).

19 T. Lokoschat, 'Kommentar zur Enteignungsdebatte: Ideen aus der DDR', *Bild*, 8 March 2019, bild.de/politik/kolumnen/kolumne/kommentar- zur-enteignungsdebatte-ideen-aus-der-ddr-60546810.bild.html (accessed 25 February 2020).

20 See C. Higgins, 'The cutting edge', *Guardian*, 24 November 2007, theguardian.com/books/2007/nov/24/theatre.stage (accessed 25 February 2020).

21 P. Oltermann, 'Katie Mitchell, British theatre's true auteur, on being embraced by Europe', *Guardian*, 9 July 2014, theguardian.com/stage/2014/jul/09/katie-mitchell-british-theatre-true-auteur (accessed 25 February 2020).

22 'Open Letter', Volksbühne, Berlin, 20 June 2016, volksbuehne.adk. de/english/calender/open_letter/index.html (accessed 25 February 2020).

23 C. Dercon, speaking at the Goethe-Institut London, video posted on Facebook, 27 April 2018, facebook.com/watch/live/?v=10160588326450 529&ref=watch_permalink (accessed 30 April 2020).

24 N. MacGregor, 'Berlin's blast from the past', The World in 2019, London, The Economist Group, 2018, p. 133, worldin2019.economist.com/ NeilMacGregorontheHumboldtForum (accessed 26 February 2020).

25 S. Hölig and U. Hasebrink, 'Germany', in N. Newman, R. Fletcher, A. Kalogeropoulos and R. K. Nielsen (eds.), *Reuters Institute Digital*

News Report 2019, Reuters Institute, 2019, pp. 86–7, reutersinstitute. politics. ox.ac.uk/sites/default/files/inline-files/DNR_2019_FINAL.pdf (accessed 26 February 2020).

7 不再等閒以對

1 'Information für die Bevölkerung in der Umgebung des Kernkraftwerkes Tihange', Fachbereich Feuerwehr der Stadt Mönchengladbach, October 2018. See also H. Hintzen, 'Neue Broschüre in Mönchengladbach: Stadt erklärt Verhalten bei Atomunfall', RP Online, 8 February 2019, rp-online.de/nrw/staedte/moenchengladbach/moenchengladbach- verhaltenstipps-bei-unfall-im-atomkraftwerk-tihange_aid-36550915 (accessed 1 March 2020).

2 See C. Parth, 'Tihange Nuclear Power Plant: Fear of a Meltdown', *Zeit*, 1 June 2018, zeit.de/wirtschaft/2018-06/tihange-nuclear-power-plant-residents-opposition-english (accessed 1 March 2020).

3 'Cooperation on nuclear safety', Dutch Safety Board, 31 January 2018, onderzoeksraad.nl/en/page/4341/cooperation-on-nuclear-safety (accessed 1 March 2020). See also D. Keating, 'Belgium's Neighbors Fear a Nuclear Incident', *Forbes*, 4 February 2018, forbes.com/sites/davekeating/2018/02/04/belgiums-neighbors-fear-a-nuclear-incident/#55c658216ca2 (accessed 1 March 2020).

4 See K. Bennhold, 'Impose a Speed Limit on the Autobahn? Not So Fast, Many Germans Say', *New York Times*, 3 February 2019, nytimes.com/2019/02/03/world/europe/germany-autobahn-speed-limit.html (accessed 1 March 2020).

5 Ibid.

6 See 'Abgasaffäre: VW-Chef Müller spricht von historischer Krise', *Spiegel*, 28 September 2015, spiegel.de/wirtschaft/unternehmen/

volkswagen-chef-mueller-sieht-konzern-in-historischer-krise-a-1055148.html (accessed 2 March 2020).

7 J. Miller, 'VW offers direct payouts to sidestep emissions lawsuit', *Financial Times*, 14 February 2020, ft.com/content/f41adade-4f24-11ea-95a0-43d18ec715f5 (accessed 14 February 2020).

8 P. Nair, 'Stuttgart residents sue mayor for "bodily harm" caused by air pollution', *Guardian*, 2 March 2017, theguardian.com/cities/2017/mar/02/stuttgart-residents-sue-mayor-bodily-harm-air-pollution (accessed 2 March 2020).

9 See 'DB 2019: Long distance patronage over 150 million for the first time', DB Schenker, 26 March 2020, dbschenker.com/global/about/press/db2019-631574 (accessed 29 March 2020); 'German domestic air travel slump points to increase in "flight shame" and carbon awareness', AirportWatch, 19 December 2019, airportwatch.org.uk/2019/12/german-domestic-air-travel-slump-points-to-increase-in-flight-shame- and-carbon-awareness (accessed 29 March 2020).

10 See 'Fridays for Horsepower: The German Motorists Who Oppose Greta Thunberg', *Spiegel*, 15 October 2019, spiegel.de/international/germany/fridays-for-horsepower-german-motorists-oppose-fridays-for- future-a-1290466.html (accessed 5 March 2020).

11 K. Gutmann, J. Huscher, D. Urbaniak, A. White, C. Schaible and M. Bricke, 'Europe's Dirty 30: How the EU's coal-fired power plants are undermining its climate efforts', Brussels, CAN Europe, WWF European Policy Office, HEAL, the EEB and Climate Alliance Germany, July 2014, awsassets.panda.org/downloads/dirty_30_report_finale.pdf (accessed 5 March 2020).

12 S. Kersing and K. Stratmann, 'Germany's great environmental failure', *Handelsblatt*, 19 October 2018, handelsblatt.com/today/politics/

climate-emergency-germanys-great-environmental-failure/23583678.html?ticket=ST-1141019-0RgHHhpypfii593mjbq0-ap1 (accessed 5 March 2020).

13 Ibid.

14 See 'Germany 2020: Energy Policy Review', International Energy Agency, February 2020, pp. 27–8, bmwi.de/Redaktion/DE/Downloads/G/germany-2020-energy-policy-review.pdf? blob=publicationFile&v=4 (accessed 5 March 2020).

15 See the graph 'Entwicklung des Anteils erneuerbarer Energien am Bruttostromverbrauch in Deutschland', Bundesministerium für Wirtschaft und Energie, March 2020, erneuerbare-energien.de/ EE/Navigation/DE/Service/Erneuerbare_Energien_in_Zahlen/Entwicklung/entwicklung-der-erneuerbaren-energien-in-deutschland.html (accessed 31 March 2020).

16 Ibid.

17 *Spiegel*, 7 July 2008.

18 T. Buck, 'Germany unveils sweeping measures to fight climate change', *Financial Times*, 20 September 2019, ft.com/content/26e8d1e0-dbb3-11e9-8f9b-77216ebe1f17 (accessed 25 September 2019).

19 A. Merkel, 'Neujahrsansprache 2020', 31 December 2019, www.bundesregierung.de/breg-de/service/bulletin/neujahrsansprache-2020-1709738 (accessed 10 February 2020).

20 P. Hockenos, 'How to Say Emmanuel Macron in German', *Foreign Policy*, 8 December 2019, foreignpolicy.com/2019/12/08/robert-habeck- greens-merkel-emmanuel-macron-in-german (accessed 11 March 2020).

21 P. Oltermann, 'Robert Habeck: could he be Germany's first Green chancellor?', *Guardian*, 27 December 2019, theguardian.com/

world/2019/dec/27/robert-habeck-could-be-germany-first-green-chancellor (accessed 11 March 2020).

22 Ibid.

結語

1 'Angela Merkels Erklärung im Wortlaut', *Welt*, 29 October 2018, welt.de/politik/deutschland/article182938128/Wurde-nicht-als-Kanzlerin-geboren-Angela-Merkels-Erklaerung-im-Wortlaut.html (accessed 15 March 2020).

2 See L. Barber and G. Chazan, 'Angela Merkel warns EU: "Brexit is a wake-up call"', *Financial Times*, 15 January 2020, ft.com/content/a6785028-35f1-11ea-a6d3-9a26f8c3cba4 (accessed 16 January 2020).

3 N. Barkin, 'You May Miss Merkel More Than You Think', *Foreign Policy*, 9 March 2020, foreignpolicy.com/2020/03/09/armin-laschet-merkels- pro-russia-china-friendly-successor (accessed 9 March 2020).

4 *Face the Nation*, CBS, 15 July 2018. See also 'Donald Trump calls the EU a foe during interview in Scotland – video', *Guardian*, 15 July 2018, theguardian.com/us-news/video/2018/jul/15/donald-trump-calls-the-eu-a-foe-video (accessed 15 March 2020).

5 B. Schulz, 'British Hypocrisy', *Zeit*, 31 January 2020, zeit.de/politik/ausland/2020-01/great-britain-brexit-alienation-eu-withdrawal-english (accessed 1 February 2020).

6 'Fernsehansprache von Bundeskanzlerin Angela Merkel', Tagesschau, Das Erste, 18 March 2020.